加藤盛弘教授古稀記念論文集

村瀬儀祐
志賀　理　共編著

東京　森山書店　発行

加藤盛弘教授

はしがき

　加藤盛弘先生は，2006年5月20日をもってめでたく古稀を迎えられた。先生は，同志社大学大学院商学研究科を1961年に修了し，後，母校にて会計学の研究と教育に46年の長きにわたって従事されてきた。この間，世界と日本の企業会計は，激動というにふさわしいほどの大きな変化に見舞われた。そのなかにあって，先生は一貫して，アメリカ合衆国の会計理論と会計制度，会計実務の研究を中心にして，変化する会計現象の意味を追求してこられた。

　先生の研究は，ハットフィールドに代表される初期アメリカ会計理論の研究に始まり，ペイトンとリトルトン，メイの近代会計理論から，FASBの概念ステイトメントの現代会計理論にいたるまで，それらの理論の性質と変化の意味を究明することに向けられた。先生の研究の特徴は，会計の理論，概念をアメリカ会計制度のあり方のなかで位置づけ，それらの理論が果たす制度的な性質を明らかにしようとするところにある。アメリカの会計制度は，「プロフェッショナル会計制度」として，職業会計人の会計判断に向け，それを権威づけ合理化する機能を果たしている。したがって会計の理論は，会計実務と会計基準との相互の関係のもとに「プロフェッショナル会計制度」を支えるものとして形成し，変化するものであるとされる。先生の研究にあっては，会計の理論・概念がそれ独自のもとして単独に検討されるのではなく，会計実務と会計基準，監査基準，会計事務所の運用規則・マニュアル，教科書なども含めたアメリカ会計制度のあり方のなかで総合的に検討される。この研究スタイルは，今日の会計研究からすれば当然のことのように思われるかもしれないが，過去においては極めて特異なものであった。会計の理論・概念は，ドイツのものもアメリカ合衆国のものも見境なく一緒にされ，それぞれの国の会計制度の在り方から切り離され，純粋の学説上の事柄としていわば真空状態のなかで真実性が

追求される，といったのが会計研究の主流であった。このなかにあって先生の研究は，当初から一貫して，会計の理論と概念を，会計実務と会計基準との関わりのなかで，その社会的制度的な役割を究明することに向けられた。ここから多くの研究成果が生み出されたのである。今となっては普通のこととなっているこのような研究こそ，加藤盛弘先生によって切り開かれてきたといっても過言ではない。

先生は，アメリカ会計の理論と基準，実務を研究されるなかで，多くの後進を指導してこられた。先生の演習にあって多くの学生が会計研究の面白さを体感し，「加藤会計学」の洗礼を受け，後，研究者・教育者となり，会計の専門職となり，実務家となった。先生の指導は，大学を卒業しても止むことなく，ゼミ生は，卒業後も先生をたよりにし，教えを請うている状態である。

本著は，古稀を迎えられた先生に対して，日頃の指導に感謝するとともに，これからもますますご健康でご活躍されることを祈念し，先生に指導を受けたものが共同して執筆したものである。研究・教職にある者と会計関係の専門職にある者が，課題に取り組み解明しようとした成果は，先生のご指導に十分応えるものとなっていないかもしれないが，感謝の意を形にして，世におくりだすものである。

本著の出版に際して，同志社大学加藤盛弘ゼミ卒業生の会「紫盛会」の資金援助を受けた。加藤ゼミ卒業生一同に感謝する。

最後に，本書の刊行にあたっては，森山書店社長菅田直文氏からいただいた各種のご配慮に対してお礼申し上げる次第である。

2007年3月

村 瀬 儀 祐
志 賀 理

執筆者紹介 (執筆順)

村瀬 儀祐 高知大学教授 博士（商学）（同志社大学）
商学部1967年卒 加藤ゼミ1期生 大阪市立大学大学院修士課程修了

志賀 理 同志社大学助教授
商学部1987年卒 加藤ゼミ19期生 同志社大学大学院商学研究科博士課程修了

永田 守男 静岡大学助教授
商学部1986年卒 同志社大学大学院商学研究科博士課程修了

上田 幸則 名古屋学院大学専任講師
商学部1992年卒 同志社大学大学院商学研究科修士課程修了

山内 高太郎 聖泉大学短期大学部専任講師
静岡大学人文学部1994年卒 同志社大学大学院商学研究科博士課程修了

川本 和則 岡山商科大学助教授 博士（商学）（同志社大学）
商学部1993年卒 加藤ゼミ25期生 同志社大学大学院商学研究科博士課程修了

小西 憲明 アースト・アンド・ヤング監査法人（米国公認会計士）
同志社大学文学部1994年卒 同志社大学大学院商学研究科修士課程修了

佐藤 誠悟 佐藤・日向公認会計士事務所（公認会計士）
商学部1990年卒 加藤ゼミ22期生

岩田 潤 岩田公認会計士事務所（公認会計士）
商学部1992年卒 加藤ゼミ24期生

寺口 満 アプレイザル・フクイ（不動産鑑定士）
商学部1987年卒 加藤ゼミ19期生 同志社大学大学院商学研究科修士課程修了

山﨑 博之 三洋貿易株式会社
商学部1988年卒 加藤ゼミ20期生

溝上 太郎 溝上太郎税理士事務所（税理士）
商学部1996年卒 加藤ゼミ28期生 同志社大学大学院商学研究科修士課程修了

嶋田 薫 嶋田薫公認会計士税理士事務所（公認会計士）
商学部1987年卒 加藤ゼミ19期生

平光 聡 平光公認会計士事務所（公認会計士）
商学部1990年卒 加藤ゼミ22期生

清家 裕 税理士法人大阪総合会計事務所（税理士）
商学部1970年卒 加藤ゼミ4期生

伊良知弘敏　伊良知弘敏税理士事務所（税理士）
商学部1981年卒　加藤ゼミ13期生　関西大学大学院経済学研究科修士課程修了

湊　　一郎　湊一郎税理士事務所
商学部1981年卒　加藤ゼミ13期生　神戸学院大学大学院修士課程修了

政岡　孝宏　同志社大学大学院商学研究科博士後期課程
同志社大学経済学部2000年卒

豊岡　　博　同志社大学大学院商学研究科博士後期課程
沖縄国際大学商経学部1996年卒

内田　浩徳　同志社大学大学院商学研究科博士後期課程
岡山商科大学商学部2002年卒

陶　　　静　同志社大学大学院商学研究科博士後期課程
中国・青島大学外国部学部1997年卒

目　次

第1章　公正価値会計基準の制度的性質 …………………………… 1
第2章　現代会計における認識領域拡大の構造 …………………… 17
第3章　税ポジションの認識と税金負債 …………………………… 31
第4章　ストック・オプション会計における認識領域の拡大 …… 45
第5章　証券化の会計における公正価値測定の選択適用の導入 … 61
第6章　会計基準の国際的収斂と将来事象会計の導入 …………… 77
　　　　──IASB非金融負債会計公開草案を中心に──
第7章　会計的見積りの判断における監査人の役割 ……………… 91
第8章　財務報告に係る内部統制 …………………………………… 107
　　　　──制度化の概要および効果について──
第9章　未公開株式の株価鑑定業務と多様な評価基準 …………… 121
第10章　減損会計における不動産の鑑定評価 ……………………… 137
第11章　アメリカの移転価格税制の実際 …………………………… 149
　　　　──制度・調査・事前確認の具体例から見た
　　　　　実務変遷の持つ意味についての考察──
第12章　税務上の「一般に公正妥当と認められる
　　　　会計処理の基準」について …………………………………… 167
　　　　──日本興業銀行訴訟における会計処理に即して──
第13章　繰延税金資産の回収可能性の実務的判断 ………………… 179
　　　　──監査委員会報告第66号にしたがって──
第14章　銀行業における税効果会計と
　　　　財務諸表の比較可能性について ……………………………… 193
第15章　消費税仕入税額控除否認と帳簿等の「保存」の解釈 …… 207
　　　　──課税庁論理を追認した最高裁判決──

第16章	定額補修分担金の性格と税務判断	221
第17章	同族役員である監査役の退職金支給の認否について	233
第18章	アメリカ公益企業の税効果会計	247
第19章	在外子会社の換算にみる 連結キャッシュ・フロー計算書の課題	261
第20章	アメリカ税効果会計における全部配分法採用の意味	279
第21章	中国企業会計基準の国際化対応 ──『企業会計準則』の改定からみる「国際化」の側面──	293

加藤盛弘教授略年譜・研究業績 …… 307

第1章　公正価値会計基準の制度的性質

は　じ　め　に

　近年，国際会計基準において，資産と負債を「公正価値 (fair value)」にて評価する会計基準が多く設定されている。固定資産の減損，のれんの減損に関する会計基準は，その代表的な事例である。公正価値概念の特徴は，公正価値を唱いながら「公正 (fairness)」そのもの意味については特に定義していないことにある。市場価格以外の割引キャッシュ・フロー・モデルによる評価が「公正」な価値であると主張しても，それがなぜ「公正」なのか全く触れることがない。現代の会計基準は，「公正」の用語を用いながら「公正」そのものについては空漠なものにしている。

　会計領域において，この公正価値概念の空漠さは，なぜ許されるのか。それは公正価値がもともと価値の「公正」を追求した上で設定された概念でなく，特定の制度上の機能を果たすべく便宜的に設定された概念であることによっている。制度概念としての公正価値は，(1) 従来の取引価額主義・取得原価主義の会計記録の方式にとらわれず，そこからの離脱を促進させる機能をもち，(2) さらに重要なのは，会計評価を市場価格だけの参照に服させないようにさせ，その他の多様で弾力的な方法をも承認する方向性を切り開く機能をもつ。この制度機能を果たすものであれば，特に「公正」の用語を用いなくとも，たとえば「経済価値」，「時点価値」，「客観価値」など，他の用語に代えても一向にかまわない。公正価値は，価値の「公正」如何を問題にするところの概念でな

く，会計評価を取得原価主義から離脱させ，さらに評価方法について市場価値以外の多様な方法をも包摂するという制度的機能性を果たすものとして設定された概念である。

本章は，公正価値が制度的機能性をもった概念であるところにその本質的意味があることを明らかにし，その制度的機能を析出することにより，現代会計基準の制度的な性格をも明らかにしようとするものである。

1　制度概念としての公正価値

「公正価値」とは，「強制や清算販売によらない，意思ある独立の当時者の間での現在の取引において資産もしくは負債が交換されるであろう（could be）ところの価格である[1]」。または「知識や意欲ある無関係の当時者間の仮想取引（hypothetical transaction）において交換される資産または負債のカレント価格である[2]」とFASBは定義する。

この定義の特徴は，公正価値とは「市場価値（market value）」であるとしながら，その市場価値に並ぶものとして多様な評価方法も包含するものとなっていることである。会計は，市場取引にて成立する市場価値を評価の対象とするが，しかしその金額は必ずしも市場取引から得られたものでなくともよい。実際の市場取引がなくとも市場取引を想定したもとで成立すると思われる価額，すなわち「仮想された取引」のもとで成立が想定される価額も評価額として認められる。さらにこの考えを拡張させて，割引キャッシュ・フロー・モデルによって評価された金額も，仮想された市場取引における価格に並ぶものとして認められる，とする。

FASBは，市場価値を会計評価の主要な対象とすると言うのであれば，会計の評価概念としてなぜ「市場価値」の用語を用いないのか。なぜ「公正」の意味も明確にすることのない「公正価値」なる用語を用いるのか。その理由について Mary E. Barth は，「公正価値という用語をFASBが用いたのは，すべての資産と負債が市場から得られた価値を有さないためであった[3]」と指摘している。

FASB 自身も公正価値の用語を採用した理由について，以下のように述べている。

FASB は，当初，1990年の金融商品の評価基準に関する公開草案において「市場価値」を用いていた。しかし，1991年の会計基準の設定にあたって，「公正価値」の用語に変更した。その理由は，「市場価値の用語が金融商品の幅広い範囲を十分に反映するものではない」こと，「市場価値」という用語は，「活発な流通市場（取引所やデイラー市場）にて取引される事項のみに市場価値用語を結びつける」傾向があり，このような「混乱を避けるために」公正価値の用語を用いた。「また近年，他国と国際基準設定組織によって行われている同様の公開草案に採用されている用語に一致させて，公正価値の用語を採用するように決めた[4]」としている。すなわち公正価値の概念を採用する主たる理由は，評価基準を市場価値のみに限定させないことにあった。公正の用語の採用は，すでに国際会計基準など採用されている先例に従ったものであり，とくに「公正」の意味，規範を問題にするものではなかった。

公正価値の用語設定によって，市場価格以外の評価方法も評価基準として認められるようになる。すなわち FASB が主張するように，「公正価値測定の目的は，資産と負債についての実際の取引が欠如している下で，測定される資産もしくは負債についての取引価格を推定することである。かくしてその推定は，独立した当事者間の現在の仮想的な取引を参照して決定される[5]」。さらに「現在価値評価」を含む「多元的な評価アプローチ」も「仮想的な取引」のもとでの取引価格を推定する方法である，とする。FASB は，公開草案において以下のように述べている。

「活発な市場における同一のもしくは同じような資産もしくは負債の市場価格が欠如している場合には，公正価値は多元的評価テクニックの結果に基づいて，不当なコストと労力なくしてこれらのテクニックの適用に必要な情報が利用できる場合には，推定されるべきである。現在価値評価テクニックは，公正価値の推定に用いられる。現在価値は，経済学とファイナンスの基礎となっているものであり，オプション・プライシング・モデルを含むほと

んどの資産価値評価モデル（asset-pricing models）の一部となっている。さらに将来のキャッシュ・フローの現在価値は，財務諸表において認識された資産と負債の市場価格を含意している[6]。」

歴史的にみると，取得原価主義に対する排撃は，市場価値を前面に立てた資産と負債の時価評価の概念でもって行われた。取得原価主義は投資家等の意思決定にレリバントな情報を提供するものでない，ということで，有価証券などの評価は時価（市場価値）によることが主張された。時価主義は，「市場価格に対する参照（market-to-market）」，「値洗い」としての意味をもって主張された。しかし，このような市場価値を前面に立てた時価主義の論調は，1980年代以降になると，変化する。会計基準において，固定資産やのれんの減損評価，年金債務評価において，割引キャッシュ・フロー・モデルが用いられるようになると，会計評価は，実質，「市場に対する参照（mark-to-market）」ではなく，多様な評価モデルによって測定された金額への参照，すなわち「モデルに対する参照（mark-to-model）」が中心となった。取得原価主義以外に市場価値のみを認められた評価基準とするのであっては，現実の会計実務に対応できない。現実の実務では，固定資産やのれんの評価に見られるように，多様な評価モデルによって評価する方法が主流となりつつある。このような条件のもと，市場価値とそれに並ぶものとして割引現在価値などの多様な評価モデルも正当なものとして認める必要性が生まれた。公正価値は，この段階で成立した概念である。公正価値の概念は，「市場に対する参照（mark-to-market）」の当初の意味に，「モデルに対する参照（mark-to-model）」を含ませて承認する必要性から生まれたものである。さらに「公正」の意味を限定しない概念であることによって，「公正」の外縁を規定することなく，さらに将来，新しく現れるかもしれない評価モデルも「公正価値」として取り込む潜在性をもった概念としている。

2 「市場に対する参照 (mark-to-market)」と「モデルに対する参照 (mark-to-model)」の本質的な違い

　公正価値概念は，「市場に対する参照 (mark-to -market)」と「モデルに対する参照 (mark-to -model)」の両方の意味を含んでいるが，しかしこの両者の間には決定的な違いがある。

　「市場に対する参照 (mark-to-market)」は，市場価値という検証可能な事象に関連させることが出来るものであるのに対して，「モデルに対する参照 (mark-to-model)」は，このような検証可能性をもたない予測に対する参照である。

　「検証 (verification)」を字句どおりの意味に捉えるならば，それは「独立のテストであり，検証可能なステイトメントは独立に観察可能な（非個人的な）対象と事象について記述もしくは説明するものでなければならない。この要請は，検証可能な（独立に検査可能な）ステイトメントから離れた私的な解釈，期待，偏向を排除する[7]」。この検証の意味からすれば，「モデルに対する参照 (mark-to-model)」は，実質，「予測に対する参照 (mark-to -estimate)」であり，検証不能なものである。

　たとえば割引キャッシュ・フロー・モデルは，以下の公式のもとに算定される。

$$V_0^F = \frac{\overline{FC_1}}{(1+r)} + \frac{\overline{FC_2}}{(1+r)^2} + \frac{\overline{FC_3}}{(1+r)^3} + \frac{\overline{FC_4}}{(1+r)^4} + \frac{\overline{FC_5}}{(1+r)^5} + \cdots\cdots$$

$V_0^F =$ 　資産 F の 0 時点の現在価値
$\overline{FC_1} =$ 　期待フリーキャッシュ・フロー，上付きバーは予測の意味，下付きの数字は期間を示す
$r =$ 資本コスト，必要利回り

　この公式からも明らかなように，割引キャッシュ・フロー・モデルによる評価は，以下の要素について予測と推定を行わなければならない[8]。

(1) 将来のキャッシュ・フローの予測
(2) 将来のキャッシュ・フローの金額もしくはタイミングについてのあり得る変数の予測
(3) 無リスク利子率にて示された貨幣の時間価値
(4) 資産と負債に内在する不確実性を生み出す価格
(5) 流動性や市場の不完全さを含む識別できない場合もあるその他の要素

　割引キャッシュ・フロー・モデルは，予測のモデルである。割引キャッシュ・フロー・モデルに含まれる個々の事項について，経営者は自ら考えるかぎりの仮定や推定をたてなければならない。経営者は，これら5つの要素に関して，ほとんど自ら立てた仮定に基づいて経営計画を自由に設定することができ，そのために，仮定の立て方，予測の仕方次第で思いのままの公正価値額を算出することができる。Thorsten Selhornも，のれんの公正価値評価に関連して以下のように指摘している。

　「採用される具体的なモデルにもかかわらず，評価プロセスは，将来の発展と事象に対して経営者が立てた予測に大きく依存している。認められる方法の具体的確定，抽象的な評価モデルの構成は，あらかじめ決められたパラメーターにどのような価値を割り付けるか決めるに際して，経営者による相当な裁量を抑制できるものではない。さらに経営者が全誠実さをかけて行為しようと，またそのベストな知識水準をもって報告単位の公正価値を推定しようとも，将来の不確実なキャッシュ・フローと資本コストに関する問題には，それ自体，厳しいものがある。このありあまる主観性（abundance of subjectivity）は，不確実性と結びつき，それが生み出した推定結果を適合性と信頼性の両基準に照らして問題のある批判されるべきものとしている[9]。」

　このように予測に基づいた評価額は，検証することが出来ない。Joel S. Demski等が指摘するように，予測は検証できない。

　「意思決定にレリバントな情報は，本質的に主観的であり，それゆえそれは将来についての個人的な信念と予測の事柄である。プロジェクトからのキャッシュ・フローの推定を客観的に行うどのような方法も存在しない。そこ

には不確実性が付随する。また事後においても，主観的な信念を検証することができない[10]。」

また「測定 (measurement)」を「測定できる属性が特定できること，数量化でき，独立のテストが可能であること」，「そこでの判断は，経験的参照性を有して非個人的なものであり，誰もの批判的な検討に供され，測定者の合意が成立する」[11] ものとして，その字句どおりの意味に捉えるならば，「市場価格への参照 (mark-to-market)」は市場価値という経験的検証可能な属性に関係するために測定の意味に適合するが，他方，「モデルへの参照 (mark-to-model)」は予測という人の主観に関係して検証不能であるために測定の意味をもたない。「測定は現存する条件 (extant condition) を発見するプロセスであり，予測は将来の条件 (future condition) に関係する[12]。」スターリング (Robert R. Sterling) が指摘するように，割引キャッシュ・フロー・モデルは予測であり，測定ではない。すなわち，

「割引価値は測定ではない。それは数学的に修正された予測である。したがって割引価値には，現在の経験を通じて確かめられるような対応物がない——すなわち割引価値は『主観的』である[13]。」「単一で真実な割引価値などはない。これが事実である[14]。」

3 「予測に対する参照 (mark-to-estimate)」事象の監査不能性

公正価値数値の監査についてみると，財務諸表数値を経験的な事象に関連させる「検証 (verification)」の意味において監査をとらえるならば，「市場価格への参照 (mark-to-market)」によって表示された財務諸表数値は監査（検証）可能であるが，他方，「モデルへの参照 (mark-to-model)」（「予測に対する参照 (mark-to-estimate)」）は，検証不能な事象に対する参照となるため，それは監査（検証）不能である。

確かにアメリカ公認会計士協会 (AICPA) は，公正価値に関する監査基準 (Statement Auditing Standard, No.101, *Auditing Fair Value Measurement and Disclosure*, 2003) を表明し，公正価値数値の適正性を監査する基準を設定して

いる。しかし当監査基準は，いかなる意味においても公正価値についての経験的検証を求める基準を設定するものではない。ここでの公正価値監査とは，経営者が公正価値の推定にあたって立てた仮定が合理的なものであるかどうか判断することが中心となっている。しかも，その合理性については一般的な要請となっており，何ら具体的な内容を規定していない。たとえば，同監査基準の内容を見ると，以下のようになっている。

「基準16：公正価値測定や表示と開示についての要請，また公正価値の変動を財務諸表に如何に報告するかということを含めて，そこでの経営者の意図が適切なものであるかについて監査人は評価する。監査人は，これらの行為を行うにあたっての経営者の能力を評価する。経営者は特定の資産もしくは負債に関連した計画や意図について記録に残しており，GAAPもそのようにすることを要請している。経営者の意図や能力について得られた証拠の範囲は，プロフェッショナルな判断の事項であるが，監査人の手続には，普通，経営者に対する以下のような質問事項が含まれる。

- 資産や負債について下された経営者の意図についての過去の歴史についての考慮
- 記述された計画やその他の記録，予算や議事録その他利用できるもののレビュー
- 特定の行動をとった経営者による理由についての検討
- 契約内容を含めての実体の経済的環境のもと，特定の行動を行った経営者の能力に対する考慮」

このように公正価値の監査基準は，経営者の意図，経営者が立てた予測と仮定の適切性に関するものであり，結果として算定された公正価値額について検証するものではない。ここで意味されるのは，公正価値の検証は，会計士の責任ではないという実質的な意味が含まれている。したがって監査人が行うことといえば，経営者が公正価値の評価にあたって採用した手続きプロセスを確認し，その計算プロセスを再計算することになる。このような公正価値監査の本質について，Robert R. Sterlingは次のように指摘している。

「監査人によって独立の立場から計算された割引価値が依頼会社のそれと違ったからと言って，その事実によって無限定適正意見の表明を拒否する正当な根拠とはならない。」「監査人が独立の立場から計算した割引価値は，適正意見の表明にも否定的意見の表明にも十分な正当性の根拠を与え得ないものである。かくして，次のような結論をくださなければならない。監査人が独立の立場から計算した割引価値と依頼会社側の数値とを比較して監査を行うことはできない，と。ではこれに変わる方法はなんであろうか。独立の立場から計算した割引価値と依頼会社のそれを比較するものでないとすると，残されているのは，筆者の知るかぎり，算術的な正確性を検討することだけである[15]。」「監査人によって独立の立場から計算された割引価値が依頼会社のそれと違ったからと言って，その事実によって無限定適正意見の表明を拒否する正当な根拠とはならない[16]。」

監査を検証可能性においてとられるならば，現行の「再計算」は監査（検証）とはいえない。公正価値は，検証出来ないから監査不能である。George J. Benston 等も以下のように指摘している。

「実際のところほとんどの公正価値は（多くの金融商品に対してですら），それらは経営的操作を許す経営者の判断に依拠し，客観的に決定された検証可能な額に基づくことのない予測から生み出される。そのような公正価値推定は，信頼に足りる会計システムに採用することができず，監査できないものである[17]。」

4 公正価値基準と会計操作の可能性

割引キャッシュ・フロー・モデルが，大きく会計操作を許すものであることは，多くの論者によって指摘されている。たとえば George J. Benston 等は，以下のように述べている。

「公正価値のほとんどは，予測によって得られ，それらは経営上の判断に依拠して客観的に決定することも検証することもできない金額にもとづくものであり，否応なしに経営者の操作（managerial manipulation）を許すもので

ある[18]。」

　「多くの重要な資産と負債の経済価値は，純キャッシュ・フローと割引率の予測によってのみ得られるが，それらの予測は難しく困難でコストのかさむものであるばかりか，独立の公認会計士にとって検証し信頼性をもつものとして承認するに難しく，また不可能でさえある。特定の会計期間における経営をうまく行ったかのように見せかけたい経営者は，容易にキャッシュ・インフローの予測額を増大させたり，キャッシュ・アウトフローの予測額を減少させたり，また適用される割引率を減少させたりすることができる（正味現在価値が正であるかぎり）。経営者は，自ら予測した額の合理性をつくりあげ，独立の公認会計士が拒絶するのが困難か不可能であるような数値を思いのままに導き出すことができる。また経営者が推定したキャッシュ・フローが不正確なものであると判明した場合には（たとえ経営者が偏向のない予測を追求したとしても，結果はそうならざるをえない），経営者は条件が変わったと取繕うことができる（そのようにならざるをえない）。さらに経営者は，変化を合理的に予測できなかったとか，さもなければ，関係するプロバビリティについての結果の範囲については正しく予測したが，平均値―すなわち『期待』額と同じではなかった，と言うことができる[19]。」

5　公正価値基準の論理

　公正価値は，「市場価格（quoted market price）」を最上位のものとしてランク付けする。確かに市場価格は，強制と清算によらない意思ある独立の当事者間で成立する検証可能な価格であり，その意味で通用の意味での「公正」の概念に適合する。問題は，市場価値をかざして，その「公正」を印象づけ，そのもとで検証不能，測定不能，監査不能な割引キャッシュ・フロー・モデルなどの多様な評価モデルによる予測額を「公正」概念で包摂する，という論理操作を行っていることである。割引キャッシュ・フロー・モデルなどによって算定された金額は，想定される市場取引のもとで成立する価額に連なるものである，と強弁するのである。「市場価値」概念では，割引キャッシュ・フロー・モデ

ルなどの予測方法を合理化できない。「公正」の概念であればそれが出来る。しかし「公正」そのものの概念の意味を限定させ明確化することは避ける。なぜなら割引キャッシュ・フロー・モデルなどの予測方法は、「公正」がもつ規範的な意味からすれば離れたものであり、その評価モデルに合理性を持たせることができなくなる恐れがある。そのためにはあえて「公正」の概念内容は空漠なものにしておく。

　現実の資産と負債の評価において、「市場価格への参照（mark-to-market）」が適用できる実務部面はきわめて少ない。そのために、実務において公正価値評価といえば、実質、割引キャッシュ・フロー・モデルなどによる予測が中心となっている。一般に「市場価格への参照」が言われても、実際のところは割引キャッシュ・フロー・モデルなどの評価モデル、予測のモデルへの参照が中心となっている。すなわち、「いわゆる『市場に対する参照』会計、しかし実際は多くの『モデルに対する参照』と『予測に対する参照』を求める（so-called "mark-to-market" accounting, but actually requiring much "mark-to-model" and "mark-to-estimates"）[20]」ものとなっているのが現実である。

　公正価値会計は、このような会計実務の実際的な傾向を合理化するものとして成立した。公正価値基準は、もともと公正さを追求する測定の基準ではなかった。それは取得原価主義からの離脱を促進させ、しかも市場価格以外の予測の評価方法も認められたものにする必要性から生まれたものである。その制度機能を果たすものとして設定されたのが、「公正価値」なる用語である。公正価値基準形成の歴史的脈絡からすれば、このように解釈できる。

6　公正価値基準が求める制度装置

　公正価値が実質的に検証不能、測定不能、監査不能なものであるとすれば、その本質として、公正価値基準に対する信頼性が得られなくなる危険性がある。測定基準において「適合性と信頼性のトレード・オフ」が言われることがあるが、「信頼性」を全く欠如した会計情報がはたして株主などの意思決定に対する適合性をもつことが出来るのか。「信頼性」を欠如した「適合性」は成

立し得ない。論理的には「信頼性」は「適合性」の不可欠の前提である。したがって「適合性と信頼性のトレード・オフ」は成立しない。この点について，George J. Benston 等は以下のように述べている。

「会計において公正価値を用いることは，信用性（trustworthy）に欠けるものとなる。事実，信用性に欠けた数値を容易に算出することができる。多くの公正価値は，市場価値に依拠するのでなく予測にもとづいたものである。以下に示すように，不幸にも，公正価値にもとづいた財務報告は，その数値に対する要請—すなわち信頼可能性と検証可能性（reliable and verifiable）の要請を一貫して達成することはほとんどできない。

しばしばレリバンスと信頼性の間のトレードオフについて言及されることがあるが，レリバントな情報は，意思決定において信用性に大きなウエイトをかける。すなわち会計項目がどの程度の意思決定有用性をもつかその信念の程度は，これ等の項目に関連した信用性の程度に基づいている[21]。」

公正価値そのものには信頼性を獲得する要素はない。信頼性の欠如した公正価値会計基準単独では，制度として機能する条件は危うい。それでもこのような公正価値基準を成立させ機能させるには，公正価値基準に関連するところのいわゆる「エンフォースメント（enforcement）」の諸制度が必要となる。エンフォースメントとは，会計基準の「設定（establishment）」と対をなし，会計基準の施行に関わる概念である。財務デスクロージャー・システムに関するエンフォースメントの制度について，George J. Benston 等は，以下の2つの領域をあげている。

「財務デスクロージャーシ・ステムの信頼性を改善するには，2つの基本的なアプローチがある。すなわち情報の作成と検証に責任を持つ者に対するモニタリングの改善であり，数値を生み出しその検証に責任を持つ者のインセンテイブを変えることである[22]。」

このような役割を期待されて成立するエンフォースメントには，たとえば監査基準，監査機関の業務の監視（オバーサイト），コーポレート・ガバナンス，内部統制システム，監査事務所の評価マニュアル・実務指針，プロフェッショ

ナルの倫理基準などがある。

　公正価値基準は、その基準の施行に関わるエンフォースメントの諸制度を求める。

　すなわち公正価値基準は実質、予測の基準であるが、しかしながら会計基準の設定とその規定によって、予測そのものを規制することは出来ない。「偏りのない信頼できる経営上の推定は、法律にすることも規制することもできない[23]」と Baruch Lev が指摘しているように、経営者による予測そのものは規則によって規制できない。基準の設定が合理化されるためには、経営者による推定と公正価値会計情報を生み出す経営プロセスの合理性を支えるところのエンフォースメントの諸制度を必要とする。会計基準の設定は、設定だけではその合理性を主張することが出来ず、基準の施行に関わるエンフォースメント制度に支えられて、はじめて会計基準として成立が合理化される。基準の設定が基準の施行の制度に支えられることが必要になる。このような特性をもった典型的な会計基準が公正価値基準である。すなわち、公正価値基準という経営者の意図と予測に依存した会計測定基準の設定は、経営者の意図の誠実性を維持させ、適正な会計情報が生み出されるシステムを維持させ、その適正性を牽制するシステム、ならびに監査業務の適正性を保証するシステムといったエンフォースメントの制度によって支えられ、そのことによって合理化される。たとえば、監査基準（SAS No.101）は、公正価値の監査にあたって公認会計士は以下の事項について配慮しなければならない、としている。

「・公正価値測定に採用されるプロセスに対するコントロール、データのコントロール、基礎的取引に対する実体にコミットする者と評価を実行する者との間の責任の分離
　・公正価値を決定する者の能力と経験
　・情報テクノロジーがプロセスにおいて有する役割
　・公正価値測定と開示を求める勘定と取引のタイプ（たとえば勘定がルーテインな継続的取引の記録から生じたものであるか、非ルーテインの異常な取引から生じたものであるか）

・公正価値もしくは測定をサポートするデータを提供するに実体のプロセスが組織サービスに依存するその程度
・公正価値測定と開示の決定にあたって，実体が従事する範囲もしくはスペシャリストを採用する範囲
・公正価値測定に採用される重要な経営者の仮定
・経営者の仮定を支持する記録
・仮定を設定するために利用できる市場情報を経営者が採用しているかどうかを含めて，経営者が仮定を設定し適用するプロセス
・承認手続きを含めた，評価モデルについてのコントロールと安全手続き，適合性のある情報システムの水準
・評価モデルに採用されたデータについての一貫性，適時性，信頼性に対するコントロール[24]」

　これらの事項は，内部統制の適正性，会計データの産出プロセスの適正性と透明性，予測を行う経営者の意図の誠実性，監査人の独立性など諸々の制度とプロセスに触れる内容である。公正価値基準は，これらの事項に関係するエンフォースメント制度を必要とする。これらの事項に関係して，今日，多様なエンフォースメントの制度が成立し，また新しく設定されようとしている。サーベンス・オクスリー法（The Sarbances-Oxley Act）は，このような方向性のもとに理解されるべきである。本法律が要請するもののなかには，公開会社会計監視委員会（the Public Company Accounting Oversight Board：PCAOB）の設立による監査業務の品質レビュー，監査ルールの設定，最高経営責任者（CEO）や財務担当責任者（CFO）による財務諸表の正確性についての証明，意図的な間違いが解っている財務諸表に対して故意の証明を行った最高経営責任者や財務担当責任者の罰則，経営者による内部統制の有効性を評価し証明した報告書の提出と会社監査人による評価とその報告，あるいは公正価値の評価業務と監査業務を同一の会計事務所が行うことの禁止，5年以上にわたって監査に従事することの禁止などがある。サーベンス・オクスリー法は，エンフォースメントに関わる全般的な制度設定を行おうとしている。この動きは，公正価値基準の設

定の傾向と，全く無関係なものであるとは言えない。

お わ り に

　公正価値は，「公正」を求める会計基準ではない。取得原価主義からの離脱と市場価値以外の評価額を取り込む機能をもった概念であり，この制度的機能が「公正」の内容を規定している。しかしながら公正価値は，実質において，検証不能，測定不能，監査不能な予測モデルへの参照をもその範囲に入れているため，極めて恣意的な会計数値を生み出す可能性をもっている。それでも公正価値基準が制度として成立し合理化されるためには，多様なエンフォースメントの制度に支えられなければならない。公正価値基準の成立は，本質的にエンフォースメント制度を必要にする。エンフォースメントの諸制度は，公正価値の柔らかい数値の成立を合理化するものとして機能する。とは言っても，たとえ公正価値基準がエンフォースメント制度に支えられたとしても，公正価値の恣意的な性格そのものは決してなくなるものではない。

（注）
（1） FASB Statement of Financial Accounting Standards No.107, *Disclosures about Fair Value of Financial Instruments,* 1991, par. 5 .
（2） FASB Exposure Draft, *Proposed Statement of Financial Accounting Standard, Fair Value Measurements,* 2004, par. 4 .
（3） Mary E. Barth, Fair Value Accounting: Evidence from Investment Securities and the Market Valuation of Banking, *The Accounting Review,* January, 1994, p. 3 .
（4） FASB Statement of Financial Accounting Standards No.107, par. 37.
（5） FASB Exposure Draft, *Proposed Statement of Financial Accounting Standard, Fair Value Measurements,* 2004, par. 5 .
（6） *Ibid.*, appendix A1.
（7） Peter W. Wolnizer, *Auditing as Independent Authentication,* 1987, p. 107.
（8） FASB Statement of Financial Accounting Concept No. 7 , *Using Cash Flow Information and Present Value in Accounting Measurements,* 2000, par. 39.
（9） Thorsten Sellhorn, *Goodwill Impairment-An Empirical Investigation of Write-Offs under SFAS 142,* 2004, p. 182.

(10) Joel S. Demski, John C. Fellingham, Yuji Ijiri, and Sham Sunder, Some Thoughts on the Intellectual Foundations of Accounting, *the Accounting Horizons,* June 2002, p. 160.
(11) Peter W. Wolnizer,*op.cit.,* 1987, p. 169.
(12) Robert R. Sterling, A Statement of Basic Accounting Theory: A Review Article, *Journal of Accounting Research,* Spring, 1967, p. 95.
(13) Robert R. Sterling, *Toward a Science of Accounting,* 1979, p. 26. (塩原一郎訳『科学的会計の理論』税務経理協会, 1995年)
(14) *Ibid.,* p. 132.
(15) *Ibid.,* p. 133, p. 134.
(16) *Ibid.,* p. 133.
(17) George J. Benston, Michael Bromwich Robert E. Litan Alfred Wagenhofer, *World Wide Financial Reporting,* Oxford University Press, 2005, p. 262.
(18) *Ibid.,* p. 262.
(19) *Ibid.,* p. 27.
(20) *Ibid.,* p. 266.
(21) *Ibid.,* p. 21.
(22) *Ibid.,* p. 254.
(23) Baruch Lev, Fact and Earning, *The Journal of Economic Perspectives,* Vol 17, No 2, Spring 2003 p. 46.
(24) AICPA, SAS No.101, *Auditing Fair Value Measurement and Disclosure,* 2003, par. 12.

(村瀬　儀祐)

第2章 現代会計における認識領域拡大の構造

はじめに

　アメリカにおいて，1960・70年代以降，取引価格・原価配分を基本的要素とする近代会計理論体系の枠組のなかにおさまりきらない新しい会計実務が導入された。リース会計，偶発事象会計，年金会計などがその典型である[1]。リース会計はリース物件を資産として計上するとともに，将来支払うリース料をリース債務として計上するというものである。また，偶発事象会計は，将来発生する可能性の高い偶発損失を現在の財務諸表において計上するというものである。

　会計基準設定機関であるFASBによって1970年代後半から1980年代にかけて公表された「財務会計概念ステイトメント・シリーズ」は，このような将来の事象を現在の財務諸表に計上するという，取引価格や原価配分を基礎概念とする近代会計理論では論理化できない会計実務・会計基準を論理的に支えることに機能してきた[2]。

　しかし，現代のアメリカにおいては，将来の事象を認識・計上するという会計実務はそれにとどまらず，金融商品会計，減損会計，長期資産除却債務会計などが次々に導入されている。それらの会計実務は公正価値をキー概念として，将来事象を認識・計上するというものである。金融商品会計は，デリバティブから生ずる未履行の権利・義務を資産・負債として公正価値によって計上するというものである。減損会計は固定資産の将来キャッシュ・フローを見積

もって，予測されるキャッシュ・フローの減少による減損損失を早期に計上するというものである[3]。長期資産除却債務会計では，長期資産の取得・建設に際して発生したとされる除却債務の測定に対して，除却時に必要とされるであろう可能性のある幅をもつ将来キャッシュ・アウトフローを見積もり，現在価値に割り引くという期待キャッシュ・フロー・アプローチが採用されている[4]。

期待キャッシュ・フロー・アプローチのような見積・予測要素を含んだ測定技法を公正価値概念のなかに包摂し，将来の事象を現在の財務諸表に認識・計上するという会計実務・会計基準が進展しているのである。

このようななか，FASB は IASB と共同で，概念フレームワークの再検討プロジェクトに着手している。この概念フレームワークの再検討は何を意味するのであろうか。見積・予測要素を含んだ測定技法によって将来の事象を認識・計上する会計実務・会計基準の進展が，現行の概念フレームワークでは論理的に支えることが困難となり，さらなる概念的な補強が必要となったのであろうか。

そこで本章では，この概念フレームワークの再検討プロジェクトの本質的な意味を考察する。

1　概念フレームワークの再検討プロジェクト

IASB と FASB は，2004年10月に開催された共同会議において，概念フレームワークの再検討プロジェクトを両審議会の協議事項に加えることを決定した。その共同プロジェクトの目的は，完全かつ内部構造的に一貫した共通の概念フレームワークを開発することであるという。そのようなフレームワークは，将来の会計基準を開発するための明確な基礎を提供し，原則主義にもとづき，内部構造的に一貫した，国際的に統合化された，さらには，投資，与信，類似する意思決定のために必要な情報を提供する財務報告を導き出す会計基準を開発するという両審議会の目標を達成するために不可欠なものであるという。つまり，国際的に統合化された，財務報告の目的を達成するために一貫した会計基準を開発するためには，内部構造的に一貫した包括的な基本的会計概

念の確立が必要であるというのである[5]。

両審議会は，その目的を達成するために，このプロジェクトを以下の8段階に分けて行っている。

段階	プロジェクト・タイトル	関連する個別問題のプロジェクト
A	目的・質的特徴	
B	諸要素・認識・測定属性	収益認識プロジェクト
		負債証券と持分証券プロジェクト
C	初期測定・事後測定	公正価値測定プロジェクト
		初期・事後測定プロジェクト
D	報告実体	
E	表示・開示 （財務報告の限界を含む）	財務業績報告書プロジェクト
		経営者解説・開示フレーム・ワークプロジェクト
F	フレームワークの目的・GAAPの階層	
G	非営利法人に対する適用可能性	
H	フレームワーク全体	

FASBは当該プロジェクトの第1段階として2006年7月に予備的見解（Preliminary Views，以下PVとする。）「財務報告の目的と意思決定に有用な財務報告情報の質的特徴」を公表した。

2 予備的見解の概要

(1) 財務報告の目的

PVはまず，「財務報告の目的は，フレームワークの基礎である。フレームワークの他の側面，すなわち，質的特徴，財務諸表の諸要素，報告実体の定義，認識・測定，および表示と開示は，その目的から論理的に導き出される[6]」として，財務報告の目的を演繹的に設定する。

一般目的外部財務報告の目的は,「現在および潜在的な投資家と与信者,および他の利用者が,投資,与信,および類似する資源の配分の意思決定を行うさいに有用な情報を提供することである[7]」とする。

　その目的を達成するためには,「財務報告は現在および潜在的な投資家と与信者,および他の利用者が,実体の将来キャッシュ・インフローおよびアウトフロー（実体の将来キャッシュ・フロー）の金額,タイミング,および不確実性を評価するのに役立つ情報を提供しなければならない。そのような情報は,実体の純キャッシュ・インフローを生み出す能力,すなわち,投資家と与信者にリターンを提供する能力を評価するさいに重要となる[8]」としている。

　そのようなキャッシュ・フローの予測を可能にする情報は,具体的にどのように提供されるのか。PV は「現在および潜在的な投資家および与信者,他の利用者が純キャッシュ・インフローを生み出す実体の能力を評価するさいに助けとなるために,財務報告は実体の経済的資源（資産）およびそれらの資源に対する請求権（負債および持分）についての情報を提供しなければならない。資源およびそれらに対する請求権を変動させる取引および他の事象の影響および環境についての情報も重要である[9]」という。

　つまり,資産,負債,持分,およびそれらの変動についての情報が,キャッシュ・フローを予測するうえで,有用な情報になるというのである。つぎに,PV は,それらについての情報は,現金収支にもとづく会計ではなく,発生主義会計を適用することによって提供されるという。PV は次のように発生主義会計の適用を強調している。

　「発生主義会計は,発生した期間に実体の資源および請求権に対するキャッシュ・コンシークエンスを有する取引および他の事象,環境の財務上の影響を反映することを意図したものである。一会計期間の実体の購入活動,販売活動,および他の活動は,その経済的資源とそれらに対する請求権に影響する他の事象と同じように,当該期間の現金の授受と一致しない。実体の資源および請求権,それらの変動についての財務報告における発生主義会計情報は,実体の現在の現金授受額だけについての情報よりも,キャッシュ・フ

ローの予測を評価するために，よりよい基礎を提供する。発生主義会計がなかったならば，重要な経済的資源およびそれらに対する請求権は，財務諸表から除外される[10]。」

以上のように，PV が提示した財務報告の目的は，現行の財務会計概念ステイトメント第1号の内容を踏襲したもので，キャッシュ・フローの予測を可能にする財務報告が意思決定者にとって有用な情報であることを確認し，財務報告情報の力点をキャッシュ・フローに置いたものとなっている。

(2) 意思決定に有用な財務報告情報の質的特徴

PV は財務報告情報が有用であるためには，次のような質的特徴を有していなければならないとしている。意思決定に有用な財務報告情報の質は，「目的適合性（relevance）」，「誠実な表示（faithful representation）」，「比較可能性（comparability）」，および「理解可能性（understandability）」である。それらの質は2つの普遍的な拘束，すなわち，「重要性（materiality）」と「コストを正当化する便益（benefit that justify costs）」を条件としている[11]。

PV では，それらの情報の質的特徴のうち目的適合性と誠実な表示が，意思決定に有用な情報を特徴づける重要な質として位置づけている。以下で，その概要を示す。

① 目 的 適 合 性

目的適合性は，予測価値（predictive value），確認価値（confirmatory value），適時性（timeliness）という3つの情報の質から構成されている[12]。

PV は，投資，与信，および類似する資源の配分の意思決定を行うさいに有用となるためには，情報はそれらの意思決定にとって目的適合的でなければならないという。目的適合的な情報とは，利用者の意思決定に相違を創り出すことができる情報であって，そのためには情報は，予測価値と確認価値を有していなければならないという。

予測価値とは，情報利用者が過去，現在，もしくは将来の取引，あるいは他の事象が将来キャッシュ・フローに与える潜在的な影響を評価することに役立

つという情報の価値であって，情報が予測プロセスのインプットとしての価値を持っていることをいう。

確認価値とは，情報利用者の以前の評価を確認したり修正したりすることに役立つという情報の価値である。

適時性とは，情報が意思決定に影響する能力を失う前に，意思決定者に情報を利用可能にする情報の質である。

② 誠実な表示

PVは誠実な表示という質について，「投資，与信，および同様の資源の配分の意思決定を行うさいに有用となるためには，情報はそれが表示しようと意図する現実の世界の経済現象を誠実に表示していなければならない。財務報告で表示されている現象は，経済的資源および義務，それらを変動させる取引や他の事象，および環境である。それらの経済現象を誠実に表示するには，情報は検証可能であり，中立であり，かつ完全でなければならない[13]」としている。すなわち，情報が誠実な表示であるためには，検証可能性（verifiability），中立性（neutrality），完全性（completeness）という質を有していなければならないという。

検証可能性を有している情報とは，それが表示しようと意図している経済現象を誠実に表示していることを利用者に保証するためには，情報は検証可能でなければならない。検証可能性は，異なる理解力を持った独立した観察者が，必ずしも完全な同意をする必要はないが，以下のことについて全体的な一致に達することを意味するという[14]。

a. 情報が，重大な誤謬やバイアスがなく，それが表示しようと意図している経済現象を表示していること（直接的検証によって）

b. 選択された認識・測定方法が，重大な誤謬やバイアスがなく適用されていること（間接的検証によって）

中立性とは，あらかじめ決められた結果を達成するために，あるいは特定の行動を誘引するために意図されたバイアスがないことを意味する。中立性は誠実な表示の基本的な側面である。なぜなら，バイアスのある財務報告情報は，

経済現象を誠実に表示することができないからであるという[15]。

完全性とは、その情報が表示しようと意図する経済現象を誠実に表示するために必要なすべての情報を財務報告に含めることを意味する[16]。

③ 目的適合性と誠実な表示との関係

PV は、目的適合性と誠実な表示はともに、財務報告情報を意思決定に有用なものにするとしているが、まず、意思決定に有用な情報を決定するさいに、以下のように目的適合的な情報をまず検討することから始めるとしている。

「『目的適合性』という質的特徴は、投資家、与信者、および財務報告情報の他の利用者の意思決定と経済現象の関係、すなわち、彼らの意思決定と経済現象の適切性に関することである。目的適合性という質的特徴の適用は、いかなる経済現象が、それらの現象についての意思決定に有用な情報を提供するという意図でもって、財務報告で表示されるべきかということを明確にするであろう。それらの意思決定を行うために情報が有用になる経済現象は、目的適合的であり、情報が有用にならない経済現象は目的適合的ではない。したがって、論理的には、目的適合性は他の質的特徴よりも前に検討されなければならない。なぜなら、目的適合性が財務報告で表示されるべき経済現象を決定するからである[17]。」

次に適用される質的特徴は、「誠実な表示」である。PV は「いかなる経済現象がなされる意思決定に適切なのかを決定するために目的適合性が適用されると、いかなるそれらの経済現象の描写が、目的適合的な現象とそれらの表示とをもっとも一致させるかを決定するために、誠実な表示が適用される[18]」という。すなわち、財務報告の利用者の意思決定に適切でない現象をどのように誠実に表示するかを検討することは合理性がなく、その現象についての情報は目的適合的ではないために、目的適合性が最初に検討されるというのである。

3 「誠実な表示」が意味するもの

PV では、現行の財務会計概念ステイトメント第 2 号で示されている「信頼性」という質的特徴を「誠実な表示」という質に置き換えている。PV は、そ

の理由として，信頼性は正確性を意味すると解釈されているなど，信頼性という用語は多様な意味に解釈されているために，信頼性が意味するものを明確にする必要があるとして，誠実な表示という用語を用いているとしている[19]。

PVは，とりわけ誠実な表示が確実性や正確性とは異なる概念であることを以下のように明確にしている。

「経済活動は不確実性の状況下で起こり，たいていの財務報告は多様な形態の見積を含む。それらのうちのいくつかは経営者の判断を組み込んでいる。実体が支配する現金額を可能なかぎり除外して，ある程度の不確実性を含まない経済現象の測定を開発することはほとんど不可能である。たとえば，実体の受取債権は，受取債権に具現化されている法的請求権の合計として表示される。しかし，より適合的な表示は，当該受取債権から生ずるキャッシュ・フローの見積額であり，受取債権が回収可能かどうかについての不確実性の影響を反映することを要求する。ある時点で回収可能な受取債権の見積は，実際に回収される金額が以前の見積とは異なっていたとしても，誠実な表示であろう。経済現象を誠実に表示するためには，見積は適切なインプットにもとづかなければならず，それぞれのインプットは，もっとも利用可能な情報を反映しなければならない。見積の正確性はもちろん望ましいことであり，正確性の最低レベルは，見積にとって経済現象の誠実な表示であるため必要である。しかし，表示上の誠実性は，見積における絶対的な正確性や結果についての確実性のいずれも意味していない。それが所有していない情報の正確性や確実性の程度を意味することは，その情報が表示しようと意図する経済現象を誠実に表示する程度を減少させる[20]。」

概念ステイトメント第2号でいうところの信頼性から，正確性・確実性という概念を切り離し，経済現象の誠実な表示ということが強調されている。つまり，見積や予測要素を含む測定方法には，正確性が求められるのではなく，経済現象を誠実に表示しているかどうかが重要となる。その経済現象を誠実に表示していることを保証する質が，検証可能性である。見積・予測要素を含む測定がいかに検証可能であるのか。PVは検証可能性について，直接的検証性と

間接的検証性という概念を導入している。

　直接的検証性とは，ある金額あるいは他の表示自体は，現金を数えることによって，あるいは市場性のある証券とその相場価格を観察することによって，直接的に検証されるというものである。間接的検証性とは，金額もしくは他の表示は，インプットをチェックし，同じ会計慣習もしくは方法論を用いて，アウトプットを再計算することによって検証されるというものである。たとえば，その例として，インプット（量と原価）をチェックし，同じ原価フローの仮定（たとえば，平均原価法もしくは先入先出法）を用いて期末棚卸資産を再計算することが挙げられる[21]。

　直接的検証性は，方法と適用において誤謬もバイアスも最小にするために，それが表示しようと意図する経済現象をその情報が誠実に表示していることを保証するさいにより役立つという。他方，間接的検証性は，用いられた方法の適切性を保証しないとしても，その方法が誤謬や個人的バイアスがなく適用されているという保証をともなっているという[22]。

　このように，検証可能性という情報の質に直接的検証性と間接的検証性を導入することによって，見積・予測要素を含む測定方法によって算出された金額も検証可能となる。PV は「検証可能であるためには，情報は一つのポイントの見積である必要はない。可能性のある金額と関連する発生の可能性の幅もまた検証可能である[23]」と述べていることからして，期待キャッシュ・フロー・アプローチによって測定された金額も検証可能になるものと考えられる。

　L. Todd Johnson が FASB レポートのなかで以下のように述べていることからしても，期待キャッシュ・フロー・アプローチなど見積・予測要素を内包した測定方法を含む公正価値測定の概念レベルでの論理化が再検討プロジェクトの焦点のひとつになっていることがわかる。

　「審議会は財務諸表において公正価値測定の幅広い使用を要求している。なぜなら，審議会は公正価値による情報が，歴史的原価情報よりも投資家や与信者により適合的であると認識しているからである。そのような測定は報告実体の現在の財政状態をよりよく反映し，過去の業績と将来の予想を評価

することをより容易にする。その点から，審議会は信頼性が財務諸表測定にとって目的適合性よりも重要であるという見解を受け入れない。

　そのような要件を採用するさいに，審議会は，とくにそのような測定が活発な市場で観察できない場合と，それらの測定の見積により信用がなければならない場合，公正価値測定に関連した信頼性の懸念に注意している。しかし，審議会は現在の財務諸表が，十分に信頼できると観られる貨幣額の見積を備えているということを認めている。確かに，多くの資産と負債（およびそれらの変動）の現在の測定は，見積にもとづいている。たとえば，受取債権の回収可能性，棚卸資産の販売可能性，設備の耐用年数，投資から得られる将来キャッシュ・フローの金額とタイミング，あるいは不法行為もしくは環境上の訴訟における損失の可能性などがある。構成員のなかには，それらの測定が公正価値測定よりも正確であると考えている者もいるが，それに同意しない者もいる。しかし，いかなる事象においても，信頼性は概念フレームワークにおいては表示上の誠実性と検証可能性についてのものであり，正確性を意味するものではない。さらに，多くの現在の財務諸表測定は，描写されている経済現象の表示上の誠実性の点で，公正価値測定以上のものはない（それ以下かもしれない）。付け加えるならば，多くの現在の財務諸表測定は考えられているよりも検証可能ではない。なぜなら，それらの測定は直接的ではなく，間接的にのみ検証されうるからである[24]。」

お わ り に

　以上のように，PV は現行の概念ステイトメントの意思決定に有用な情報を提供するという財務報告の目的を踏襲し，有用な情報になるための情報の質を定義している。しかし，その情報の質では，現行の概念ステイトメントにおいては，信頼性のひとつの構成要素であった「表示上の誠実性」を「誠実な表示」として前面に置き換えることによって，信頼性のなかで解釈されうる正確性・確実性概念を切り離している。

　このことは，公正価値という論理でもって，将来キャッシュ・フローの現在

価値や，期待キャッシュ・フロー・アプローチなどの現行の会計基準で認められている見積・予測要素を含んだ測定方法が，概念レベルで合理化されることを意味する。しかし，見積・予測要素を含んだ財務諸表に対して，誠実な表示であるという保証を与えなければならない。そこに検証可能性の直接的検証性と間接的検証性が機能している。

現行の概念ステイトメントにおいては，目的適合性と信頼性との関係は，相反する関係であるがゆえに，トレード・オフ関係があった。しかし，PVは目的適合的な情報を最初に検討し，それを誠実に表示できるかどうかを検討するという，2つの情報の質間での順位づけを行っている。有用な情報は将来のキャッシュ・フローを予測できる情報であって，そこには歴史的原価よりもむしろ，公正価値のような将来事象を現在の財務諸表において測定可能にする方法の優位性が含まれる。そのような見積・予測要素を含んだ測定方法であるがゆえに，誠実な表示という質によって制度的な保証が与えられることになるのである。すなわち，PVは情報の目的適合性を最初に検討しなければならない情報の質として位置づけることによって，現行の概念ステイトメントで存在する目的適合性と信頼性のトレード・オフ関係の問題を解決し，目的適合的な情報ならば可能なかぎり財務諸表に認識・計上するという論理を構築しているのである。

このような概念フレームワークの再検討プロジェクトの意味はどこにあるのか。リース会計や偶発事象会計など，取引価格・原価配分を基礎概念とする近代会計理論では論理化できない会計実務・会計基準の出現によって，概念ステイトメントが要求された。概念ステイトメントは，意思決定に有用な情報提供という論理でもって，資産を将来経済便益，負債をその犠牲と定義することによって，将来事象を認識可能とする論理を構築した。そのような将来方向への認識領域の拡大の論理によって，リース会計や偶発事象会計にとどまらず，金融商品会計，減損会計，資産除却債務会計といった会計実務・会計基準が導入されている。

将来の事象は見積・予測要素を含む期待キャッシュ・フロー・アプローチな

どの測定技法を含む公正価値評価によって認識・計上が可能となる。そのような見積・予測要素を内包する会計実務・会計基準を制度的に合理化するためには、「信頼性」を「誠実な表示」に置き換え、目的適合性を重視した、有用な情報提供を論理的起点に据えた概念フレームワークの再構築が必要になったと考えられる。このことによって、公正価値をベースとした会計実務・会計基準が理論レベルで、さらに一層堅固に合理化されることになる。ここに、概念フレームワークを再検討することの本質的な意味があると考える。

（注）
（1）加藤盛弘『現代の会計原則（改訂増補版）』森山書店，1987年，146頁。
（2）同書，107頁。
（3）加藤盛弘『負債拡大の現代会計』森山書店，2006年，97頁。
（4）同書，131-137頁。
（5）FASB, Preliminary Views, *Conceptual Framework for Financial Reporting: Objective of Financial Reporting and Qualitative Characteristics of Decision-Useful Financial Reporting Information*, July 2006, pars. P 3 – P 5.
（6）*Ibid*., par. OB1.
（7）*Ibid*., par. OB2.
（8）*Ibid*., par. OB3.
（9）*Ibid*., par. OB18.
（10）*Ibid*., par. OB19.
（11）*Ibid*., par. QC7.
（12）*Ibid*., pars. QC8–QC15.
（13）*Ibid*., par. QC16.
（14）*Ibid*., par. QC23.
（15）*Ibid*., par. QC27.
（16）*Ibid*., par. QC32.
（17）*Ibid*., par. QC43.
（18）*Ibid*., par. QC44.
（19）*Ibid*., par. BC 2.26.
（20）*Ibid*., par. QC21.
（21）*Ibid*., par. QC25.
（22）*Ibid*., par. QC26.

(23) *Ibid.*, par. QC23.
(24) L. Todd Johnson, Relevance and Reliability, *Article from The FASB Report*, February 28, 2005, Concluding Comments.

（志賀　理）

第3章 税ポジションの認識と税金負債

はじめに

　エンロンに端を発した会計スキャンダルは，アメリカの会計制度のみならず税制度改革のトリガーともなった。法人税改革ではSchedule M-3が導入され，財務諸表利益と課税所得の差異が詳細に示されるようになり，すでに導入されていたタックス・シェルター取引の申告規則と相俟って企業の税ポジション[1]がIRSにより詳細に把握されるようになっている。このため企業にとっては税務調査そして追徴税額の発生のリスクは一段と高まっている。このような企業の納税申告環境の変化をうけてFASBは税効果会計基準の再検討を求められたのであった。

1　解釈案作成の論理

(1)　解釈案作成の背景

　FASBは2005年9月に解釈案「SFAS109号の解釈—不確かな税ポジションの会計 (*Accounting for Uncertain Tax Positions*)」(以下，解釈案) を公表した。解釈案公表の目的はSFAS109号 (*Accounting for Income Taxes*) により生じている会計実務の相違を解消することである。すなわち「SFAS109号には，企業が税ポジションから生じる財務諸表便益を認識するために満たすべき必要条件たる信頼性の水準 (confidence level) が定められていない[2]」ために以下のような会計実務の相違が生じているからである。

「・納税申告書に計上または計上すると予想されるすべての税ポジションを財務諸表で認識する。そして，税ポジションの調査およびポジションの維持可能性に関する不確実性の影響を繰延税金資産評価引当金あるいは所得税債務の十全性の分析に含めている。
・税ポジションの便益を当初認識するにあたり，あらかじめ定められた信頼性の境界を利用する。そして，不確実な税ポジションに関する偶発損失に備えてプロバブル・ロスの境界を利用する。
・一定の属性にしたがって不確かな税ポジションを識別し，SFAS 5 号に定める偶発利益のガイダンスを適用している[3]。」

これらの実務状況が財務諸表の比較可能性を低下させており，税ポジションに関する便益の認識について統一ルールの必要性が強調されるのである。

(2) SFAS 109号の適用

FASB が指摘する実務状況の相違を具体的に示す前に SFAS 109号による税効果会計の適用手順を確認しよう。その手順は下記のように要約できる。

① 資産・負債について帳簿価額と税基礎額を確定する。
② 上記差異を一時差異と永久差異に分類し，前者の税効果を検討する。
③ 税効果解消時の税率を適用し，繰延税金資産・負債を算定する。
④ 算定された繰延税金資産・負債と期首のそれらを比較し，その増減が繰延税便益・税費用として計上される。
⑤ 繰延税金資産についてその実現可能性が評価される。その評価に応じて繰延税便益が減少する。
⑥ 繰延税便益・費用と当期税費用を合算して所得税費用が損益計算書に計上される。他方，貸借対照表には未払税金，さらに繰延税金資産または負債を相殺した純額が計上される。

これらの手順に内包される問題点として指摘されるのは次の点である。すなわち企業の納税申告における税ポジションは，申告時に確定したものではないにもかかわらず，それらの便益がすべて当該申告年度に認識されていることで

ある。申告された税ポジションは税務調査(単なる金額の誤謬のチェックを含む)の対象になり,状況によっては更正決定や訴訟などのプロセスを経て最終的にその処理が確定する。SFAS109号は,税務紛争の可能性がある税ポジションも含めすべてのポジション便益を当該申告年度にすべて認識しているのである。税務紛争の可能性がある税ポジションには,その決着時にペナルティや利子等の発生が予想される。このためそれらのポジションには保守的な経理処理が求められることになる。これらのポジション,つまり不確かなポジションに関する会計処理に差異がみられるのである。具体的には上述の①あるいは⑤の時点でポジションの不確かさが考慮されるかあるいは偶発損失引当金の計上が行われる。たとえばCoca Cola社は偶発損失引当金の計上方式を採用し,以下のような情報を脚注開示している。

「当社はさまざまな税事案にかかわっている。当社は一定の問題に関わり追徴税額の支払義務を負うことがプロバブルであると判断した時点で引当金を設定している。当社は延滞利子あるいはペナルティにかかわる影響も含めこれら引当金を事象および環境の変化,たとえば税務調査の進捗状況などに照らして修正している。……特定の税問題の最終結果あるいは解決の時期を予測することはしばしば困難であるが,損失の見込みがプロバブルでありかつその金額が合理的に測定できると判断した時点で引当金を設定している。かかる負債は当社の連結財務諸表では未払所得税で計上されている。過去に引当金を設定した税事案の好ましい解決は,判明した時点で所得税費用の減少として認識されるだろう[4]。」

Coca Cola社の場合,納税申告のすべての税ポジションを財務諸表で認識し,そのうち不確かな税ポジションに関する訴訟または追徴等のリスクについてはそれらがプロバブルとなった時点で引当金を設定するものである。引当金への繰入額はその年度の所得税費用に算入されている。したがって,同社では,これらのリスクを繰延税金資産の実現可能性を評価する際に考慮しているわけではない。またSFAS109号もこれらのリスクを実現可能性の評価に組み入れるように指示していない。同社の上記リスクへの対応は,SFAS109号で

はなく下記の SFAS 5 号 (*Accounting for Contingencies*) によるものである。

　「……たとえば，企業は所得税事案の係争中かもしれない。訴訟の準備段階で，近年の判決傾向に照らせば追徴税額200万ドルの支払がプロバブルであると判断するかもしれない。他方で別の項目については相当な解釈の余地があり裁判所の解釈次第では最大で800万ドル以上の支払を，少なくとも200万ドル以上の支払を求められるかもしれない。この場合には200万ドルの損失の発生が，それが合理的な見積もりであるかぎり要求される。そして追徴税額の支払に合理的な可能性があるならば，さらに損失が発生する可能性があることを開示するように要求し，状況次第では発生した200万ドルの開示を要求するかもしれない[5]。」

　多くの企業が上記 SFAS 5 号にしたがって，税務紛争にかかわる偶発損失に対応していると考えられる。この対応については一般に「企業は将来の潜在的な税コスト（つまり課税当局との税務紛争で敗れることによる追徴）を当期に計上するために所得税費用にクッションを算入[6]」しているとされ，これらはタックス・クッション（tax cushion）と呼ばれている。しかしタックス・クッションは財務諸表上で明確に示されるものではなく財務諸表数値や脚注から推測してその有無や程度が把握されるものである。たとえば Gleason & Mills は「……財務諸表で報告される当期所得税費用と納税申告書の総税額との差異をタックス・クッションの年額として測定している。…… SFAS109 号はタックス・クッションが所得税費用の当期分か繰延分かにどう関係するかについてほとんどガイダンスを提供していない。しかしながら企業は課税当局への支払義務を流動負債として記録しているので，納税申告書の税額から当期所得税費用を控除することによる累積額は，今後の課税年度に備えたタックス・クッションを取り込んでいるはずである[7]」と推測している。

　このように税ポジションの認識に関する SFAS109 号と 5 号の規定に依拠するならば，それらポジションにかかわる偶発損失について企業がどのように対応しているか，あるいは対応しているのか否かが定かではないのである。くわえて SFAS109 号は，すべての税ポジションによる便益をその納税申告時に認

識するため，税務紛争にかかわるリスクについて偶発損失が認識されないとすればそれら便益は過大に計上されていることになる。このような実務状況の改善という論理のもとに解釈案の導入が検討されたのである。

2　税ポジションの認識

(1)　税ポジションの定義

解釈案は税ポジションのうちその維持可能性がプロバブルなもののみその便益を財務諸表に認識すべきとする。解釈案の内容を検討するにあたり，はじめに税ポジションの定義を確認しよう。

　「税ポジションという用語は，過去に提出された納税申告書の個々の申告ポジション，あるいは納税申告書を提出する前の中間あるいは年次会計期間の当期または繰延所得税費用もしくは便益を測定する際に反映される見積申告ポジションをいう[8]。」

この定義から，税ポジションとは過年度におこなった税務処理と，当期分の納税申告にあたっておこなわれる税務処理を指しているといえる。しかし税務処理という表現は必ずしも適切ではないかもしれない。これはアメリカでは税務処理（tax treatment）は，税法と会計のルールが明確であるがそれらが一致していない状況でおこなわれる処理を意味するからである。つまり税法上解釈の余地がない状況でなされた納税申告書上の会計処理である。これに対して税ポジション（tax position）は広義には上記の税務処理を含む納税申告書上の会計処理すべてを指し，狭義には税法が明確ではないために解釈の余地がある状況において納税申告書上でなされる会計処理を指す。解釈案の「不確かな税ポジション」とは，ほぼ狭義の税ポジションを意味していると考えられる。

(2)　税ポジションの便益

税ポジションは，次のいずれかの便益をもたらす。

「(a)所得税費用を減少させ，それにより所得税または未払所得税（繰延税金負債）を減少させる。

(b)所得税便益を増大させ，それにより未収所得税還付金を，繰延税金資産あるいは所得税還付金を増大させる[9]。」

これらの便益を認識するにあたって，現行の実務にどのような問題が内在しているかを次の例で検討してみよう。たとえばA社の収益および益金は1,000ドル，費用は600ドルに対して損金は700ドルであるとする。また税率は30%とする。このとき税額および税引後利益は以下のように算定される。

①収益 $ 1,000 − 費用 $ 600 = 税引前利益 $ 400

②課税所得（益金 $ 1,000 − 損金 $ 700）× 税率30% = 所得税費用 $ 90

③税引前利益 $ 400 − 所得税費用 $ 90 = 税引後利益 $ 310

②式の損金700ドルは益金1,000ドルに生じる所得税費用300ドルを210ドルだけ減少させる便益がある（前記便益(a)）。このとき損金が1,100ドルであれば所得税費用300ドル全額を減少させる便益（前記便益(a)）と還付金30ドルを生じさせる便益（前記便益(b)）がある。

費用と損金の差額100ドルが（将来加算）一時差異であれば，③式は次のようになる。

④税引前利益 $ 400 − (当期所得税費用 $ 90 + 繰延所得税費用 $ 30)
　　　= 税引後利益 $ 280

差額100ドルが永久差異であれば，次のように①〜③式と変わらない。

⑤収益 $ 1,000 − 費用 $ 600 = 税引前利益 $ 400

⑥課税所得（益金 $ 1,000 − 損金 $ 700）× 税率30% = 所得税費用 $ 90

⑦税引前利益 $ 400 − 所得税費用 $ 90 = 税引後利益 $ 310

④式と⑦式の相違点は，いったん差異100ドルを生じさせる損金の便益を認識した後の処理に求められる。④式では，当期所得税費用を減少させる30ドルの便益はいったん認識されるが繰延所得税費用30ドルにより結果的に相殺されている。これに対して⑦式では損金の便益が認識され，永久差異であることを理由に維持されているからである。解釈案はこの30ドルの便益を無条件で認識すべきか否かを問題にするのである。なお後述するように，解釈案では税ポジションの便益の認識問題は永久差異に限られることなく，一時差異についても

同様に検討される。なぜなら30ドルの便益は④式では一時差異であるがゆえに金額上は相殺されているが，当期の所得税費用を減少させる便益そのものはすでに認識され，維持されているからである。

3 解釈案の内容

(1) 税便益の認識と認識の解除
① 当初認識

納税申告時の税ポジションが「その技術的な要件（merits）のみにより課税当局の調査で維持されることがプロバブルであれば，その財務諸表効果が当初認識されねばならない[10]」。したがって課税当局と税法の解釈で争う余地がない税ポジション（つまり税務処理）であれば，その財務諸表効果として当期または将来の税金費用の減少を認識する。それ以外の税ポジション（つまり不確かな税ポジション）は，課税当局との紛争に勝利することがプロバブルであればその財務諸表効果が認識される。この場合には，測定にかかわる問題をのぞき現在のSFAS109号による会計処理と同じである。なぜなら，SFAS109号ではこれらの便益が無条件で認識されているからである。しかし税ポジションは維持されることがプロバブルでないならば，現状とは異なる会計処理が求められる。たとえば，前述の②式における損金700ドルのうち200ドルについてプロバブルでない場合には，損金200ドルが備えている経済便益（200ドル×30％＝60ドル）は認識されない。しかしSFAS109号ではこの経済便益は④式において下記の仕訳により認識され，当期所得税費用をすでに減額させている。

(借) 当期所得税費用　90　　　(貸) 未　払　税　金　90
　　 繰延所得税費用　30　　　　　　繰延税金負債　　30

解釈案にしたがえば，60ドルの経済便益（その損金は一時差異ではないとする）は認識できないため，下記の仕訳が行われねばならない。

(借) 当期所得税費用　150　(貸) 未　払　税　金　90
　　 繰延所得税費用　 30　　　　 繰延税金負債　　30
　　　　　　　　　　　　　　　　　税　金　負　債　60

この仕訳は，損金700ドルのうちそのポジションの維持がプロバブルな500ドルについてのみ税費用の縮減効果を認識していることを意味する。その維持がプロバブルでない60ドルの経済便益は，ポジションの維持がプロバブルになるまで，あるいは税務紛争が決着するまで税金負債として計上される[11]。

② その後の認識と認識の解除

税ポジションは，税結果が確定するまでその維持可能性が評価される。したがって当期のみならず過去に採用した税ポジションすべてがその対象となる。当初認識されなかったポジションの便益は，下記の期間に認識される。

「(a)プロバブルな認識の境界がその後満たされた期間，(b)課税当局との交渉や訴訟により最終的に解決された期間，あるいは(c)当該課税当局による税ポジションの調査期間が時効を迎えた期間[12]。」

上記期間では，税ポジションが当初認識されなかった年度に計上された税金負債または繰延税金負債の減少をつうじて税ポジションの便益が認識される。他方，過去に認識された税ポジションは「税務調査で維持されない可能性がおそらくある（more likely than not）ことになった期間にその便益の認識を解除されなければならない。評価勘定または評価引当金の利用は，その代替方法としては認められない[13]」。ゆえに認識の解除は税金負債の計上または繰延税金資産の減少をつうじて税ポジションの便益を財務諸表から取り除くことになる。

(2) プロバブルな境界

プロバブルな境界が満たされたか否かは，個々の事実と環境にもとづいてあらゆる利用可能な証拠に照らして評価される。解釈案はその例として下記のものをあげている。

「a. 税ポジションを支持する曖昧ではない税法
 b. 資格ある専門家からの税オピニオンであり，かつすべての条件が客観的に検証可能な税オピニオンにまさっている。
 c. 過年度に納税申告書で示され，かつ調査期間に課税当局から受け容れられたか，否認もしくはチャレンジされなかったものと同じポジション。

d.他の納税者が課税当局と訴訟をつうじて納税者に有利に解決したポジションから法的先例があり，そのポジションの類似性が妥当である場合[14]。」

　これらの証拠によれば，認識対象となる税ポジションは税務処理と大差ない。したがって企業に解釈の余地があるポジションはプロバブルな境界を満たせないため，その便益は認識されずに税金負債または繰延税金負債の計上をもたらすことになる。

(3) 測定と分類

　プロバブルな境界を満たした税ポジションの便益の額は，「課税当局による調査でポジションが維持されることがプロバブルである最善の見積額[15]」でなければならない。調査には関連する訴訟などのプロセスも含まれる。したがって最善の見積額は税務紛争の最終的な結果を含むものである。また過少申告による追加コスト（追徴税額や利子など）は，税ポジションがそれらを回避するための「最低限の法規の境界を満たさないならば，それらが生じたと考えられる年度の収益に対応させなければならない[16]」とする。

　解釈案の適用により財務諸表便益の額とそれに相応する納税申告書の額に相違が生じる。つまり財務諸表に税便益として計上されない額が生じる。その額はその相違が生じる原因に応じて分類される。すなわち，税ポジションが維持されないときに将来減算一時差異の減少（あるいは純事業損失や税額控除の減少）をもたらすならば，繰延税金資産の減少または負債として認識する[17]。たとえば，ある損金が純事業損失の原因であるとき，その損金が否認されたならば純事業損失の将来の税額減算効果は消滅するからである。また解釈案による負債の増加は，その増加要因がプロバブルな認識の境界を満たしていたさいに税ポジションから生じたであろう将来加算一時差異を原因とするならば，繰延税金負債として認識される。そしてこれらを除く負債の増加はいずれも税金負債として認識される[18]。したがって解釈案の適用による負債の増加は，それが生じる年度の原因に応じて分類されることになる。この分類によれば，SFAS 109号では繰延税金負債として認識されていた差異が税金負債として分

類される。このため繰延税金資産と相殺される繰延税金負債が減少することになる。さらに解釈案は永久差異についても適用されるため，企業がタックス・シェルター取引に代表されるアグレッシブな税ポジション[19]を採用するならば税金負債の計上をもたらすことになる。

4 解釈案の効果

解釈案は繰延税金負債の税金負債への衣替えだけでなく，SFAS109号では適用対象外であった永久差異について税金負債を計上することを可能にしている。この負債の拡大効果を解釈案で示されている例にそくして検討しよう。

(1) 財務諸表便益の認識

例-1：企業は税額控除の対象となる総額1,000万ドルの研究開発プロジェクト（プロジェクトあたり250万ドルの4案件からなる）を実施した。当期の納税申告書では全額が税額控除として請求される。プロジェクトのうち2案件は最終的に維持されることが不確かな給与で大半が構成されているため，プロバブルな認識の境界をみたせないと判断された。残りの2案件については認識の境界を満たしたと判断されたとしよう。認識の境界を満たした2案件について最善の見積額が測定される。測定は企業の経験等にもとづきおこなわれる。企業は同様の事例についてこれまで請求額の10%の減額を受け入れてきた[20]。

解釈案によれば，はじめにポジションの範囲（Unit of Account）を設定しなければならない。例-1ではその範囲をプロジェクト単位ごとに設定し，認識の境界を検討する。これはポジションの範囲の設定次第で認識の境界の判断にあたって検討される事実と環境が異なることを意味する。認識の境界を満たしたプロジェクトについてのみ最善の見積額が測定される。企業はこれまでの経験から税務当局が一定額を否認すること，そして税務紛争コストを回避するために10%の減額を受け入れてきたことを前提にその見積額を測定する。

したがって1,000万ドルの税額控除のうち財務諸表で認識されるべき便益は，

認識の境界を満たした2案件の最善の見積額450万ドルである。450万ドルと税ポジション1,000万ドルとの差額550万ドルは，紛争の予測解決期間に応じて流動または固定負債として認識される。その後見積りに変化がなければ，利子費用を計上し，ペナルティの発生の可能性が検討される[21]。

　SFAS109号によれば，税額控除1,000万ドルが納税申告書では請求されているので，そのポジションの便益は当期所得税費用と未払税金を減額させる形ですべて認識されている。ゆえに税額控除1,000万ドルにかかわる当期所得税費用および未払税金は0ドルである。これに対して解釈案では450万ドルのみが当期の税便益つまり当期所得税費用の減額として認識され，SFAS109に比べて当期所得税費用を550万ドル増額させなければならない。したがって税額控除1,000万ドルにかかわる当期所得税費用は550万ドルである。このとき申告納税額は変化しないので未払税金は変化しない。このため当期所得税費用550万ドルに対応して税金負債が計上され，かつポジションが確かになるまで（税務上の処理が確定するまで）利子費用が発生することになる。これら負債や利子費用はSFAS109号では認識されていなかったものである。またCoca Cola社の例にあるように，不確かな税ポジションに関する実務では税務紛争が生じ追徴税額の発生がプロバブルになった時点で偶発損失引当金が計上されるのが一般的であろう。しかし解釈案では税ポジションを採用した時点でその可能性が検討され，負債が計上されるのである。負債の認識対象の拡大と早期化が図られているのである。

(2) 負債の区分

例‐2：企業は個別に識別可能な無形資産を1,500万ドルで取得した。この資産は財務諸表目的では耐用年数が不確定なため償却の対象にならないが，納税申告書では税法の解釈が不明確なためアグレッシブなポジションを取ることが可能である。そこで企業は取得年度に即時償却をおこなったが，維持されると見込まれるポジションは15年間の定額法償却である[22]。

このポジションは認識の境界を満たせないため，その税便益は認識されては

ならない。税率を30%と仮定すれば，税便益の額は450万ドルである。これはすでに当期所得税費用と未払税金を減額させているので，同額が税金負債として計上されねばならない。しかしポジションのうち否認されるのは1,400万ドルの損金であり，100万ドルの損金は維持されることがプロバブルである。ポジションが否認されたときの無形資産の税務上の帳簿価額は1,400万ドルに対して会計上の帳簿価額は1,500万ドルである。この差額は将来加算一時差異であるので，損金100万ドルに生じる税便益30万ドルは繰延税金負債として認識されねばならない。ゆえに税金負債として認識されるのは損金1,400万ドルに生じる420万ドルである。

SFAS109号では1,500万ドルの税ポジションは前述のごとくすべて認識される。しかし税務上と会計上の帳簿価額の差異1,500万ドルは一時差異であるので450万ドル（将来税率を30%とする）の繰延税金負債が認識される。このためSFAS109号と解釈案では所得税費用の額ならびに繰延税金負債と税金負債の合計額に差異は生じない。しかし解釈案では利子費用やペナルティの評価が求められる[23]ため，認識される負債総額は解釈案による場合の方が多くなるであろう。

おわりに

エンロン事件を端緒とする会計スキャンダルは多くの会計規制・制度の変更の契機となった。税と会計の関係構築もその例外ではない。具体的には，タックス・シェルター取引への規制強化やその報告要件の導入ならびにSchedule M-3の導入があげられる。

解釈案の特徴は，これら税分野の制度変更を背景として，SFAS109号では負債認識の対象とならなかった事象に焦点をあてていることである。すなわち，繰延税金負債計上の対象とならない永久差異について税金負債の認識の論理を構築し，また利子費用とペナルティの計上の論理を構築したのである。まさに「タックス・シェルター・スキャンダルに対する非道から解釈案を支持するものは，税法の問題を解決するのがFASBや会計ルールの適切な役割であるかを

問うべきである。……それらは税法や税の執行プロセスを直すことに向けられるべきであり、税改革の未熟な代用品として会計ルールを利用すべきではない[24]」との批判が示すように、解釈案は会計スキャンダルへの対応を理由に負債認識の拡大・早期化が図られたものといえよう。

(注)

(1) 周知のとおり、アメリカでは財務会計と税務会計は独立している。したがって形式上は、ある取引について財務会計上の処理（仕訳）と税務会計上の処理（仕訳）がそれぞれおこなわれる。このとき税務会計でおこなわれる会計処理を税ポジションと呼ぶのが一般的である。税務会計上の処理は財務会計上のそれと一致している場合もあれば、そうではない場合もある。いずれの場合でも税務会計上の処理は課税当局による調査対象となり、後刻その処理が否認される可能性を孕んでいる。ゆえに税務会計上の処理は申告時点では確定したものとはいえない。「不確かな (uncertain)」とは税務会計上の処理について課税当局により否認される可能性があることを指し示している。

(2) Financial Accounting Standards Board (FASB), Proposed Interpretation, *Accounting for Uncertain Tax Positions-an interpretation of* FASB *Statement No.109*, 2005, par. 1.

(3) *Ibid.*, par. 2

(4) Coca Cola, 2005 *Annual Report on Form 10-K*, p.96 (Note 12: COMMITMENTS AND CONTINGENCIES).

(5) FASB, SFAS No.5, *Accounting for Contingencies*, 1975, par. 39.

(6) William A. Raabe, Eugene Willis, David M. Maloney & James E. Smith, *West Federal Taxation: Advanced Business Entity Taxation*, 2005ed, South-Western, pp. 2-8.

(7) Cristi A. Gleason & Lillian F. Mills, "Materiality and Contingent Tax Liability Reporting", The *Accounting Review*, Vol.77 No.2, 2002, p. 323.

(8) FASB, *Accounting for Uncertain Tax Positions-an interpretation of* FASB *Statement No.109*, par. 5.

(9) *Ibid.*, par. 5.

(10) *Ibid.*, par. 6.

(11) 公開草案へのコメントでは、認識の境界（プロバブル）と認識の解除の境界（可能性がおそらくある）の不一致に批判が寄せられ、最終案では「可能性が

おそらくある（more likely than not）」に統一することが決定されている。(FASB, *Minutes of November 22, 2005 Board Meeting-Uncertain Tax Positions: Scope, Recognition, and Measurement*, 2005, p.2. (http://www.fasb.org/board_meeting_minutes/11-22-05_utp.pdf, 2006年3月10日取得))

本章脱稿後「解釈48号」が公表され、認識およびその解除の境界は「可能性がおそらくある（more likely than not）」に統一された。(FASB, Interpretation 48, *Accounting for Uncertainty in Income Taxes- an interpretation of FASB Statement No.109*, 2006.)

(12) FASB, *Accounting for Uncertain Tax Positions-an interpretation of FASB Statement No.109*, par.8.
(13) *Ibid.*, par. 10.
(14) *Ibid.*, par. 9.
(15) *Ibid.*, par. 11.
(16) *Ibid.*, par. 17.
(17) *Ibid.*, par. 13.
(18) *Ibid.*, par. 14.
(19) 税法に解釈の余地がある場合に、租税回避または節税を目的として、税務調査で否認され追徴課税等のペナルティが課されるリスクの高い税務処理をおこなうことをいう。たとえば、SECおよびPCAOBはアグレッシブな税ポジション取引（aggressive tax position transactions）を次のように定義している。

「登録会計事務所が直接または間接的に最初に勧めた取引であり、その取引の主要な目的が租税回避にあり、その取引が認められることは当該税法では少なくともおこりそうにない（more likely than not）もの。」
(http://www.sec.gov/rules/pcaob/34-53427.pdf, 2006年6月30日取得）
(20) FASB, *Accounting for Uncertain Tax Positions-an interpretation of FASB Statement No.109*, pars. A 2-8.
(21) *Ibid.*, pars. A 9-11.
(22) *Ibid.*, par. A22.
(23) *Ibid.*, par. A23.
(24) James R. Browne, "Financial Reporting for Uncertain Tax Position", *Tax Notes*, Oct. 3,2005, p. 85.

（永田　守男）

第4章 ストック・オプション会計における認識領域の拡大

は　じ　め　に

　近年，アメリカにおいては近代会計理論の特徴である，取引価格主義の枠組みに収まりきらない，新たな会計実務が続々と登場している。たとえば，偶発事象会計や年金会計などが挙げられる。それらの現代会計実務の特徴は，取引価格によって測定できないものであり，多くの将来予測や見積要素を導入することによって，会計上の認識対象としているものである。これはまた，借方および貸方項目，とくに費用・負債の認識領域と金額の拡大をもたらしている[1]。

　ストック・オプション会計もまた，この現代会計実務の典型例といえよう。通常，自社の従業員等に自社株をあらかじめ定められた条件で，将来，購入することができる権利を無償で付与するプランであるストック・オプションは，オプション付与時点において取引価格が存在せず，また，その権利がいつ，どのくらい行使されるか不明である。さらに，将来の状況によっては，全く行使されない可能性もある。

　従来，ストック・オプションの会計処理は，本源的価値（現在の株価がオプションの行使価格を上回る金額）によって認識することとされていた。しかし，実務上，アット・ザ・マネー（現在の株価と行使価格が等しい状態）の条件で企業は通常，オプションを付与するため，認識対象とはならないケースが一般的であった。FASBはこの会計処理の審議に着手し，その結果，金融市場においてオプション評価に用いられている計算方式を適用してその価値を付与時点で

見積もり，付与対象者が行使する権利を得るまでの期間にわたってその総額を配分して計上することを推奨する会計基準であるSFAS 123号『株式による報酬の会計処理』を1995年に公表した。ところが，SFAS 123号はその審議過程に出された公開草案において会計処理を示し，意見を求めていた段階において，その処理によって予測される影響の大きさが懸念されて，政治的な圧力も加わるほどの反対を受け，結果として公正価値による処理は推奨するにとどまり，脚注開示をすれば財務諸表本体情報としてはAPB 25号の本源的価値処理の継続適用を認めるものとなった[2]。

SFAS 123号公表当初は，事実上，ほぼすべての企業が本源的価値の継続適用を選択していた。しかし，2001年の重大な不正会計処理事件発覚以来，自発的に公正価値処理を選択する企業が増加し続け，2004年2月までにスタンダード＆プアーズ500インデックスに含まれる企業の41％，7月までに株式公開企業の753社がそれを採用するに至ったとされている[3]。

しかし，FASBは近い将来に自発的にすべての企業が公正価値処理を採用するには至らないと考え，審議を重ねた結果，公正価値処理を義務づけ，さらに具体的な適用例を多数含めたSFAS 123号の改訂版を公表するに至った[4]。本章は，その改訂版SFAS 123号について，主として具体例の引用を中心に検討し，その処理による影響，およびそれが持つ意味について考察する。

1 『改訂版SFAS 123号』の内容

(1) 『改訂版SFAS 123号』の特徴

FASBは2004年12月，SFAS 123号2004年度改訂版『株式報酬（*Share-Based Payment*）』（以下，『改訂版SFAS 123号』と略称する）を公表した。これは1995年に公表された同会計基準書123号『株式による報酬の会計処理（*Accounting for Stock-Based Compensation*）』（以下，『旧SFAS 123号』と略称する）の改訂版である。またこれは，APBオピニオン第25号『従業員に発行される株式の会計（*Accounting for Stock Issued to Employees*）』（以下，『APB 25号』と略称する）およびそれに関連する適用指針等に代わるものである[5]。

『改訂版SFAS 123号』の主要な規定は，原則としてすべての株式報酬取引から生じるコストを，公正価値を測定属性として財務諸表で認識することを義務づけるものである。したがって，ストック・オプションについて，持分証券の報奨金の対価として受け取った従業員サービスのコストを，付与日に報奨金の公正価値によって測定し，従業員がその報奨金を得るために必要なサービス提供期間（通常は受給資格確定期間）にわたって，配分して認識することを義務づけている。このように，報奨金は従業員のサービスへの対価とされるため，サービスが提供されない（失効等）数量についての報酬費用は，認識しない[6]。

公正価値は，観察可能な市場価格をもつ同様の証券があればそれを基礎とするとしているが，一般には利用不可能であるため，オプション価格決定モデルのような評価技法を用いて見積もるとしている[7]。

また，現金による決済を選択できる負債報奨金についても同様に，公正価値による処理を義務づけている。負債報奨金は期間ごとに公正価値評価を行い，期間中の変動額を認識することとしている[8]。

『旧SFAS 123号』と『改訂版SFAS 123号』は，同じSFAS 123号であるにもかかわらず，表題が異なる。しかし，そこで規定される会計処理そのものはほぼ同じである。（ただし，『改訂版SFAS 123号』は『旧SFAS 123号』よりも，具体例がかなり多く示されている。）したがって，『改訂版SFAS 123号』のもっとも重要な点は，公正価値評価を原則として義務づけることであると考えられる。『改訂版SFAS 123号』公表の意義はそこにあり，株式報酬の会計処理を公正価値評価に統一することが目的であると考えられる。

では，公正価値評価を義務づけることに決定した，FASBの理由を検討してみよう。

(2) 『改訂版SFAS 123号』公表の理由

FASBは公正価値評価を義務づけることにした理由として，次の3つを挙げている[9]：

a. 株式報酬の取引に関する情報の適合性や比較可能性を高めること。

b. 代替的処理法をなくすことで，既存の適用指針等を簡略化すること。
c. 国内外の財務報告に対して利用可能な，高品質の会計基準に収斂させるFASBの任務を遂行すること。

これらはそれぞれ，具体的にはエンロン等不正会計への対策や，『旧SFAS 123号』公表後に続出した解釈指針やコメント招請書等の追加補足情報簡略化への対策，さらに2004年2月に国際会計基準審議会が公表した，公正価値評価を義務づけることを規定するIFRS 2号『株式報酬』との収斂に向けての対応であると考えられる。

このように，FASBは公正価値評価を義務づけることの妥当性を説明する。では，その会計処理が実際にどのような影響を与えるのか，以下で検討してみよう。

2 『改訂版SFAS 123号』による会計処理の具体例

(1) 勤務期間を条件とするストック・オプションの会計処理

上述の公正価値評価による会計処理の義務づけが，本源的価値による処理と比較して実際にどのような相違があるのか，具体例を通じて検討する。

なお，ここで用いた具体例について，本源的価値による処理を行った場合は，財務諸表本体に認識される金額は0ドルである。

〈設例1〉

株式公開会社であるT社は，契約期間を10年とするストック・オプションを，アット・ザ・マネー（オプション行使価格を付与日の原株式の株価と同額に設定）で付与する。すべてのストック・オプションは3年後の年度末に，受給資格が確定する（またその3年間は受給資格を得るのに必要な勤務条件である）。簡略化するため，本設例では税に関連する会計処理を省略する。図表4－1は，20X5年1月1日に付与されるストック・オプションの条件を示すものである[10]。

本設例において付与されるストック・オプション総数の900,000個は，3,000人の従業員それぞれに300個のオプションが均等に付与されるものとしている。図表4－1の④〜⑩の7項目の数値をオプション価格決定モデル（格子評価モデ

図表4-1　付与されるストック・オプションの条件

①付与されるストック・オプション	900,000個
②オプション付与対象従業員数	3,000人
③年間見積失効率	3％
④付与日の株価	30ドル
⑤行使価格	30ドル
⑥オプション契約期間（Contractual Term：CT）	10年間
⑦CTにわたるリスク・フリー利子率	1.5－4.3％
⑧CTにわたる見積変動率	40－60％
⑨CTにわたる見積配当利回り	1％
⑩次善（suboptimal）の行使要素[11]	2倍

出所　FASB, SFAS No.123(revised 2004), *Share-Based Payment,* 2004, par. A87.

ル）に代入すると，オプション単価は14.69ドルとなる。この単価に付与総数を乗じて報酬費用総額とし，それを各勤務期間に按分して財務諸表に認識する。

　付与総数は，最終的には実際に付与されたオプションの総数を適用する。しかし，付与日においてまず，プロバブル（ほぼ確実）な確率で受給資格が確定すると予測される数を見積もり，その総額を計算する。確定しないことが予想される割合（見積失効率）は，過去の従業員退職率に将来の予測をふまえて算定する。

　ここでT社はオプション付与日に，過去の退職率の経験値から，失効率は年間約3％であると見積もっている。この失効率は，勤務期間にわたって同じ率で続くと予測したものである。ここでかりに，20X5年に実際の失効率が5％であったとしても，累積報酬費用への調整は20X5年にはなされない。それは，受給資格が確定する3年後の時点において年間平均失効率3％の累積値と等しくなる可能性があるからであり，最終的にはそこで調整がなされる。

　20X6年度末（12月31日）においてT社は，失効率が20X7年度にはさらに増加

すると考え，全体の報奨金の予想失効率を年間6％に変更することに決定している。20X6年度末には失効率の上昇分を反映させるため，累積報酬費用の調整が行われる。最終的には20X7年度末で，報奨金の受給資格が確定する。そのさい，実際の失効率は見積失効率（年間平均6％）に等しかったとする。図表4-2はその計算結果を示したものである。

図表4-2　各年度に認識されるストック・オプション報酬費用

年度	報奨金総額	各年度の税引前費用	税引前費用累計額
20X5	$12,066,454 （821,406個×$14.69）	$4,022,151 （$12,066,454÷3）	$4,022,151
20X6	$10,981,157 （747,526個×$14.69）	$3,298,620 [（$10,981,157×2÷3）-$4,022,151]	$7,320,771
20X7	$10,981,157 （747,526個×$14.69）	$3,660,386 （$10,981,157÷3）	$10,981,157

出所　FASB, SFAS No. 123（revised 2004）, *Share-Based Payment,* 2004, par. A92.

20X5年1月1日に付与されたストック・オプションは，3年後，すべて受給資格が確定する。付与日において確定すると予測されたオプションの数は821,406個（オプション総数900,000個×確定率0.97^3（（1-年間失効率0.03)の3年分））であった。したがって，図表4-2に示されるように，付与日に見積もられる報奨金総額は，12,066,454ドル（見積確定オプション数821,406個×オプション公正価値単価$14.69）となる。また，各年度に認識される報酬費用は4,022,151ドル（報奨金総額$12,066,454÷3年間）となる。

以上の結果を，会計処理によって具体的に示すことにしよう。20X5年度における報酬費用を認識するための仕訳は，次のとおりである：
20X5年12月31日
（借）報　酬　費　用　　4,022,151　（貸）資　本　剰　余　金　　4,022,151
　　　（Compensation cost）　　　　　　　　（Additional paid-in capital）

20X6年度末にT社は，従業員失効率の見積を1年当たり3％から6％に変更する。その結果，権利が確定すると予測されるオプションの修正後の数は747,526個（オプション総数900,000個×確定率0.94^3（（1-年間失効率0.06)の3年

分))となる。したがって，20X7年度末までに認識される修正後報酬費用総額は10,981,157ドル（見積確定オプション数747,526個×オプション公正価値単価$14.69）となる。

失効率変更の累積調整は，20X5年度および20X6年度においてすでに認識された費用と修正後費用総額の3分の2との差額である。関連する計算は，図表4-3のとおりである：

図表4-3　20X6年12月31日における失効率修正の調整計算

修正報酬費用総額	$10,981,157	（747,526個×$14.69）
20X6年12月31日現在の修正累積費用	$7,320,771	（$10,981,157×2÷3）
20X5年と20X6年にすでに認識された費用	$8,044,302	（$4,022,151×2年度分）
20X6年12月31日の費用の調整	($ 723,531)	

出所　FASB, SFAS No.123（revised 2004）, *Share-Based Payment,* 2004, par. A92.

これに関連する仕訳は，次のとおりである

20X6年12月31日

（借）資 本 剰 余 金　　723,531　（貸）報　酬　費　用　　723,531

最終年度はまず，次の仕訳を行う：

20X7年12月31日

（借）報　酬　費　用　　3,660,386　（貸）資 本 剰 余 金　　3,660,386

同時に，T社は実際の失効率を調査し，最終的に実際に確定するオプション数の累積報酬費用を反映するために必要な調整を行うことになる。ここでは，修正後の失効率と実際の失効率とは一致したと仮定している。

20Y2年12月31日，T社の株価は60ドルになったと仮定する。ここで確定した747,526個すべてのストック・オプションが行使されるとする。行使に関して，普通株（あるいは他の適切な持分勘定）として貸記される金額は，現金によって払い込まれる金額および20X5年から20X7年までの期間に勤務サービスを受けたことによって資本剰余金として貸記されていた金額の合計額である。

オプション行使時の仕訳は，次のとおりである：

20Y2年12月31日

（借）現金（747,526個×$30）　22,425,780　（貸）普　通　株　　33,406,937
　　　資 本 剰 余 金　　　　　　10,981,157　　　　　（Common stock）

『旧SFAS 123号』では，財務諸表本体の情報としては『APB 25号』が規定する本源的価値基準法の適用も容認されていた。オプションの価値は時間的価値と本源的価値とによって構成されていると考えられており，本源的価値は原株式の市場価格が行使価格を超過する金額として把握される。先述したように，本源的価値のみによって認識する方法によると，本設例の条件のもとではオプション価値は，0ドルと算出される。したがって，ストック・オプションに関連する会計処理は，公正価値評価による金額の脚注開示義務はあるものの，貸借対照表や損益計算書には計上されないことになる。

以上のように，『改訂版SFAS 123号』では公正価値による計上を義務づけることによって，本源的価値では認識されない報酬費用が，1,000万ドル以上も認識されることになることがわかる。

(2)　報奨金の分類変更についての会計処理

報奨金プランの変更は，会計処理にも影響を与えることがある。ここではその一例として，株式で決済するストック・オプション・プランから現金で決済するプランへ変更する場合を取り上げてみる。この場合，会計上は持分証券から負債証券への変更となる。この場合の会計処理について，以下の設例により考察を行う。

〈設例2〉持分から負債への修正

T社は，先述の設例1において示されたものと同条件で，ストック・オプションを付与するとする。付与日に見積もった確定すると予測されるオプション数は，821,406個である。簡略化のため，ここでは見積失効率が実際の失効率と一致する結果となったと仮定する[12]。

図表 4-4　修正負債報奨金

年度	報奨金総額	各年度の税引前費用	税引前費用累計額
20X5	$12,066,454 (821,406個 × $14.69)	$4,022,151 ($12,066,454 ÷ 3)	$4,022,151
20X6	$20,535,150 (821,406個 × $25.00)	$9,667,949 [($20,535,150 × 2 ÷ 3) − $4,022,151]	$13,690,100
20X7	$12,066,454 (821,406個 × $14.69)	$(1,623,646) ($12,066,454 − $13,690,100)	$12,066,454

出所　FASB, SFAS No. 123（revised 2004）, *Share-Based Payment*, 2004, par. A177.

　図表4-4のように，20X5年1月1日時点での報奨金の見積公正価値総額は12,066,454ドル（見積確定オプション数821,406個×オプション公正価値単価$14.69），そして契約期間3年間の受給資格確定期間各年度に認識される報酬費用は，4,022,151ドル（報奨金総額$12,066,454÷3年間）である。

　20X5年度の仕訳は，先述の設例1と同じである。

　20X6年1月1日，T社は従業員に，株式による決済かもしくは現金払決済の選択権を与えるストック・オプション・プランに修正する。したがって，このオプション・プランは持分の条件を満たさなくなる。オプション保有者は現金給付による決済を要求し得るからであり，T社にとって現金を支払う義務が生じることは負債の定義を満たすからである。

　この変更により，オプションの他の条件は影響を受けない。T社はその変更した報奨金の公正価値によって，過去の勤務に起因する報奨金相当額に等しい負債を認識する。その金額が変更前の金額以下である場合には，対応する金額分の持分と相殺する。その金額がすでに持分として認識されている金額を超過する場合には，新たに超過額の報酬費用を認識する。

　ここで，修正日におけるオプション1個当たりの公正価値が7ドルと算定されたと仮定する。これは，付与日における公正価値14.69ドルよりもかなり低い。修正後の報奨金の公正価値総額は5,749,842ドル（見積確定オプション数821,406個×修正日のオプション公正価値単価$7）となり，修正日に認識される負

債は1,916,614ドル（報奨金総額$5,749,842÷3年間）である。関連する仕訳は，次のとおりである：

20X6年1月1日（株式報酬負債を認識するための仕訳）．

(借) 資本剰余金　　　1,916,614　(貸) 株式報酬負債　　　1,916,614
　　　(Additional paid-in capital)　　　　　(Share-based compensation liability)

　すでに20X5年度末において認識されている，資本剰余金の残高である2,105,537ドル（20X5年度に資本剰余金として認識した金額$4,022,151－株式報酬負債に振り替えた金額$1,916,614）は，消去せず資本剰余金のまま残される。それは，修正日において当初の報奨金に対するサービスあるいは業績状況が満たされないと予測されない限り，持分報奨金として認識された報酬費用総額が，付与日における報奨金の公正価値を下回らないことを示すからである。

　したがって，T社は最終的に，その累積報酬費用について(a)当初の付与日における持分報奨金の公正価値，あるいは，(b)決済日の修正後の負債報奨金の公正価値，のいずれか大きい方の金額を認識することになる。

　では，修正後の負債報奨金が当初の持分報奨金を上回る場合を検討しよう。20X6年12月31日の時点において，オプション1個当たりの公正価値が25ドルと評価されたとする。この評価額にもとづいて計算される報奨金の公正価値総額は，20,535,150ドル（821,406個×オプション公正価値評価替単価$25）である。したがって，この時点での負債の累積額は，13,690,100ドル（評価替後の報奨金総額$20,535,150×2÷3）となる。

　負債報奨金の公正価値の増加額は，11,773,486ドル（$13,690,100－$1,916,614）である。20X6年度末の会計処理の際に，20X5年度に認識された資本剰余金のうち，負債へ振り替えられなかった2,105,537ドル（$4,022,151－$1,916,614）の資本剰余金差額残高の振替処理をし，差額を報酬費用として計上する。T社が20X6年度末に行う仕訳は，次のとおりである：

20X6年12月31日（株式報酬負債累計額を13,690,100ドルにするための仕訳）

(借) 報　酬　費　用　　　9,667,949　(貸) 株式報酬負債　　　11,773,486
　　　資　本　剰　余　金　　　2,105,537

20X7年12月31日，1オプション当たり公正価値は10ドルと算定されたとする。負債報奨金の公正価値総額は8,214,060ドル（821,406個×$10）であり，その公正価値の減少額は5,476,040ドル（$8,214,060－$13,690,100）である。

　20X7年12月31日における累積報酬費用は，付与日に算定された持分報奨金の公正価値総額の12,066,454ドルとなる。これは，負債報奨金の公正価値総額の方が，付与日に持分報奨金として算定された公正価値総額よりも少ないためである。T社は20X7年度末に，最終的にそれらを調整した会計処理を行う。仕訳は次のとおりである：

20X7年12月31日
(借) 株式報酬負債　　　5,476,040　　(貸) 報　酬　費　用　　　1,623,646
　　　　　　　　　　　　　　　　　　　　 資　本　剰　余　金　　3,852,394

　(8,214,060ドルの株式報酬負債を認識するために，1,623,646ドル（$13,690,100－$12,066,454）の報酬費用を減額し，同時に3,852,394ドル（$12,066,454－$8,214,060）の追加の資本剰余金を認識するための仕訳)

　同時にオプションが行使された場合，その決済を反映する仕訳は，次のとおりである：

(借) 株式報酬負債　　　8,214,060　　(貸) 現　　　金　　　　　8,214,060
　(ストック・オプション決済のために支払った現金を認識するための仕訳)

　このように，報酬費用総額は最初に持分証券の価値総額として算出されるため，プランが変更されるか否かにかかわらず，付与されるオプション数が変更されない限り少なくともそれだけの価値は存在すると仮定される。そのため，プランの変更により負債証券となり期間中の価値変動を認識することになるとしても，最終的に付与時に見積もった報酬費用総額よりオプション価値が上昇すれば，それをそのまま反映した金額で認識するが，当初見積額よりも減少した場合には，当初見積額が報酬費用総額として認識されることになるのである。

3 『改訂版 SFAS 123号』が持つ意味

伝統的会計の視点から見れば，ストック・オプションについての会計処理を行うさいに，以下の問題点が存在する：

① いつ，どのような金額で認識するか。
② その性質は，負債であるのか持分であるのか。

現代会計はオプション報奨金の認識について，その公正価値を金融市場等で用いられるオプション評価モデルを利用して，付与する時点で総額を見積もる。またそれは従業員からのサービスの提供であるとして，借方項目を報酬費用として期間配分して認識する。

オプション・プランにおける株式による給付は持分証券であり，資本である。しかし，現金による給付の可能性がある場合には負債であるとされる。オプション・プランは持分証券による給付から現金による給付への変更も可能である。設例2のように持分から負債へ変更した場合，変更後はその負債を毎期評価替えすることによって期間中の価値変動を認識する。その価値変動によって当初算出した公正価値より価値が上昇した場合，その増加分は負債として認識する。しかし，逆に下落した場合，当初，持分として算出した公正価値と負債として評価替えした公正価値との差額は，資本剰余金として認識する。

たとえば，オプションを株式による報酬（資本）として付与し，そこで算出した報酬費用の公正価値総額が1,000ドルであるとする。権利確定時の借方・貸方の累計額は，以下のとおりである：

(借) 報 酬 費 用　　　　1,000　(貸) 資本剰余金　　　　1,000

途中でプランを負債に変更し，権利確定時に公正価値が1,200ドルに上昇した場合，累計額は次のようになる：

(借) 報 酬 費 用　　　　1,200　(貸) 株式報酬負債　　　1,200

一方，公正価値が800ドルに下落した場合，累計額は次のようになる：

(借) 報 酬 費 用　　　　1,000　(貸) 資本剰余金　　　　　200
　　　　　　　　　　　　　　　　　(貸) 株式報酬負債　　　　800

『改訂版SFAS 123号』は報酬費用が付与時に見積もった総額以下に減額されないことについて，オプション失効等によって従業員から提供されるサービスの量が減少しない限り，その対価として付与するオプションの価値も，少なくとも付与時に算定した価値は存在すると仮定されるからである，としている[13]。そのため最終的に認識される金額は，付与時に見積もった公正価値総額と同額か，それ以上となる。

こうした会計処理を義務づけることによって，結果としてもたらされるものは，高額の借方の費用の認識と，貸方の持分あるいは負債の認識であることがわかる。

おわりに

ストック・オプションはその性質上，認識に多様な問題点を含む。この実務の会計処理については，従来から数々の検討がなされてきた。1972年公表の『APB 25号』においては，本源的価値によって評価して認識することが規定されていた。ところが，『APB 25号』公表以来，本源的価値法では報酬費用が認識されないプランが用いられてきたことから，その会計処理は疑問視されていた。そこでFASBは，1984年に『APB 25号』の再検討に着手したが，簡単に進捗するものではなかった。そのため，より広い視点からの検討もなされることとなった。金融証券プロジェクトにおいて1990年に公表された負債と持分との区別について検討した討議資料の中でもストック・オプションの性質について検討がなされたが，1992年にはその性質の見直しはしないとする結論に達した。一方では同年，FASBは報酬コンサルタントから，ストック・オプションの公正価値はブラック・ショールズ・モデル等，オプション評価モデルの適用によって認識可能であるとの意見を受け，それを加速させていった。その検討過程においては実務界からの強い抵抗も受けたものの，それが結果として今回の『改訂版SFAS 123号』になって現れたものと思われる[14]。

これまでに検討してきたように，FASBはストック・オプションの会計についても，適合性や比較可能性を向上させ，意思決定に有用な情報を提供すると

いう観点から，本源的価値法を排してオプション価値評価モデルによって算出される公正価値を認識する（公正価値法に統一する）という方法を採用することとなった。そのことは結果として，近代会計の論理によっては包摂できない取引についても会計の対象として取り込むことにつながったと考えられる。またそれは，認識の領域的・金額的拡大をもたらしたと考える。

（注）
(1) 加藤盛弘編著『現代会計の認識拡大』森山書店，2005年，1-5頁。
(2) FASB, Statement of Financial Accounting Standards, No.123, *Accounting for Stock-Based Compensation*, 1995, pars. 55-69. なお，『旧 SFAS 123号』の翻訳は，ストック・オプション等株式関連報酬制度研究委員会報告『ストック・オプション等の会計を巡る論点』財団法人企業財務制度研究会，1997年，に掲載されている。訳語については同書および，財団法人財務会計基準機構編『ストック・オプション会計の国際比較』財務会計基準機構，2003年，を参考にした。また，『旧 SFAS 123号』およびその公開草案による会計処理，ならびにAPB 25号による会計処理の比較については，拙稿「従業員ストックオプションの会計－FASB財務会計基準ステイトメント第123号『株式による報酬の会計』について－」村瀬儀祐編『会計判断の制度的性質』森山書店，1998年を参照されたい。
(3) FASB, Statement of Financial Accounting Standards, No.123（revised 2004），*Share-Based Payment*, 2004, par. B 5.
(4) *Ibid.*, par. B 6.
(5) *Ibid.*, par. 3.
(6) *Ibid.*, pars. Summary,1,4-10,18,39-49,B144 and B148. 公正価値測定の例外には，従業員持株制度のために保有する持分証券や公正価値の見積がほぼ不可能な場合（株式非公開企業による負債報奨金プラン等）がある（*Ibid.*, par. 1.）。
(7) *Ibid.*, pars.22. なお，『改訂版SFAS 123号』公開草案の段階ではオプション評価は格子モデルに特定されていたが，本ステイトメントにおいては特定されていない（*Ibid.*, pars. A13-A14.）。
(8) *Ibid.*, pars. 33-37 and 50.
(9) *Ibid.*, par. B11.
(10) *Ibid.*, pars. 86-93.
(11) 次善の行使要素「 2 」は，株価がオプションの行使価格の 2 倍に到達すると

き，一般にその行使がなされると予測されることを意味する。一般に，オプション価格理論では，あるオプションの行使最適（あるいは利益最大）時は，オプション期間終了時点であるとされる。したがって，もしオプションがその満期日以前に行使されるのであれば，その行使が次善と言われる。次善行使はまた，早期行使とも言われる。次善（早期）行使はまた，オプション行使の予想期間に影響を与える。早期行使は種々の方法で，オプション評価モデルに含められる。本設例において，T社は早期行使を見積もるのに十分な情報を有しており，T社の将来の株価変動（あるいはオプションの本源的価値）の関数として，それをすでに織り込んでいる。この場合，「2」の要素は，株価がオプション1個あたり60ドル（30ドル×2倍）に到達すれば，平均して早期行使が発生すると予測されることが示されている（*Ibid*., par. A87（footnote79）.）。

(12) *Ibid*., pars. A172–A177.
(13) *Ibid*., par. A173.
(14) *Ibid*., pars. C1–C26.

（上田　幸則）

第5章 証券化の会計における公正価値測定の選択適用の導入

はじめに

　近年，直接金融の発達にともない，アセット・ファイナンスが活発となってきている。アセット・ファイナンスは，株や社債と異なり，実体の信用状態と切り離して実体の資産をアレンジし証券化することで資金調達を容易にするという特徴をもつ。

　証券化は，資産の流動化とも呼ばれ実体にキャッシュ・フローをもたらす現象である。こうした証券化は，1970年代アメリカで住宅ローン債権の証券化であるMBS（Mortgage Backed Security）とCMO（Collateralized Mortgage Obligation）が先がけとなり，その後リース債権や自動車ローン債権等へと広がり現在に至る。

　会計においては，このキャッシュ・フローを原資産の転換とみるか，原資産を担保とした借入とみるかによって譲渡人の財務諸表は大きく異なる。

　FASBは，証券化取引の複雑化に伴い，1996年の公表のSFAS125号『金融資産の譲渡とサービス業務および負債の消滅の会計』を全面改定（replacement）し，2000年，SFAS140号『金融資産の譲渡とサービス業務および負債の消滅の会計―SFAS125号の全面改定』を公表した。

　その後SFAS140号を修正するため，2005年8月に『金融資産の譲渡の会計―SFAS140号の修正』，『特定のハイブリッド金融商品の会計―SFAS133号および140号の修正』，『金融資産のサービス業務の会計―SFAS140号の修正』という3

つの公開草案が公表され，そのうち『特定のハイブリッド金融商品の会計—SFAS133号および140号の修正』と『金融資産のサービス業務の会計—SFAS140号の修正』については，SFAS155号『特定のハイブリッド金融商品の会計—SFAS133号および140号の修正』，SFAS156号『金融資産のサービス業務の会計—SFAS140号の修正』として公表されている。

FASBは，これらの基準において金融商品の証券化に限定して当初認識において公正価値測定を導入した。これは，FASB概念ステイトメントによって会計の目的を情報利用者の意思決定に有用な情報提供と位置づけ，取得原価を中心とした近代会計で表現することができなかった現象をも取り込むことを可能とした結果であり，金融商品会計への公正価値導入にともない証券化取引においても会計上同様の処理が求められた結果である。

測定値として公正価値の導入は，一時点における認識だけでなく，将来予測を含んだ影響や変動を損益において認識することを可能とし，公正価値の算定方法が利益に大きな影響を与えることとなった。

公正価値測定の選択は，選択後は取消ができないと限定されてはいるものの取得原価と公正価値の混合測定モデルとなり，恣意性や比較可能性に問題が生じる。また，SFAS156号では，サービス資産，サービス負債の分類ごとに公正価値測定の選択を行えるため，実体間の比較可能性の問題だけでなく，実体内での比較可能性にも影響を与える。

このような問題があるものの，FASBは証券化という現象を表すうえで公正価値を最善のものであると結論づけている。本章は，SFAS156号で導入された，サービス資産，サービス負債の事後測定における公正価値測定の選択を中心に証券化への公正価値測定導入の意味について検討するものである。

1 証券化の特徴と会計上の問題

証券化は，債権や不動産の譲渡人（オリジネーター）から特定目的実体(SPE)[1]へ所有権を移転し，SPEが社債などの証券を発行することで一般の投資家から資金を集め，SPEから業務委託を受けたサービサーが債権の回収や不

動産運用を行い，そのキャッシュ・フローを約定にもとづいて投資家に定期的に還元する仕組みである。

この仕組みを流動化スキームと呼び，譲渡対象となる資産，SPEの形態を組み合わせて設計される。譲渡対象となる資産は，リースやクレジット，売上債権，住宅ローンといった金融商品と不動産といった非金融商品にわけられる。SPEの形態には，会社[2]，組合，信託などがある。

証券化の特徴は，オリジネーターからSPEへ資産の所有権が移転することで，オリジネーターの財務諸表からオフバランスが可能となると同時に，オリジネーターがSPEから債権回収業務（サービス業務）を委託されるという形式をとることで実質的な資産のコントロールを持ち続けることができるという点にある。

会計の観点から証券化を検討する場合，次のような点が問題となると考えられる。

(1) 譲渡対象となる資産の種類…金融商品か非金融商品か
(2) オリジネーターの財務諸表における資産の譲渡に関する会計処理
(3) オリジネーターが資産譲渡後もサービス業務を行う場合の会計処理

本章執筆時においては，アメリカ財務会計基準スティトメント（SFAS）では，譲渡対象となる資産が金融商品である場合，SFAS140号，156号が適用され，非金融商品である場合はSFAS66号，98号，152号が適用されることとなる。SFAS156号では，証券化とは「金融資産を証券へ形態を変える過程[3]」と定義され，証券化は金融資産に限定されることが明示されている。これは，金融商品と非金融商品で適用される会計基準が異なること，公正価値測定を非金融商品へ拡大するか現在検討段階であることが関係していると考えられる。

SFAS156号では，「実務的に可能であるならば」という条件付きで，原則として公正価値で測定することが要求されている。公正価値測定が実務的に可能であるかという問題は，証券化の対象となる資産を取り扱う市場の成熟度合いによって異なり，参考とする市場がない場合には一定の認められた算定方式にもとづき公正価値を算出することになる。

公正価値に関連する問題として、公正価値による測定と取得原価による測定の違いが証券化の会計にどのような影響をもたらしているか、また公正価値の変動がどのように会計上影響を与えるかということがあげられる。

また、SFAS115号では、証券の区分の違いにより、証券の公正価値の変動（未実現保有損益）の計上先が異なる[4]。証券化では、流動化スキームの設計によってSFAS115号による証券の区分を変え、会計上の影響を操作することが行われる。つまり、証券化は資金調達と同時に、流動化スキームの設計によって損益に影響を与える会計的な効果を得ることを目的として行われる現象といえる。

2　金融資産の証券化の会計

金融資産の証券化の会計において認識される項目は、(1)オリジネーターからSPEへ金融資産を譲渡する取引と(2)サービサーの取引とにわけることができる。

(1)オリジネーターからSPEへ金融資産を譲渡する取引は、オリジネーターの貸借対照表、損益計算書にかかる問題であり、売却処理が認められる場合、譲渡する金融資産の消滅と売却損益を認識する。

(2)サービサーの取引は、金融資産の証券化により原資産に含まれていた回収等にかかる収益と費用を分離し、サービサーの貸借対照表でサービス資産、サービス負債として認識する問題である。これまでの規定であるSFAS140号を改定したSFAS156号では、とくにサービス業務をオリジネーターが継続して行う場合のサービス資産、サービス負債についての変更が行われている。

(1) オリジネーターの財務諸表における資産の譲渡に関する会計

売上債権のような金融商品を証券化する場合、売却処理、または借入処理が認められている。売却処理が認められる場合、オリジネーターの財務諸表から対象となる金融資産がオフバランスされることとなり、債権を譲渡人の財務諸表からオフバランスするという証券化の効果を得ることができる。SFAS140号

では，売却処理によるオフバランスを制限するために，倒産隔離などの条件をつけ売却処理が可能となる場合を限定している。売却処理が認められない場合は，借入処理を行うことになる。

（事例1） 帳簿価額100の債権を適格SPEへ譲渡し現金150を受け取った[5]。

(a) 売却処理

現　　　　金	150	債　　　　権	100
		売　却　益 (gain on sale)	50

(b) 借入処理の事例

現　　　　金	150	借　入　金	150
差入担保資産	100	債　　　　権	100

このように，売却処理では債権をオフバランスすることができ受取金額との差額は損益として認識される。また，借入処理では債権はオフバランスされず負債が生じる。売却処理によってオリジネーターの財務状態が改善されるといわれ，この会計処理の乱用と経営者の恣意性を減らすために，会計基準において売却処理の適用範囲に詳細な条件を付与することで制限を行っている。

また，証券化本来の効果である資産の流動化という点を考えると，借方の現金が重要な意味をもつ。上記の事例では考慮していないが実際には様々なコストが生じるため必ずしも手取額が債権価額を上回るとは限らない。また，証券化は実体の信用状況と切り離すことができるという特徴があるため，どのような証券にアレンジするかによって，原資産が同じであっても異なるキャッシュ・フローを得ることもある。

会計上，現金の金額（債権の評価額）は公正価値で測定し，この金額には信用リスクなどを反映した数値として算定されることとなる。また，この金額は債権の期間によっても異なってくる。例えば住宅ローンの場合では，貸付期間が長期にわたるため期間終了前の返済というリスクの発生が考えられ，短期の売掛金等とは公正価値に含まれるリスクの内容が異なることとなる。

SFAS140号では，公正価値について利用可能であるならば市場における取引価額を最良としながらも，類似する資産，負債の価額や見積将来キャッシュ・フローの現在価値などいくつかの評価技法を用いることを認めている。また，評価技法を用いる場合その仮定に市場で利用されている仮定を組み込むことを求めている[6]。ここで示される公正価値概念は，SFAC7号に示されたものと同じものであり，市場や実務で利用されている評価技法を意識している。

　また，保有する金融商品のうち一部を売却した場合は，公正価値の割合によって帳簿価額を売却資産と保有資産に按分し計上する。

（事例 2） 帳簿価額1,000，公正価値1,100の貸付金の受益権（interest）のうち10分の9を適格SPEへ譲渡し現金990を受け取った。

現	金	990	貸	付	金	900
			売	却	益	90

　事例2の場合，貸付金の金額900は公正価値の割合をもとに算定される。たとえば受益権の公正価値の総額が1,500，売却部分についての受益権の公正価値が900と算定されたならば，オリジネーターが売却後も保有し続ける受益権の額は400（1000×600／1500）と算定されることとなる。また，オリジネーターが保有し続ける受益権が劣後受益権やIOストリップ債[7]等である場合，含まれるリスクの違いから売却された受益権の公正価値の算定が異なり，損益が異なることとなる。

(2)　サービス資産とサービス負債の認識

　金融資産の証券化では，倒産隔離の観点から，SPEは債権の回収業務等（サービス業務）をオリジネーターや他の回収実体へ委託する。このため，証券化前に原資産に含まれていたサービス業務にかかる収益と費用が分離されることとなる。

　この分離されたサービス業務にかかる収益と費用の適切な報酬（adequately

第5章 証券化の会計における公正価値測定の選択適用の導入 67

compensate）を，サービシングの手数料や遅延課徴金（late charges）等により，予想される将来の収益が上回る場合にはこの差額をサービス資産として，また反対に下回る場合にはその差額をサービス負債として認識することされている[8]。

SFAS156号では，サービス資産とサービス負債の質的特徴が金融商品に類似する[9]として次の条件のいずれかに該当する場合，当初認識において公正価値でサービス資産またはサービス負債を個別に認識することを要求している[10]。

SFAS156号におけるサービス資産，サービス負債の認識要件
a. 売却処理の要件に合致するサービサーの金融資産の譲渡
b. 保証付住宅抵当貸出の証券化（guaranteed mortgage securitization）におけるサービサーの金融資産の適格SPEへの譲渡で，譲渡人がすべての発行証券（resulting securities）を保有し，SFAS115号に従って売却可能証券または売買目的証券（trading securities）として分類されているもの
c. サービサーまたは連結子会社（consolidated affiliates）の金融資産に関係しないサービス義務の取得または引き受け（assumption）

SFAS156においてサービス資産またはサービス負債を公正価値で測定することとなった背景には，SFAS140号では，金融派生商品が公正価値で測定され，サービス資産とサービス負債が公正価値で測定されないために，いくつかの実体の損益計算書において公正価値の変動が反映されていないという状況を改善するためであるとしている[11]。

SFAS140号ではオリジネーターがサービス資産を認識する場合，事例3のように帳簿価額を比率配分して計上していた[12]。このため，SFAS156号の処理よりも低く測定されることとなっていた。

（事例3[13]）C会社は，10％利率の9年もの貸付金1,000のオリジネーターである。今，C会社は1,000の元本に8％の利息を受け取る権利をつけて他の実体へ1,000で売却した。会社Cは，引き続き貸付金のサービス業務を行い，売却し

ていない利息収入の半分を受け取る権利をもっている。売却していない利息収入の半分の残りを，IOストリップ債として会社Cは売却可能証券に分類している。譲渡日における，貸付金の公正価値は1,000である。サービス資産とIOストリップ債の公正価値は，それぞれ40と60である。

SFAS140号の場合

	公正価値	公正価値の割合	配分される帳簿価額
売却した貸付金	1,000	91%	910
サービス資産	40	3.6%	36
IOストリップ債	60	5.4%	54
合計	1,100	100%	1,000

SFAS156号の場合

	公正価値	公正価値の割合	配分される帳簿価額
売却した貸付金	1,040	94.55%	945.5
IOストリップ債	60	5.45%	54.5
合計	1,100	100%	1,000

SFAS140号の仕訳

原資産の譲渡の仕訳

　　現　　　　金　　1,000　　　　　貸　付　金　　910
　　　　　　　　　　　　　　　　　　売　却　益　　 90

サービス資産とIOストリップ債の仕訳

　　サービス資産　　 36　　　　　　貸　付　金　　 90
　　IOストリップ債　 54

売却可能証券としてIOストリップ債を事後測定するための仕訳

　　IOストリップ債　　6　　　　　　持　　　分　　　6

SFAS156号の仕訳

原資産の譲渡とIOストリップ債，サービス資産の仕訳

現　　　　　金	1,000	貸　付　金	1,000
IOストリップ債	54.5	売　却　益	94.5
サービス資産	40		

売却可能証券としてIOストリップ債を事後測定するための仕訳

| IOストリップ債 | 5.5 | その他の包括利益 | 5.5 |

　SFAS140号の場合では，売却益は1,000－910＝90として計算されたが，SFAS156号ではサービス資産の40も手取金の一部として処理されることとなり，売却益は1,040－945.5＝94.5と計算される。

　また，仕訳の変更からわかるように，サービス資産は公正価値で認識され，IOストリップ債は，帳簿価額を公正価値の割合で配分した金額で認識される。IOストリップ債の公正価値と当初認識の差額は，SFAS140号では持分として考えられていたのにたいし，SFAS156号ではその他の包括利益として認識されることとなる。

　SFAS140号では公正価値測定が用いられなかったため，サービス業務におけるリスク回避のために金融派生商品を用いたとしても，SFAS140号の適用範囲内となった場合，金融商品会計を適用できず，金融商品会計において得られるリスク・ヘッジの効果を財務諸表で表すことができなかった。これにたいしてSFAS156号では，公正価値測定を利用可能とし，損益計算書においてその変動が認識できるようになった。

　また，事例3からもわかるように，サービス資産についてSFAS140号の計算では小さく評価されていた損益が，公正価値測定を用いることで大きく認識することを可能としている。

　さらに，FASBはサービス資産またはサービス負債の事後測定についても，SFAS156号では，償却原価法[14]と公正価値測定を選択適用できるとした。事後測定に公正価値と原価配分による選択適用を認めたことについて，SFAS156

号の中で審議会メンバーのうち6名はこの決定に賛同したが1名は反対した。その理由として比較可能性と一貫性が失われるという点を指摘している[15]。

事後測定において公正価値を用いることは，サービス資産とサービス負債に関連するリスク管理や公正価値の低減といった報告の表示上の誠実性[16]を改善するものである[17]としつつも，いくつかの実体ではサービス資産とサービス負債固有のリスクを相殺するため，売却可能証券のような金融派生商品以外の金融商品を用いていることで，金融派生商品を用いた結果生じる損益計算書での変動性（volatility）を避けている場合もあることから，SFAS156号では，処理方法の選択後の変更を認めないという条件で償却原価法が認められた[18]。

また，こうした公正価値測定の適用は，2006年1月に公表された公開草案『金融資産と金融負債に関する公正価値オプション』の中で公正価値オプションと呼ばれ，特定の金融商品と金融負債について当初測定，事後測定に公正価値を用いることを認め，公正価値の変動を稼得利益（earnings）の中で認識することを認める[19]という会計処理を選択後は変更することができないという条件で選択できるというものである。

公開草案の中で公正価値オプションの利点として，FASBは，公正価値とその他の属性による混合属性測定による変動性を減らし，複雑なヘッジ会計の条件を提供することなしに関連する金融資産と金融負債の公正価値の変化に関して相殺の会計効果を達成することができるとしている。その反面公正価値オプションの適用によって，実体間での比較可能性を損なうことをFASBは認めている。

公正価値オプションの考え方は，IASB（国際会計基準審議会）との収斂にも貢献するとしているが，収斂を持ち出すことで公正価値を検討する第2段階[20]である特定の非金融商品への公正価値測定の適用を議論に含める誘因としているように考えられる。

このように公正価値による測定を要求しているが，資産の公正価値の見積もりが実務的にできない場合，「譲渡人はこれらの資産をゼロで記録すべきである[21]」とし，負債の公正価値の見積もりが実務的にできない場合，「譲渡人は

取引の損益を認識せず,次の金額[22]のうちより大きな金額で認識する」(注は筆者)としている。つまり公正価値を用いない場合は,サービス資産とサービス負債で認識規準が異なり,損益に影響を及ぼさないこととなる。

3 証券化における公正価値測定導入の意味

現在,証券化実務は,金融商品に限らず不動産など非金融商品で行われている。その目的は,オリジネーターの目的によって多様であり一概に述べることはできないが,大きくわけると資金調達と債権のオフバランス化による財務状態の改善ということがあげられよう。

FASBは,証券化を金融商品と非金融商品に区分して会計基準を定めることにより,金融商品の証券化についてのみ公正価値測定の導入を行った。この区分は,証券化の効果や結果といった現象に注目したものではなく,証券化の対象となる資産の違いによるものである。

また,SFAS156号における事後測定における公正価値測定の選択導入は,公正価値測定の適用範囲の拡大としてとらえることができ,その影響は今後も広がっていくことが予想される。

公正価値測定の導入の問題は,算定の基礎となる仮定の選択や実体の現象に適した会計処理方法の選択を実体に委ねることで生じる恣意性にある。さらに,公正価値オプションのように,公正価値と取得原価の混合測定モデルによって現象を表すことは,実体間における比較可能性を困難とする。

FASBは,比較可能性を保つため貸借対照表において,償却原価法で測定される金額と公正価値で測定される金額を,サービス資産,サービス負債の分類ごとに区分表示することを義務づけている。また,注記において償却原価法を用いた場合は,各年度の期首,期末の公正価値の開示が求められ,公正価値を用いた場合は,仮定やリスク管理方法などに関する情報の開示が求められている。

公正価値測定導入の意図は,証券化による将来の効果や結果にリスクなどを反映し,期末時点の損益において認識できるようにすることにある。そのた

め，そこに含まれる数値は将来の変動や発生確率といった予測を含んだものとなり，期末時点における時価評価とは異なるものである。取得原価という客観性のある数値と異なり，こうした予測や変動を数値に含めたことで，数値の有用性が問題となる。

数値の有用性を考える場合，その数値が予想される数値と合致するかどうかということが問題とされることがある。FASBは，SFACにおいて意思決定有用性を中心とし適合性と信頼性をもつ情報提供を行うことが有用性をもつという，論理の枠組みを形成してきた。このため，公正価値測定による数値の有用性は，適合性と信頼性から論理づけられることとなる。

SFAS140号における公正価値は，市場価格や市場で用いられている仮定を前提とし，SFAC7で述べられている見積将来キャッシュ・フローなど一定の算定モデルを含む幅広いものとなっている。公正価値は，市場価格や市場での仮定を前提することで，ある程度の適合性をもつと考えられている。

次に，信頼性についてSFACでは，認められる算定方式に合致することでその測定値の表示上の誠実性を認め，表示上の誠実性は測定や叙述と現象の一致[23]を検証することで確認されるという。

このことは，公正価値の信頼性が数値と現象の一致を求めるものではなく，会計基準に合致した処理がなされていれば良いことを意味している。つまり，信頼性の観点からは，測定時点における公正価値の数値と将来時点における結果としての実測値とが合致するかどうかについてSFACは問題としていないとも考えられる[24]。

これまでサービス業務を独立して引き受けた場合を除き，サービス資産，サービス負債を公正価値で測定することは認めてこなかったが，SFAS156号では，当初認識における公正価値測定をこれらに拡大し，事後測定においても公正価値オプションにより公正価値の選択を可能とした。

これは，サービス業務のリスク・ヘッジのためヘッジを用い会計上ヘッジ会計が適用されない場合に，変動性の影響がでるという問題をサービス資産，サービス負債を公正価値で測定する[25]ことで解決するためである。つまり，会

計基準の違いにより,類似する現象を異なる会計上の表現がなされている状況を改善する(表示上の誠実性を改善する)ために公正価値が導入されたことになる。

現在のFASBの公正価値の検討からもわかるように,今後金融商品に限らずその範囲を特定の非金融商品にも広げようとしている。証券化における公正価値測定の導入が現象を写像して表すためであるならば,対象となる資産が金融商品か非金融商品かということは関係がないはずである。

またFASBは,金融資産の証券化という現象を測定,叙述するにあたり公正価値が最も適していると述べている[26]。SFAS156号では,この論理付けとして表示上の誠実性の概念を用いており,このことは,金融的な実務において用いられる手法と会計実務との乖離を埋めるような会計処理が,適合性と信頼性をもつとすることで社会的な合意を得ることを意図していると考えられる。

しかし,FASBが金融商品に限定し公正価値測定を導入したことは,会計基準間の整合性を保つということもあるが,公正価値測定とその変動の認識を損益として行うためである。会計上信頼性をもつ情報は,会計目的のために作り出されるものであるため,会計の論理と金融実務の論理は必ずしも一致しないといえる。

また,今回サービス資産,サービス負債については金融商品に類似するという理由で公正価値測定の導入を行ったことは,今後の公正価値測定の拡大をはかるという意味合いを持っていると考えられる。

(注)
(1) Special Purpose Entity, SPV (Special Purpose Vehicle) とも呼ばれる。倒産隔離の観点から,SPEの資産はオリジネーターが倒産した場合その影響を受けないようにするとともに,SPEの運用の失敗によってSPEが倒産するのを防ぐよう業務内容に制限を加えるなどして設立される。SPEを連結するか非連結にするかという問題があるが,本章では扱わない。
(2) 特定目的実体が会社形態をとる場合,Special Purpose Company (SPC) と呼ばれる。

（3） FASB, Statement of Financial Accounting Standards No.156, *Accounting for Servicing of Financial Assets an amendment of FASB Statement No. 140*, 2006, par.3.
（4） SFAS115号では，売買目的証券の未実現損益は当期損益に計上される一方で，売却可能証券の未実現損益は実現時点までその他の包括利益（資本）に計上される。
（5） 荻茂生『証券化とSPE連結の会計処理　第2版』中央経済社，2005年，98-99頁を参考に作成。
（6） FASB, Statement of Financial Accounting Standards No.140, *Accounting for Transfers and Servicing of Financial Assets and Extinguishments of Liabilities,* 2000, pars.68-69.
（7） パス・スルー証券の金利部分（Interest Only）を証券化した金融商品。
（8） FASB, SFAS156, *op. cit.*, par. 3-j, k, par.4-e, f.
（9） *Ibid.*, A10.
（10） SFAS140号では，保証付住宅抵当貸出の証券化（guaranteed mortgage securitization），すべての発行証券を留保（retain）し，かつSFAS115で満期保有目的証券として分類する場合を除く，金融資産のサービス義務を引き受けた実体はサービス資産またはサービス負債を認識すべきである（par.13.）とされていたが，SFAS156号では，サービス資産，サービス負債の認識について全面改定がなされている。（par.4.）
（11） FASB, SFAS156, *op. cit.*, A2.
（12） SFAS140号では，サービス負債については公正価値測定，またサービス資産についてもサービス業務のみを引き受けた会社の場合は，公正価値測定とされていたため，SFAS156での変更は，オリジネーターがサービス資産を認識する場合である。
（13） FASB, SFAS156, *op. cit.*, par.4-s.
（14） SFAS140号で認められていた方法であり，サービス資産についてはサービス業務から得られる損益が見積もられる期間に亘って公正価値の割合によって償却を行う方法。
（15） FASB, SFAS156, *op. cit.*, p.42.
（16） Representational Faithfulnessの訳語については，加藤盛弘『現代の会計原則』［改訂版］森山書店, 1987年, 68頁を参照。
（17） FASB, SFAS156, *op. cit.*, A11.
（18） *Ibid.*, A12-A13.
（19） FASB, Exposure Draft Proposed Statement of Financial Accounting Standards,

The Fair Value Option for Financial Assets and Financial Liabilities Including an amendment of FASB Statement No.115, 2006, par.1.
(20) 測定属性としての公正価値の適用は，影響の大きさから2段階にわけて検討されることとなっている。現在は，第1段階であり金融商品に限定して公正価値の適用を検討している。
(21) FASB, SFAS140, *op. cit.*, par.71.
(22) 認識される負債額は，a.とb.のうち大きい金額となる。
　　a.(1)取得した資産の公正価値からその他の引き受けた負債の公正価値を控除した金額が(2)譲渡資産の帳簿価額の合計を超える金額。
　　b. SFAS5とその解釈としてFASB解釈書14に従って認識される金額。
(23) FASB, Statement of Financial Accounting Concepts, No.2, *Qualitative Characteristics of Accounting Information*, 1980, par.63.
(24) 「本ステイトメントにおいて用いられる信頼性という用語には，有効性（effectiveness）は含んでいない」（SFAC2, par.62.）とあるように，信頼性は事象との合致を意図するものではなく，表示上の誠実性をもって情報利用者に保証を与えるものであるとされている。（SFAC2, par.59.）
(25) FASB, SFAS156, *op. cit.*, A1–A3.
(26) *Ibid.*, A10.

　　　　　　　　　　　　　　　　　　　　　　　　（山内　高太郎）

第6章 会計基準の国際的収斂と将来事象会計の導入
―― IASB非金融負債会計公開草案を中心に ――

は じ め に

　周知のように，会計基準の国際的収斂（国際的形成）にむけた活動は近年ますます活発に行われている。たとえば，アメリカの財務会計基準審議会（FASB）と国際会計基準審議会（IASB）は，2002年に高品質で互換性のある会計基準の開発を目的とするノーウォーク合意[1]を締結した。さらに2006年2月には『国際財務報告基準とアメリカの一般に認められた会計原則との収斂に向けたロードマップ―― FASBとIASBとの間の理解に関する2006年から2008年までの覚書[2]』が公表された。

　このような会計基準の国際的収斂活動は，FASBの主導性のもとで進められていると考える[3]。そのような状況下において，IASBは2005年6月にアメリカの影響を受けつつ公開草案『国際会計基準第37号予測支払債務，偶発負債および偶発資産，および国際会計基準第19号従業員給付，に対して提案された修正[4]』（以下，『公開草案』と略す）を公表した。

　つづく2005年9月には，FASBがIASBの『公開草案』の発行を受けるかたちでコメント招請書（Invitation to Comment）『不確実性を伴う資産および負債に関して選択された問題』（以下，『コメント招請書』と略す）を公表した。

　アメリカがその国際的影響力を発揮して会計基準の国際的収斂活動を進めることにはどのような意味があるのであろうか。また，『公開草案』の内容をFASBが検討するかたちで『コメント招請書』を公表することには，どのよう

な意味があるのであろうか。これらの問題は国際的な場における意義が支配的な側面であるとしても，国際的な場で形成される会計基準がアメリカなどの1国の会計基準形成に与える影響もまた重要な問題であることを示していると考える。

本章は，ノーウォーク合意などの会計基準の国際的収斂活動が，国際財務報告基準・国際会計基準の形成およびアメリカの国内会計基準の形成に対していかなる影響を与えるのかを，上述のIASB『公開草案』の中心的内容である国際会計基準（IAS）第37号の改訂案部分とFASB『コメント招請書』を例に検討するものである。

1 IASB『公開草案』における将来負債会計の展開

(1) 非金融負債の定義

2005年6月に公表された『公開草案』は，IAS 37号のすべてとIAS 19号の一部を修正するものである。この『公開草案』の公表はノーウォーク合意の短期収斂プロジェクトの一環であると同時に，FASBとIASBとの共同プロジェクトである企業結合会計プロジェクト（第2フェーズ）の一環でもある[5]。

この『公開草案』はFASBの基準および解釈書に影響を受けつつ作成されている。IASBはこの『公開草案』を，FASBの財務会計基準ステイトメント（SFAS）第146号『退去および処分活動に関する費用の会計』，解釈書第45号『他者の負債に関する間接的保証を含む保証人の会計および保証に関する開示要件』および解釈書第47号『条件付の資産除却債務の会計』における認識要件との実質的な収斂を達成するものであるとしている[6]。本章では，『公開草案』の中心的内容であるIAS 37号の改訂案部分を検討していくこととする。

まず，現行のIAS 37号は時期や金額が不確実な負債を予測支払債務と定義し，将来負債会計一般を規定している。予測支払債務は，(a)実体が過去の事象の結果として現在の義務（法的債務または解釈的債務）を負っており，(b)その債務を決済するために経済的便益をもつ資源の流出がほぼ確実（probable）であり，かつ，(c)その債務の金額について信頼できる見積もりが可能な場合に認識

される。また，予測支払債務はその決済のために要する支出の貸借対照表日における最善の見積もり額で計上される[7]。

『公開草案』は現行の予測支払債務という用語を廃止し，非金融負債（non-financial liabilities）という用語の導入を提案している。この非金融負債とは予測支払債務を内包する幅広い概念であり，IAS 32号『金融商品：開示と表示』における金融負債以外の負債として定義されている。『公開草案』はその他の基準で規定されている項目などを除き，基本的にすべての非金融負債に対して適用される[8]。それゆえ，『公開草案』は負債に関する一般基準を提示するものといえよう。

(2) 非金融負債の認識

非金融負債は，その項目が概念フレームワークにおける負債の定義を満たし，かつ，その金額が信頼性をもって測定しうる場合にのみ認識される[9]。

それゆえ，非金融負債の認識においては，負債が存在しているかどうかの判定が重要な問題となる。まず，負債の定義の解釈を『公開草案』にそくしてみてみよう。IASBの概念フレームワークにおいて，負債とは過去事象から生じた特定の企業の現在の義務であり，これを履行するためには経済便益を有する資源がその企業から流出すると予想されるものをいう[10]，と定義されている。

『公開草案』によれば，負債の不可欠の特徴は，実体が過去事象から生じた現在の義務を負っていることである。現在の義務を生じさせる過去事象は，実体がその義務の決済をほとんど避けえない場合に生じているとみなされる[11]。

このような負債の定義にもとづき，負債の有無（現在の義務の有無）が判定される。その判定は，無条件債務（unconditional obligation）と条件付債務（conditional obligation）という2概念を用いて行われる。たとえば，製品保証を提供している実体は，製品に欠陥が生じたならばその製品の修理などを行わねばならないという条件付債務を負っている。さらに，その実体はまた，そのような条件付債務の遂行に対して「待機する（'stand ready'）」という無条件債務を負っているとみなされる[12]。

『公開草案』によれば無条件債務は過去事象から生じた現在の義務であるので，無条件債務を内包している項目は負債の定義を満たしているとみなされる。したがって，その項目が信頼性をもって測定しうる限り，条件付債務の不確実性に関わりなく負債が認識される（上述の例の場合，信頼性をもって測定しうる限り，製品保証債務が非金融負債として認識される）[13]。このように，ある項目の中に無条件債務部分を見いだしうるかどうかによって，非金融負債の認識の是非が判定される方式が提案されている。

　また，非金融負債には解釈的債務も含まれる。『公開草案』が用いている設例でそのことをみてみよう。ある小売店では法的義務が無い場合でも不満を持つ顧客に対してその代金を払い戻す方針をとっており，そのことが広く知られている。この場合，実体の方針は広く知られており，顧客が払い戻しの実行を合理的に信頼しうる状況であることなどから，実体は顧客の払い戻し要求に対して待機する解釈的債務を負っているとみなされる。その解釈的債務は過去事象（製品の販売）から生じた現在の義務であるので，非金融負債が認識される。顧客からの要求が生じる可能性などは，測定において考慮される[14]。

　では，このような非金融負債の認識方法は，現行のIAS 37号といかなる点で異なるのであろうか。上述のように現行のIAS 37号においては，実体が現在の義務を負っていても，経済便益が流出する可能性がほぼ確実（probable）でない限り，予測支払債務は認識されない。『公開草案』によれば，負債とは無条件債務であるので，可能性の認識規準を適用すべき対象は無条件債務だけである。しかし，現行のIAS 37号は条件付債務にまで可能性の認識規準を適用している。したがって，現行のIAS 37号における認識方法はIASBの概念フレームワークと矛盾する不適切な方法なのだという[15]。

　このことは，ほぼ確実という認識規準の適用停止を意味するものではない。現行のIAS 37号と同様に『公開草案』においても，認識されるすべての非金融負債は論理上，可能性の規準による査定を受けると考える。現行の規定と異なるのは，その査定を受ける対象範囲である。『公開草案』はある項目の無条件債務部分だけを可能性の規準の適用対象とするのである。

無条件債務とは無条件のものであるから，その発生の可能性は高いとみなされる。そのことは『公開草案』が指摘しているように，無条件債務は負債の定義を満たすことによって，ほぼ確実という認識規準を常に満たしているという解釈につながる。そのため，『公開草案』は可能性に関する認識規準を文言上残す必要はないとしている[16]。

このような内容の『公開草案』のもとでは，現行のIAS 37号において発生の可能性が低いために認識されない項目のうち，負債の定義を満たす（無条件債務部分を有している）ものが負債として認識されうる。さらに，その項目は負債の定義を満たすことによって，ほぼ確実という規準も満たしたとみなされる。そのことは，現行の規定では認識されない項目を，発生の可能性がほぼ確実な項目として現行の基準によるよりも早期に認識することにつながる。それゆえ，『公開草案』は将来負債の認識（および認識の早期化）を支え促進すると考える。このように，ほぼ確実という概念は『公開草案』においても，将来負債会計を支える重要な概念として機能していると考えられる。

これまで検討してきたように『公開草案』は負債を中心的に論じるものであるが，資産についても検討している。IASBは無条件権利と条件付権利という2概念を用いて，無条件権利を内包する項目を資産として認識すべきであるとしている。『公開草案』はそのような立場から，実体が非金融負債の決済に対する補填を第三者に要求できる場合について検討している。実体が補填に対する要求権をもっている場合，実体は補填を受けうる事象が生じたならば補填を要求できる条件付の権利をもっている。さらに，その実体はまた，条件が整えばいつでも条件付権利を行使しうる無条件の権利をもっているとみなされる。『公開草案』によれば，その無条件権利は資産の定義を満たすので，無条件権利を内包する項目が信頼性をもって測定しうるならば，その項目が資産として認識される[17]。

これまで検討してきた非金融負債の認識においては，無条件債務（および無条件権利）が存在するか否かを判断することが不可欠となる。それゆえ，その認識方法は，専門的な判断を行う会計プロフェッションの存在によって補完さ

れることを前提にしたものと考えられる。

(3) 非金融負債の測定

非金融負債は貸借対照表日に現在の義務を決済するために，あるいはそれを第三者に譲渡するために，合理的に支払うであろう金額で測定される[18]。

『公開草案』によれば，ある項目に関する不確実性（条件付債務部分）は，認識においては考慮されず，測定において反映される。『公開草案』はそのことを明らかにするために，偶発資産と偶発負債という用語を廃止し，偶発事象という用語を負債の決済金額（あるいは，資産である将来経済便益の金額）に関する不確実性を示すために用いるとしている[19]。

したがって，非金融負債の測定においては必然的に見積を用いることとなるが，見積の使用は財務諸表の信頼性をむしばむものではないとされる[20]。

この非金融負債を適切に測定するための手法が，期待キャッシュ・フロー・アプローチ（expected cash flow approach）である。このアプローチでは，可能性の高い結果の幅を反映する多様なキャッシュ・フロー・シナリオが，それらの可能性によってウェイトづけされる。また，非金融負債は税引前金額で測定され，毎期，貸借対照表日ごとにその帳簿価額が再測定される[21]。

それでは，非金融負債がいかにして測定されるのかをみてみよう[22]。

ある実体は沖合に油田採掘装置（見積耐用年数10年）を設置している。法律上，実体はその装置を耐用年数終了時に除去せねばならない。装置の除去などに必要なキャッシュ・フロー（インフレーションの影響を含む）の幅とその幅に対する可能性の見積は，つぎのとおりである。

見積キャッシュ・フローとその可能性

キャッシュ・フローの見積	可能性の評価	期待キャッシュ・フロー
CU	%	CU
200,000	25	50,000
225,000	50	112,500
275,000	25	68,750
期待キャッシュ・フロー		231,250

実体は装置の除去費用が予想よりもかさむリスクなどの，その義務に固有の不確実性と予測不可能な状況を反映するために，キャッシュ・フローが5％増加すると見積もった。さらに，実体は貨幣の時間価値に関する現在の評価を反映した割引率を6％と見積もった。

実体はその義務の当初測定額をつぎのように見積もった。

	CU	CU
期待キャッシュ・フロー	231,250	
リスク調整	11,563	
		242,813
6パーセントの利率を10年間用いた現在価値		135,586

このような非金融負債の測定の妥当性は，期待キャッシュ・フロー・アプローチという測定技法の数学的信頼性によって支えられていると考える。さらに，その運用の妥当性は非常に多様な見積，予測，および判断を行う会計プロフェッションの専門的能力に対する社会的信頼性によって支えられると考える。

(4) 非金融負債会計を支える論理

これまで検討してきたように，『公開草案』は負債を中心に検討することを通じて，現在は発生の可能性が高くないという理由で認識されない将来事象項目のうち，負債の定義を満たすものを従来よりも早期に認識することを支えるものである。

『公開草案』は世界的な場において，将来事象（とくに将来負債事象）の認識の早期化を正当化するものであり，そのことを通じて，将来事象会計の導入を論理的に支える役割を果たすものと考える。

現在のところ，『公開草案』の内容がどの程度，改訂IAS 37号に反映されるかは不明である。しかし，『公開草案』の公表が，現時点において，将来事象会計の導入を支える機能を果たすことに変わりはないと考える。

そのような役割を果たす非金融負債会計処理の妥当性は主に，①無条件債務概念，②ほぼ確実概念，③測定技法，および④会計プロフェッションの存在，によって支えられている。

さらに，将来キャッシュ・フロー概念や負債概念を提示することによって非金融負債会計処理の理論的正当性を根底から包括的に支えるものが，IASB の概念フレームワークである[23]。

　くわえて，その非金融負債会計処理の妥当性を側面から支えるものが，ノーウォーク合意などの会計基準の国際的収斂活動であると考える。『公開草案』は FASB の基準を取り入れる形式で作成された。そのことは国際的収斂の観点からみれば，推奨されるべきこととなる。それゆえ，ノーウォーク合意などの会計基準の国際的収斂活動は，『公開草案』の妥当性を支えることにより，『公開草案』が果たす将来事象会計の導入の促進という効果を強化すると考えられる。

　ノーウォーク合意などの国際的収斂活動は，IASB における国際的な会計基準形成に対してだけではなく，アメリカの国内会計基準形成に対しても影響を与えるものであると考える。つぎにそのことを，FASB の『コメント招請書』を例にみてみよう。

2　会計基準の国際的収斂と将来事象会計の導入

(1)　『コメント招請書』と会計基準の国際的収斂

　2005年9月，FASB はコメント招請書『不確実性を伴う資産および負債に関して選択された問題』を公表した。この『コメント招請書』は，FASB と IASB との間の概念フレームワーク・プロジェクトの一環として発行されたものであり，上述の IASB『公開草案』の内容に対するコメントを要請するものである。しかし，そのコメントは『公開草案』に対する返答としては扱われない。この『コメント招請書』への返答は，概念フレームワーク・プロジェクトにおいて FASB が使用する目的で要求されている[24]。

　概念フレームワーク・プロジェクトにおいて FASB と IASB は資産・負債の問題を検討している。その検討には資産・負債の定義，認識および測定に関して可能性と不確実性が果たす役割に対する検討も含まれている。『コメント招請書』によれば，現在，そのような資産・負債に関する可能性や不確実性の役

割に関して，アメリカ国内においても，国際的なレベルにおいても，問題が生じているという[25]。

まず，アメリカ国内における問題をみてみよう。アメリカにおいて偶発事象会計に関する一般基準を規定しているのは，SFAS 5号『偶発事象会計[26]』である。SFAS 5号は，現行の IAS 37号と同様に，ある項目の不確実性を認識規準の一部として使用する。しかし，近年の FASB の会計基準や解釈書においては，不確実性を認識規準として使用する方式にかえて，不確実性を公正価値測定において使用する方式への変化が生じてきているという。それは，SFAS 143号『資産除却債務の会計』(2001年)，解釈書第45号『他者の負債に関する間接的保証を含む保証人の会計および保証に関する開示要件』(2002年)，および，解釈書第47号『条件付の資産除却債務の会計』(2005年) においてである[27]。

つづいて，国際的なレベルにおける不一致の問題が指摘される。すなわち，FASB と IASB の概念フレームワークはどちらも不確実性に関する規定が明確ではなく，両者の規定が一致していない。また，SFAS 5号と IAS 37号は類似してはいるが，両者が完全に一致している訳ではないという[28]。

これらの変化と不一致問題への取り組みとして公表されたのが『コメント招請書』である。『コメント招請書』は IASB の『公開草案』を要約する形式をとりつつ，資産や負債に関する不確実性を認識においてではなく測定において用いる方式へ移行することに対するコメントを求めている[29]。

このように『コメント招請書』は FASB と IASB との間の国際的収斂活動を前提に作成されたものであり，ノーウォーク合意の趣旨にそったものであるといえよう。

(2) 『コメント招請書』と将来事象会計の導入

この『コメント招請書』の発行は，アメリカ会計基準に対していかなる影響をもたらすのであろうか。それは，将来事象会計（とくに将来負債会計）の導入（および認識の早期化）を支え促進することであると考える。そのことをも

う少し詳しくみてみよう。

『コメント招請書』によれば，FASB は近年の会計基準および解釈書において無条件債務を負債であると解釈し，条件付債務の不確実性を認識において考慮しない立場をとってきた。FASB はそのような立場が FASB の概念フレームワークと一致すると主張している[30]。

IASB『公開草案』はそのようなFASBの立場をIASBが採用して作成されたものであった。その IASB『公開草案』の発行は，国際的な場において将来事象会計の導入を支える役割を果たすとともに，アメリカ会計基準の国際的影響力を強化させる役割も果たすと考える。

さらに，そのような国際的な場における意義が主たる側面であるとしても，FASB の立場を取り入れた『公開草案』の公表は，アメリカ国内における将来事象会計の導入を支えることにも機能すると考える。すなわち，『公開草案』が FASB の立場を導入したということは，不確実性を測定において用いる FASB の立場を，IASB が国際的な場で認めたということである。そのことは，近年の FASB の基準や解釈書の正当性を強化するとともに，アメリカにおける今後の将来事象会計の導入に対する社会的合意の獲得に貢献するだろう。

それゆえ，『公開草案』の公表は，国際的な場においても，アメリカ国内においても，将来事象会計（とくに将来負債会計）の導入を支える役割を果たすと考えるのである。

では，IASB の『公開草案』の内容を FASB が検討する形式で『コメント招請書』を発行したことは，いかなる意味をもつのであろうか。その問題を検討するポイントは，『公開草案』の適用範囲の広さにあると考える。

IASB『公開草案』は非金融負債という非常に幅広い負債に適用されるものである。FASB は『公開草案』が採用されたならば，修正後の IAS 37号と FASB 解釈書第45号および第47号との実質的な収斂が達成されるとしている。しかし，FASB は『公開草案』が非常に幅広い範囲に適用されるものであるので，『公開草案』が IAS となった場合，その規定は FASB の解釈書よりも幅広い範囲の負債に適用されるだろうと主張している。また，上述のように『公開

草案』は負債を中心的に論じるものであるが,資産についても言及している。しかし,FASBには資産に関して対応する基準がないという[31]。

このように『コメント招請書』は『公開草案』とFASB基準との適用範囲の相違を指摘しつつ,不確実性を認識において考慮しない方式をより広範囲の負債に適用するIASBの立場の是非を問うている。『コメント招請書』はそのことを通じて,将来事象会計(とくに将来負債会計)の認識を早期化する立場を,現在よりもより広範囲に適用することの妥当生を主張していると考える。

アメリカにおいて,そのような主張は不確実性を認識において考慮しない立場の適用範囲を,現在よりも拡大することの正当性を支えるだろう。さらに,そのことは既存の将来事象会計基準の妥当性を支えるとともに,今後の将来事象会計基準の形成に対するアメリカ国内の社会的合意の獲得に貢献すると考える。

上述のように,『コメント招請書』は特定の会計基準の改訂を主張するものではない。さらに現在のところ,FASBの『コメント招請書』への返答がFASBの概念フレームワークにいかなる影響を与えるのか,および偶発負債の一般基準であるSFAS 5号の改訂が審議されるのかはまだ不明である。しかし,現時点において,『コメント招請書』の発行がアメリカにおける将来事象会計の導入を支えることに変わりはないと考える。

この『コメント招請書』が果たす役割を強化するものが,ノーウォーク合意などの会計基準の国際的収斂活動である。ノーウォーク合意はFASBとIASBとの間の会計基準の収斂の促進を標榜するものである。『公開草案』と『コメント招請書』はともに,ノーウォーク合意の趣旨にそうものである。ノーウォーク合意の趣旨からは,会計基準の国際的不一致を縮小させるための取り組みは推奨されるべきものとなる。そのことは『公開草案』と『コメント招請書』の妥当性を支え,それらが果たす役割を強化することに機能するであろう。

それゆえ,ノーウォーク合意などの国際的収斂活動は『公開草案』と『コメント招請書』の妥当性を支えることによって,それらが果たす将来事象会計の導入を支える機能を強化すると考えられるのである。

おわりに

これまで検討してきたように，ノーウォーク合意の締結などの国際的収斂活動は，『公開草案』などの内容を支えることを通じて，将来事象会計基準の国際的形成を促進する機能を果たすものであった。またそれはアメリカにおいては，既存の会計基準の妥当性を支えるとともに，今後の将来事象会計基準の形成を支え促進する役割を果たすものでもあった。ノーウォーク合意などの国際的活動は非常に幅広い影響をもつものである。本章で導出した結論はノーウォーク合意などの国際的収斂活動が果たす役割の一側面である。

今後も，会計基準の国際的収斂活動は，アメリカ主導で進められるであろう。しかしその活動は同時に，アメリカにとっては会計基準に対する国内の社会的合意の獲得手段として位置づけられるものと思われる。

それゆえ，会計基準の国際的収斂活動は今後も，その活動の主たる側面である国際的なレベルにおける意義とともに，一国の国内会計基準形成に対してもつ意義との両面において考察される必要があろう。

(注)
(1) FASB and IASB, *Memorandum of Understanding "The Norwalk Agreement"*, 2002, pp. 1-2．ノーウォーク合意の本文はhttp://www.fasb.org/news/memorandum.pdfにおいて公表されている（2004年3月25日現在）。
(2) FASB and IASB, *A Roadmap for Convergence between IFRSs and US GAAP-2006-2008 Memorandum of Understanding between the FASB and the IASB*, 2006, pp. 1-4．この合意の本文はhttp://www.fasb.org/mou_02_27_06.pdfにおいて公表されている（2006年2月28日現在）。
(3) たとえば，山田辰己「IASBとFASBのノーウォーク合意について―国際会計基準と米国会計基準の統合化へ向けての合意―」『企業会計』2003年2月号，および斎藤静樹「連続インタビュー　斎藤静樹企業会計基準委員会委員長に聞く　第1回　コンバージェンスの背景」『企業会計』2006年5月号。
(4) 加藤盛弘教授は，1995年に発行されたG4+1の報告書の内容を詳細に検討され，その報告書において「その決済の時期や金額が不確実な負債」として定義

づけられているprovisionsという用語が資本項目としての準備金ではなく，近代会計でいう引当金ともニュアンスが異なることを指摘され，その用語を「予測支払債務」と訳しておられる（加藤盛弘「現代会計理論における認識対象の概念変化—過去の収入・支出から将来キャッシュ・フローへ—」『同志社商学』第50巻第3・4号，1999年，117頁）。

　後述のように，IAS 37号におけるprovisionという用語も，G4+1のものと同様に近代会計でいう引当金とニュアンスが異なると考える。したがって，IAS 37号におけるprovisionという用語は「引当金」と訳すのが一般的であるが，ここでは「予測支払債務」と訳している。

（5）IASB, Exposure Draft of Proposed, *Amendments to IAS 37 Provisions, Contingent Liabilities and Contingent Assets and IAS 19 Employee Benefits, 2005,* Introduction, pars. 3-4．『公開草案』の翻訳には，企業会計基準委員会訳『IAS第37号修正案　公開草案　引当金，偶発負債及び偶発資産　IAS第19号修正案　公開草案　従業員給付』がある。この翻訳はhttp://www.asb.org.or.jp/j_iasb/ed/20050630_2. pdfにおいて公表されている（2006年2月22日現在）。訳語については，一部，同上訳を参考にした。また，『公開草案』に関する研究には，たとえば，山下寿文「引当金会計の新展開—引当金から非金融負債へ」『企業会計』2006年2月号がある。

（6）*Ibid.*, Introduction, pars. 3-4.

（7）IASB, International Accounting Standard 37, *Provisions, Contingent Liabilities and Contingent Assets,* 1998, pars. 10, 14 and 36.（企業会計基準委員会，財団法人財務会計基準機構監修，レクシスネクシス・ジャパン株式会社訳「IAS第37号，引当金，偶発債務及び偶発資産」『国際会計基準審議会　国際財務報告基準書（IFRSs）2004』所収，雄松堂，2005年，第10, 14 および36項）。なお，訳語については基本的に同上訳を用いた。

（8）IASB, *op. cit.*, Summary of Main Changes（IAS 37）and pars. 2-10.

（9）*Ibid.*, pars. 10-11.

（10）IASB, *Framework for the Preparation and Presentation of Financial Statements,* 1989, par. 49.（企業会計基準委員会，財団法人財務会計基準機構監修，レクシスネクシス・ジャパン株式会社訳「財務諸表の作成及び表示に関するフレームワーク」前掲訳書所収, 第49項）。なお，訳語については基本的に同上訳を用いた。

（11）IASB, *Amendments to IAS 37 Provisions, Contingent Liabilities and Contingent Assets and IAS 19 Employee Benefits,* pars. 13-15.

（12）*Ibid.*, pars. 22-26.

(13) *Ibid.*, pars. 22-26.
(14) *Ibid.*, Example 9.
(15) *Ibid.*, par. BC41.
(16) *Ibid.*, Summary of Main Changes (IAS 37) and par. BC47.
(17) *Ibid.*, Summary of Main Changes (IAS 37) and pars. 46-48 and A22.
(18) *Ibid.*, par. 29.
(19) *Ibid.*, Summary of Main Changes (IAS 37).
(20) *Ibid.*, pars. 23-27.
(21) *Ibid.*, pars. 31-43.
(22) *Ibid.*, Example 17.この設例は『公開草案』における例17の要約である。IASB はたとえば IAS 36号『資産の減損』において，貨幣額を示す単位として「通貨単位 (currency units：CU)」を用いている。ここで引用している『公開草案』の設例における CU という用語も，IAS 36号におけるものと同様の意味で用いられていると考える (IASB, International Accounting Standard 36, *Impairment of Assets*, 1998, par. 78. 企業会計基準委員会，財団法人財務会計基準機構監修，レクシスネクシス・ジャパン株式会社訳「IAS 第36号　資産の減損」前掲訳書所収，第78項。なお，訳語については基本的に同上訳を用いた)。
(23) 非金融負債会計についてここで導出した結論は，加藤盛弘「将来損失事象計上の枠組」，加藤盛弘編著『現代会計の認識拡大』所収，森山書店，2005年における加藤教授の分析に導かれたものである。
(24) FASB, Invitation to Comment, *Selected Issues Relating to Assets and Liabilities with Uncertainties*, 2005, pars. 1, 6 and 25-27.『コメント招請書』は，http://www.fasb.org/draft/itc_assets_liabilities_uncertainties.pdfにおいて公表されている (2005年10月12日現在)。
(25) *Ibid.*, par. 2.
(26) SFAS 5 号および後述の SFAS 143号の詳細と役割については，加藤盛弘「将来損失事象計上の枠組」を参照されたい。
(27) FASB, *op. cit.*, pars. 4 and 18-21. この変化に関する研究には，たとえば，赤塚尚之「偶発負債の認識要件について」『會計』2006年5月号がある。
(28) *Ibid.*, pars. 2-17.
(29) *Ibid.*, pars. 22-55.
(30) *Ibid.*, pars. 4 and 18-21.
(31) *Ibid.*, par. 23.

(川本　和則)

第7章　会計的見積りの判断における監査人の役割

は　じ　め　に

　本章は，経営者が行う会計的見積り（accounting estimate）にあたって，監査人がどのような役割を担っているかを考察することを目的としている。

　近年，国際的会計基準の標準化という流れから，日本においても，アメリカ基準や国際会計基準と同等，あるいは類似する会計基準の導入が相次いでいる。世間一般の認識として，日本の会計基準はグローバル・スタンダードに見劣りしない内容になった，というものがある。確かに，「税効果会計に係る会計基準」，「金融商品会計に係る会計基準」，「退職給付に係る会計基準」，「固定資産の減損に係る会計基準」などの導入によって，日本の会計基準はアメリカ基準や国際会計基準と比べ遜色のない内容になったように思える。しかし，筆者が日本とアメリカにおいて会計監査に従事した経験から言えば，会計基準に加えて，監査実務を含む財務報告全体としてみれば，依然制度的に大きな差があるように思える。

　とりわけ，財務報告の信憑性に対して大きな役割を担っている監査人の意識によって，財務報告の質は大きく変わってくると思われる。たとえば，貸倒引当金や在庫引当金のような評価性引当金の会計基準は世界的にほぼ共通する会計基準であるため，仮にある会社が日本基準とアメリカ基準によって評価されたとしても，評価性引当金に関する会計数値には影響がないように思われる。しかし，実際には監査人の能力，資質，経験等によって，財務諸表は重大な影

響を受ける。また，経営者による会計的見積りが不可欠である貸倒引当金や在庫引当金などは，経営者の恣意性が介在するリスクが高く，会計的不正および誤謬の発生しやすい財務諸表項目である。

本章では，筆者が実務で遭遇した例をもとに，監査人が経営者の会計的見積もりに関する意思決定プロセスにどのような影響を与えたか，また監査人が財務報告制度の中でどのように機能するのか，を考察してみたい。

1 貸倒引当金の見積りの妥当性

(1) 貸倒引当金に関する会計基準

日本の会計基準では，企業会計原則注解18「引当金について」が貸倒引当金の設定根拠を提供してきた。注解18によると，「将来の特定の費用又は損失であって，その発生が当期以前の事象に起因し，発生の可能性が高く，かつ，その金額を合理的に見積もることができる場合[1]」には，貸倒引当金を設定することになる。注解18によった場合，経営者は発生の可能性および合理的な金額を見積計算する必要があるが，これ以上の個別具体的な基準は存在しない。ところで，同注解4には「保守主義の原則」について述べられているが，そこでも「予測される将来の危険に備えて慎重な判断に基づく会計処理を行わなければならない[2]」とされているだけであり，実務上の指針は存在しない。また，これら注解が存在するにも関わらず，長年実務的には，税務上の貸倒引当金繰入額の基準が一般に認められた会計処理として存在していた。

1999年，企業会計審議会から「金融商品に係る会計基準」が公表され，「第4 貸倒見積高の算定」において，3つの債権の区分とそれら区分に基づく貸倒見積高の算定方法が規定された。この基準においては，「一般債権」については「債権の状況に応じて求めた過去の貸倒実績率等合理的な基準により」貸倒引当金が算出されることになり，ある程度，経営者の主観や恣意性が排除される形となっている。しかしながら，「貸倒懸念債権」については「債務者の財政状態及び経営成績を考慮して」貸倒引当金が設定される，とされ，結局，経営者の方針や判断が貸倒引当金の金額に大きな影響を与えることになる[3]。

アメリカの会計基準は，SFAS 5号が偶発的事象から生じる損失の見積り計上を規定している。SFAS 5号においても注解18と同様に，売掛金を含む「資産が毀損または債務が発生した可能性が高く（probable），金額が合理的に見積もることができる（reasonably estimable）[4]」という条件を満たした場合には，損失を計上しなければならない。

SFAS 5号，par. 23においては，さらに具体的な貸倒引当金の判断基準が示されている。これによると，「現在の情報や事象をもとに，売掛金の契約条件に基づいて支払期限が到来したすべての金額が回収できないという可能性が高い（probable）ならば，par. 8の条件のひとつを満たしたことになる」。なお，ここでいう「売掛金の契約条件に基づいて支払期限が到来したすべての金額」とは，「契約上の支払利子と元本の返済が規定されたスケジュールどおりに返済」されない売掛金金額を指す。また，par. 8のもうひとつの条件である「合理的に見積もる（reasonably estimated）」ことは，「一般的に，当該会社の過去の経験，債務者の支払能力に関する情報，そして現在の経済環境に照らした売掛金の評価」に基づいて行うとされている[5]。

以上より，貸倒引当金の計上に当たっては，アメリカの会計基準も日本基準と類似する内容になっていることがうかがえる。どちらの会計基準であっても，貸倒引当金の算定には経済実態に照らした見積もりの判断が不可欠であり，経営者が貸倒引当金算出の方針および適用基準を策定し，監査人がそれら規定の合理性の判断について関与することになる。

(2) 貸倒引当金の設例

設例を使って，貸倒引当金の算出にあたって，経営者および監査人がどのように関与するかを考察してみる。

当該会社は日本の上場企業の在米子会社であり，自動車用部品を日本から輸入，アメリカで販売している。毎年の売上高は約100億円，税引前純利益は約5億円，月末の売掛金残高は約20億円である。会社の主要な顧客はアメリカ自動車製造会社（ジェネラル・モータース，フォード，ダイムラークライスラー，以

下,ビッグ・スリー)および関連する1次下請けとなっている。過去,貸倒れはほとんどなかったが,貸倒引当金の残高を保守的に売掛金残高の毎期1%(約2,000万円)になるように設定していた。アメリカ自動車業界の経済的状況が芳しくないため,前年,今年と1社づつ顧客であるビッグ・スリーのサプライヤー(1次下請業者)が破産申請(chapter 11)を行った。倒産件数としては少ないが,倒産時の売掛金残高が比較的大きかったため,昨年,今年とそれぞれ4,000万円,5,000万円の貸倒損失を計上した。

　会社の規模が比較的小さいため,会計規定を含む社内規定はほとんど整備されていない。経理部門は専属社員が3人であり,営業担当者が一部経理に関する管理業務を兼任している。子会社管理のため,親会社は毎月詳細な財務資料を子会社に要求しており,資料の中には月次での予算・実績管理が含まれている。本社は,子会社の利益予算の達成具合をもとに子会社経営者の評価基準を設定しており,予算と実績が大きく乖離した場合には,子会社経営者に本社への説明義務が生じる。また,一旦利益予算を達成すると,翌年度は達成予算の10%から15%増しの利益予算が策定される。

(3) 会社の貸倒引当金の評価

　会社はビッグ・スリーの先行きに不安をもっており,これからもビッグ・スリーのサプライヤーは倒産するのではないかと考えている。会社は,将来の業績に不安は持っているものの,ビッグ・スリーが倒産しない限りビジネスは比較的順調であると考えている。現在は,上記サプライヤー倒産による貸倒れの影響を考慮した後でも,まだ十分な利益が確保できている状態である。会社は業績に余力があるうちに,財務的に引当金を手当てしたいと考えている。このため,過去行っていた残高の1%という引当金の計上基準から,過去の貸倒れ実績に応じた方法に切り替えることとした。具体的には,貸倒引当金の残高は,過去3年間の貸倒れ実績の平均値として算出することとした。この方法によって,会社の貸倒引当金は2,000万円から3,000万円((4,000万円+5,000万円)÷3)に増加し,当期の損益に与えた影響は1,000万円(3,000万円-2,000万

円）であった。

　会社は，このような貸倒引当金の設定方法は，SFAS 5号にあるように，貸倒れ発生の可能性が高く，その金額を合理的に見積もることができる，という条件に合致している，と主張している。貸倒れ発生の可能性の観点からは，実際，過去2年間重要な貸倒れが発生しており，アメリカの自動車業界を取り巻く環境から将来的にも貸倒れが発生する可能性は高いと考えられる。また，貸倒れ金額の見積りに関しても過去の経験に基づいており，過去3年間の貸倒れ実績の平均値の利用は妥当である，と会社は考えている。

(4) 監査人の貸倒引当金の評価

　監査人は，監査計画の段階から，会社が利益を平準化しようとする傾向がある点に対して懸念を持っていた。アメリカの監査基準は，SAS 99号において，監査人は不正によって起こる重要な虚偽記載のリスクを特定し，監査手続きの内容，実施時期，および実施範囲の決定に際して，不正のリスクを考慮すること，を要求している[6]。

　前述の設例では，本社が子会社に対して利益予算の達成に重点を置いていること，また，一旦利益予算を達成すると，翌年度はさらに厳しい予算設定を強制される点に監査人は懸念を持った。さらに，会社は継続的に十分な利益が確保できているうちに，財務的な手当て（つまり引当金）をしたいと考えていることから，貸倒れを含む引当金全般が過大計上されるリスクがあると考えた。監査人は経営者の誠実性について疑念を抱いているわけではないが，経営者は不正と思われない範囲で引当金を柔軟に設定するかもしれない。

　以上より，会社の貸倒引当金および当期貸倒引当金繰入額が過大計上されるリスクが高い，という前提から監査計画を立案・実施した。

　ところで，貸倒引当金（設定方法）には，債権の一部あるいは全体に特定の貸倒率を適用し，将来の貸倒れを予測して計上する一般引当金（general reserve）と，特定の問題債権に対し，回収可能性と貸倒れ金額を個別に検討する特定引当金（specific reserve）の2種類がある。会社の取った方法は一般引当

金に該当するが，その妥当性については後ほど検討する。

監査人は特定引当金の必要性について検討するため，まず売掛金の事後的入金のレビューを行った。売掛金の事後的入金のレビューを行うことによって，貸借対照表日の売掛金が貸借対照表日に実際に存在する（existence）という事実を確認できるほか，売掛金が回収できる（できた）という評価（valuation）についても情報を与える。事後的入金のレビューの結果，ビッグ・スリーの売掛金はほとんどが支払条件通りに決済されていた。また，関連するサプライヤーについても，貸借対照表日にいくつか支払いが遅延していた売掛金が存在していたが，後日入金があったことを確認した。

つぎに，監査人は売掛金の年齢表のレビューを行った。年齢表とは，貸借対照表日の売掛金残高が，請求後（あるいは支払期日到来後）何日経過したかを示すものである。年齢表をレビューした結果，ほとんどの売掛金残高は請求後30日（current）から60日以内であることがわかった。60日を超える残高が多少あったものの，多くの場合，レビューの時点ですでに支払いが行われていた。

さらに，得意先の財務状況について会社の与信部門から入手した情報（外部信用調査会社のレポート）によると，ビッグ・スリーについては財務的に問題があるものの，キャッシュ・フローには問題がないということであった。会社と取引のある主要な顧客についても，同様のレポートを入手し財務資料を分析してみると，いくつかの会社ではビッグ・スリーの業績に連動して財務状況あるいはキャッシュ・フローに問題がある場合が見受けられたが，会社との関係においては特に支払いが遅延しているという問題は見受けられなかった。

以上の手続きの結果として，監査人は特定引当金を計上する必要はないと判断した。また，特定引当金が必要ではない，という認識をもとに考えると，一般引当金も同様に必要がないと考えることも可能である。そこで，つぎに一般引当金の妥当性について検討を行った。

会社は貸倒れの見積もりに過去3年間の貸倒れ実績を利用しているが，貸倒れが実際に発生したのは，昨年と今年だけであり，評価期間を3年より長く取れば取るほど，貸倒れ実績はゼロに近くなる。会社が過去から継続して過去3

年分の貸倒れ実績に基づいて貸倒引当金を設定する，という方針を持っていた場合には，監査人も会計方針の継続的適用の観点から，会社の方針を合理的である，と認めていたかもしれない。しかし，実質的には貸倒引当金の設定方針を変更することによって，業績に余力があるうちに財務的クッションを設定しようとする経営者の意図があるように思われた。また，売掛金の事後的入金，年齢表，得意先の財務状況のレビューからは，近い将来に貸倒れる可能性がある売掛金は認識されなかった。さらに，昨年と今年の貸倒れはどちらかと言えば，臨時的・一時的な性質のもので，それらを除くと過去に貸倒れはほとんど存在しなかった。

以上のような考察から，貸借対照表日において特定引当金および一般引当金とも計上する必要はなく，貸倒引当金の残高はゼロにすべきである，という結論に至った。

(5) 意見の相違と合意

貸借対照表日，会社の貸倒引当金残高は3,000万円であるが，前述したように監査人の監査結果に基づくと貸倒引当金残高はゼロとなる。監査人はこのような差異を監査差異として取り扱い，経営者が差異の修正に合意せず，監査人が未修正の差異を重要であると考えた場合には，監査意見に修正を加える必要がある。

当該監査差異について，監査人は経営者と以下のような議論を行った。経営者は，過去2年間重要な貸倒れが発生しており，アメリカの自動車業界を取り巻く環境から将来的にも貸倒れが発生する可能性があること，また，貸倒れ金額についても，過去3年間の貸倒れ実績の平均値を利用した合理的な見積りに基づいていることから，3,000万円は適切な貸倒引当金の残高であると主張した。これに対し，監査人は，事後的入金および年齢表をレビューした結果，ほとんどの売掛金残高はいまだ支払期日が到来しておらず，多くの場合，期日を経過していたものも貸借対照表日以降に支払いがあった，与信情報からキャッシュ・フローに重要な問題がある得意先はなかった，過去2年分の貸倒れは臨

時的・一時的な性質のものと考えられた，会社の見積りの前提（過去3年間の平均）に十分な合理性が認められなかった，ことなどを理由に3,000万円は監査差異であると主張した。

上記のような議論の結果，経営者は会社の見積りの前提に合理性が低いことを認め，財務諸表を修正することを受け入れた。

2　在庫引当金の見積りの妥当性

(1)　在庫引当金に関する会計基準

企業会計原則注解10には，「商品，製品，原材料費等のたな卸資産に低価基準を適用する場合に生じる低価損」，「時価が取得原価より著しく下落した場合の評価損」，および「品質低下，陳腐化等の原因によって生じる評価損」に関する記述があるが，「時価が取得原価より著しく下落したときは時価をもって貸借対照表価額としなければならない。」という記述を除いては，具体的にどのような場合にどのような方法でそれら評価損を算出するのかが詳しく書かれていない[7]。また，日本の会計基準の場合，在庫評価に低価基準が選択適用できる，とされているが[8]，具体的な適用方法等については詳細な記述はない。

また，同注解18「引当金について」では，貸倒引当金を引当金の例示に含めているが，在庫引当金は注解18でいう「引当金」に該当するかどうかは不明である。以上より，日本の会計基準においては在庫引当金という概念はあまり一般的ではないようであり，注解10が意図している「評価損」は特定の確定した損失だけを対象にしているように思われる。したがって，「評価損」の貸借対照表の計上は，取得原価から該当する損失部分だけ直接減額する（direct write-off）という方法になるであろう。

アメリカの会計基準においては，ARB 43号が在庫評価に関して日本と類似する会計基準を置いている。ARB 43号によると，「在庫の効用（utility）がもはや原価ほどでは無くなった場合には，在庫の評価（inventory pricing）に関して，取得原価基準からの逸脱が必要となる」とされている。さらに，「物理的減耗，陳腐化，価格レベルの変更，その他の理由により，在庫の効用がもはや

原価以上ではないと認められた場合には，当期の損失を認識しなければならない」と規定されている[9]。

ARB 43号のような規定を除いては，在庫引当金に関する詳細な会計基準がない。これは在庫引当金の計上が，アメリカではごく一般的であるにも関わらず，実務的に統一的な規定を設けることが難しいからであると考えられる。したがって，在庫引当金の妥当性に関する評価は，経営者および監査人の判断に委ねられる部分が大きいと思われる。たとえば，SAS 110号には在庫に関する監査手続きの例が示されており，監査人は「在庫に含まれている滞留品（slow-moving），過剰在庫（excess），毀損品（defective）および陳腐化品（obsolete）が適切に特定されている」ことを確認する必要があるとしている[10]。さらに，SAS 85号においては，「過剰在庫や陳腐化在庫が存在する場合，正味実現可能価額（net realizable value）に切り下げるために引当金を見積り計上する」ことを経営者に要求している[11]。

(2) 在庫引当金の設例

設例を使って，在庫引当金の算出にあたって，経営者および監査人がどのように関与するかを考察してみる。

当該会社はアメリカにおける上場企業の日本子会社であり，主に企業向けの大型・中型サーバーをアメリカから輸入，日本で販売している。また，中型・小型のサーバーやコンピューターおよび関連する周辺機器やサービス部品等は日本で調達し，製品によっては加工や補修も行う。毎年の売上高は約1,000億円，税引前純利益は約100億円，月末の売掛金残高は約250億円，月末の在庫残高は約300億円である。在庫の内訳は，概ね3分の1ずつ大型サーバー，中・小型サーバー，修理・販売用サービス部品となっている。

ハイテク業界は最新鋭のテクノロジーを使った製品とある程度の性能の製品を組み合わせて売ることにより利益を得る戦略であるが，500ドル以下の低価格品の浸透に頭を悩ませている。小型で廉価な PC の性能が上がってきており，中型・大型サーバーの需要を奪っている。さらに，中小の PC メーカーは

非常に薄利で販売しているため,市場全体に価格競争が広がっている。会社は高性能サーバーを投入し続けることにより,高いブランドイメージを維持しようとしているが,顧客の価格への要求は厳しくなる一方である。顧客にとってITは経営上ますます重要な地位を占める一方,増加するIT投資に,顧客は製品のトータル・コストやトータル・サービスに重点を置くようになっている。

会社はアメリカ上場企業であるため,子会社を含めてサーベンス・オクスリー法第404条の対象となっており,2年前に会計規定や内部統制を含むすべての重要な社内規定の整備を完了した。監査人からは内部統制の有効性に関して適性意見を入手している。現在も内部監査人を中心に,内部統制の有効性の評価や手続きの改善が継続的に行われている。上級経営者はITビジネスおよび財務に精通しており,CFOを含む財務部門には能力の高い人員が配置されている。

(3) 会社の在庫引当金の評価

大型サーバーの在庫金額は約100億円であり,ほとんどの在庫をアメリカ親会社からの輸入に依存している。大型サーバーの価格は親会社が決定し,一旦決定された価格が変更されることはほとんどないこと,顧客からオーダーが入ってから親会社から輸入・販売する場合が多いことから,会社は原則として大型サーバーの評価に原価法を採用している。なお,たな卸の際にいくつか顧客から返品された製品が見つかっているが,製品に何らかの問題がある場合には,親会社が当初の販売価格で買い戻すという条件があることから,当該子会社の観点からは,追加の評価損は発生しないことになる。したがって,期末に大型サーバーに対する在庫引当金はなかった。

中型・小型サーバーの在庫金額は約100億円であり,会社はこれら在庫の評価に,ARB 43号に基づいた低価法(lower of cost or market)を採用している。すなわち,在庫を原価か時価のいずれか低い方で評価するが,その場合の時価に再調達原価を採用し,再調達原価は,正味実現可能価格を超えてはならず(上限規定),正味実現可能価格から通常のマージンを引いたものを下回っては

ならない（下限規定）[12]。再調達原価は，期末直近の同種製品の仕入価格（あるいは製造価格）をシステムが入手し，手許にある在庫に自動的に適用する。上限計算に利用される正味実現可能価格とは，予想販売価格から合理的な予想販売コストを引いたものであるが，会社は予想販売価格と予想販売コストを見積るに際して，同種製品の直近4半期の平均販売価格と平均販売コストの実績を利用している。また，下限計算に必要な通常のマージンについても，同種製品の直近4半期の実績を利用している。これら実績値の集計および計算はシステムが自動的に行う。期末の中型・小型サーバーに対する在庫引当金の金額は約20億円であった。

　修理・販売用部品の在庫金額は約100億円であり，約半分は保証期間中の無償で行う修理等の目的のため保有し，残りの約半分は保証期間経過後のサーバーの修理に必要な部品を有償で販売する目的のため保有している。サーバーは一般的に5年間の製品保証があり，5年経過後も長くて10年の利用期間があることから，会社は（関連するサーバー販売時から）10年を経過した部品について在庫引当金および廃棄処分の対象としている。期末の修理・販売用部品に対する在庫引当金の金額は約10億円であった。

(4) 監査人の在庫引当金の評価

　監査人は監査計画実施の段階で，ハイテク業界では価格競争が激しく，会社は利益を出しにくい状況になっていること，マーケットからは早期に利益を出せる体質になるよう経営者に圧力がかかっていること，近年行ったリストラクチャリングによって追加の損失を計上していること，会社の在庫水準が比較的高くなってきていること，などに着目した。これらのリスクは，経営者に積極的な会計処理を採用するきっかけとなりうる。

　また，新たなテクノロジーや市場の嗜好の変化によって，突然既存の製品や関連する部品在庫に対する需要がなくなり，既存の製品が陳腐化する，あるいは，過剰在庫が発生する，といった在庫に固有なリスクについても注意を払う必要がある。さらに，新規に市場に出した製品が受け入れられない，あるい

は，競合他社がより低価格の製品や高性能の製品を出すことによって，自社の製品需要が奪われるリスクがある。

以上より，在庫引当金に対する経営者の甘い評価から，在庫が正味実現価格で評価されない，という監査上のリスクがあり，監査人は会社の在庫引当金および当期在庫引当金繰入額が過少計上されるリスクが高い，という前提から監査計画を立案・実施した。

在庫の実証性手続きに関して，監査人は，会社の方針が適切に実務上適用されていることに関するテスト，在庫評価に関する経営者との議論，在庫の販売状況に関するレビュー，その他，関連する証拠資料のレビューを行い，同時に，実地たな卸の立会いなど他の監査手続きから得られた監査結果を考慮して在庫引当金残高の適正性を評価した。そして，監査人は会社の在庫引当金に関する見積りの合理性について，大型サーバー，中型・小型サーバー，および修理・販売用部品に分けて考慮を行った。

大型サーバーに関して，監査人は原価で評価を行うことについての妥当性について以下のように検討を行った。まず，在庫回転率をレビューした結果，ほとんどのサーバーが仕入れと同時に販売されており，保有在庫の価値が下落している事実は認められなかった。つぎに，親会社との仕入契約をレビューした結果，経営者の主張どおり製品に問題がある場合は，当初の仕入価格で買い戻す条件が存在した。そして，期末以降の実際の親会社への返品をレビューした結果，事実，当初の仕入価格で親会社から返金が行われていた。以上より，大型サーバーに関しては追加の引当金の計上は必要がないと判断した。

中型・小型サーバーに関して，会社は厳密な低価法の適用を行っているため，監査人は主に利用された時価の検証を実施した。まず，再調達原価であるが，会社は同種製品の仕入価格を再調達原価に用いており，客観性が非常に高いと考えられるため，監査人は見積もりに利用された仕入価格を直近の注文書等の証憑に突合する手続きを実施した。つぎに，正味実現可能価格に利用された予想販売価格，予想販売コスト，および通常マージンの見積もりであるが，これらも第4四半期の実績値に基づいているため恣意性が介入する余地は小さ

く，監査人は実績値の再計算や過去のデータの検証を行うだけでよいと判断した。以上のような検証手続きの結果，会社の在庫引当金は低価法に基づいて適正に計算されていると判断した。

修理・販売用部品に関して，監査人は部品の評価が10年間原価のまま据え置かれる点に疑問を持った。経営者への質問の結果，たとえ契約上，5年間の保証期間があったとしても，販売当初から過剰な在庫を買い入れた場合，10年後に大量の在庫廃棄損が発生する可能性があることが分かった。過剰な在庫（excess inventory）や滞留在庫（slow-moving inventory）は合理的な見積もりの下，それらが発生した段階で損失・引当計上する必要がある。

(5) 意見の相違と合意

会社と監査人の間に，修理・販売用部品の在庫引当金の設定方針について意見の相違があった。このため，監査人は会社に対し，部品在庫の中からいくつかサンプルを選び，修理・販売用部品の過去の利用実績を分析するように依頼した。会社の分析の結果，以下のような事実が判明した。

ある製品Xが市場に投入された直後，X製品の修理・販売目的でA部品が100個ストックされたとする。この100個は市場投入の年から最初の5年間はそれぞれ，0個，10個，20個，10個，0個，と合計40個利用され，廃棄対象となるまでの次の5年間は合計で10個しか利用されていなかった。たとえば，X製品投入後，5年度目の在庫は60個（100個－40個）となるが，10年度目の廃棄対象時までにはあと10個しか利用されないこととなり，50個（60個－10個）が将来廃棄される見込みとなる。にもかかわらず，会社の計算した10億円の在庫引当金の対象となったは，在庫全体のうち，市場投入から10年を経過した在庫だけであり，10年未満の比較的新しい在庫については，会社の在庫引当金の計算対象からはずされていた。

監査人は会社の行った在庫引当金の仮定（10年経過した在庫のみ引当金の対象とする）は合理的ではなく，損失を将来に繰り延べることになると考えた。したがって，監査人は会社に対して，過去の利用実績に基づいて，10年を経過し

ていない在庫についても在庫引当金の計算対象にするように依頼した。

経営者は監査人の指摘に対して，5年を経過していない在庫については十分な過去の利用データが存在しないため，見積もりが難しいと主張した。これに対し，監査人は最初の5年間は契約上の製品保証期間であることを考慮し，引当金の対象とするのは5年を経過した在庫に限定し，その引当率に過去の利用率の実績を使う，という案を提案した。

再度，X製品とA部品の例で考えて見ると，A部品100個が最初の5年間に合計40個利用された場合，年間利用率は8個（40個÷5年）となり，残りの5年間は40個（8個×5年）利用される，と考える。したがって，5年度目の終わりには在庫引当金の対象は20個（100個−40個（実際）−40個（予想））となる。6年度目にさらに2個利用されたとすると，年間利用率は7個（(40個＋2個)÷6年）となり，残りの4年間は28個（7個×4年）利用される，と考える。したがって，6年度目の終わりには在庫引当金の対象は30個（100個−42個（実際）−28個（予想））に増加する。

このように，在庫引当金を10年を経過していない在庫に対しても適用した結果，在庫引当金の残高は10億円から25億円に増加した。

おわりに

冒頭で，筆者は日本とアメリカにおいて財務報告の内容には依然大きな差があると述べたが，双方の会計監査に従事した経験から言えば，アメリカが会計事象の判断に監査人を代表とする職業的プロフェッションによる承認を必要とするのに対し，日本は法律や行政が定めたルールに判断の基礎を置いていることである。

アメリカの場合，会計数値が経営者によって恣意的に操作されることを防ぐために，財務報告制度の中に監査制度（監査人）が組み込まれている。監査制度は監査人に対して，監査人が専門家としての懐疑性（professional skepticism）を十分に発揮し，不正のリスクを適切に判断し，十分かつ適切な監査証拠に基づいて見積もりの合理性を実証することを要求している。設例で考察したよう

に，貸倒引当金であれば，監査人は売掛金の年齢表分析や事後的入金のレビューを通して，貸倒れの懸念が非常に低いことを証明した。また，在庫引当金であれば，監査人は過去の在庫利用量から会社の在庫評価方法が合理的ではないことを示した。つまり，「財務諸表の適正性は，個別事例ごとの「一般的承認可能性」をもって判断される制度的な仕組みがとられている。…… 会計判断は会計士のプロフェッショナルとしての権威にもとづき，会計判断の正当性（適正性）が承認されている」のである[13]。

これに対し，日本の場合は，「政府行政機関と業界団体との協調システムのもとに会計制度の運営が行われている。…… 行政府エリートによる政策的配慮や規制，命令，意見，指導が，企業による会計判断の正当化を支える基礎となっている[13]」。このため，会計的見積りのように経営者の主観と判断が必要とされ，実務的に詳細な規定を置くことが難しい会計基準が存在する場合，明らかな間違いがない限り経営者の行った判断を受け入れざるを得なくなる。本章の設例においても，日本の監査制度の下では，経営者の見積りにある程度の合理性が見られるため，妥当な会計処理であると結論付けられる可能性が高いと思われる。

現代の会計基準は，実務的にすべての会社，事象，取引に統一的・客観的な基準を設けることが不可能であるという事実から，経営者の主観や判断を不可欠としている。このため，経営者の判断プロセスに監査人を関与させ，会計数値に一般承認可能性を持たせる必要が生じる。会計基準に規定されていない事象や取引の取り扱いについては，監査人の専門的意見が経営者の判断の根拠となる。たとえ会計基準に詳細な判断基準が書かれていなくとも，監査人は監査基準あるいは監査慣行に基づいて自己の意見を表明し，それが一般に認められた会計原則（generally accepted accounting principles）を補完し，見積り金額の決定に大きな影響を与える。さらに，アメリカには会計プロフェッションを支える仕組み，たとえば，監査人を規律する監査基準や監査実務，PCAOB 等の監査品質レビュー[14]，監査人の職業倫理規定，厳しい訴訟制度，企業の内部統制システムの確立・評価などが存在し，監査人のプロフェッショナルな判断

(professional judgment) の権威をいっそう高めているのである。

(注)
（1）企業会計審議会，企業会計原則注解18「引当金について」
（2）企業会計審議会，企業会計原則注解4「保守主義の原則」
（3）企業会計審議会，「金融商品に係る会計基準」「第4　貸倒見積高の算定」
（4）FASB, Statement of Financial Accounting Standards No. 5, *Accounting for Contingencies*, par. 8.
（5）Ibid., par. 23.
（6）AICPA, Statements on Auditing Standards No. 99, *Consideration of Fraud in a Financial Statement Audit*, AU Section 316, par. 1.
（7）企業会計審議会，企業会計原則注解10「たな卸資産の評価損」
（8）企業会計審議会，企業会計原則「低価基準の適用」
（9）Committee on Accounting Procedure, Accounting Research Bulletins No. 43, *Restatement and Revision of Accounting Research Bulletins*, Chapter 4, *Inventory Pricing*, Statement 5, par. 8.
（10）AICPA, Statements on Auditing Standards No. 110, *Performing Audit Procedures in Response to Assessed Risks and Evaluating the Audit Evidence Obtained*, Appendix A1.
（11）AICPA, Statements on Auditing Standards No. 85, *Management Representation*, Appendix B.
（12）Committee on Accounting Procedure, Accounting Research Bulletins No. 43, *Restatement and Revision of Accounting Research Bulletins*, Chapter 4, *Inventory Pricing*, Statement 6, par. 9.
（13）村瀬儀祐編『会計判断の制度的性質』森山書店，6頁。
（14）PCAOB（Public Company Accounting Oversight Board）は，2002年のサーベンス・オクスリー法（以下SOX法）によって，公開企業の監査人を監督することを目的として設立された非営利法人である。この法律によって，アメリカの公開企業を監査するすべての監査事務所はPCAOBに登録する義務が生じ（SOX法第102条および第106条），PCAOBは登録した監査事務所に立ち入り検査を実施する（SOX法第104条）。今後はPCAOBが公開企業に関する監査基準を設定し（SOX法第103条），それに違反する監査事務所には制裁措置が取られる（SOX法第105条）。

（小西　憲明）

第8章　財務報告に係る内部統制
——制度化の概要および効果について——

は　じ　め　に

　今日,「内部統制」という言葉が新聞や雑誌を賑わし,これに関する書籍が続々と出版されている。しかし,内部統制は最近始まった新しい議論ではなく,公認会計士による会計監査の世界では昔から存在した。公認会計士が企業の発行する財務諸表の適正性を判断するに当たっては,その企業の全ての会計取引を精査するのが最も確実である。しかし,それは物理的に不可能であり,非効率である。そこで,公認会計士は企業内部に存在する,企業経営を円滑に遂行するための「仕組み」を利用し,その仕組みが有効に機能しているか否かを検証するのである。仕組みが有効であれば,一部の会計取引をサンプル・ベースで検証することで,財務諸表全体の適正性を判断することができるのである。ここでいう,「仕組み」が内部統制である。

　昔から存在している内部統制が何故,最近になって目立つようになったのか。それは,エンロン事件（2001年）に代表される巨額粉飾事件をきっかけにアメリカで内部統制評価制度（2002年,サーベンス・オクスリー法）が導入され,その後間もなく西武鉄道株事件（2004年）が追い討ちをかけて日本においても制度化が確定したという状況にあるからであると考えられる。時代の流れは,経営者自ら自社の内部統制を評価し,財務報告が適正であることを証明することを求めているのである。

　本章では,すでに内部統制評価制度が導入・実践されているアメリカでの実

務を踏まえて，当該制度の概要を説明するとともに，当該制度のもたらす効果について考察したい。

1 内部統制の制度化の背景と制度の概要

(1) ア メ リ カ

エンロン破綻（2001年）やワールドコム破綻（2002年）といった巨額粉飾事件が相次いだのを受けて2002年にアメリカでサーベンス・オクスリー法（以下，SOX法という）が成立した。しかし，その20年以上前から，内部統制の必要性は説かれていたのである。

アメリカでは，1980年代に不正な財務報告が頻発し，その原因を調査し，その発生を抑えるための組織として，トレッドウェイ委員会が発足した。その活動の集大成として，トレッドウェイ委員会支援組織委員会が1992年，「内部統制の統合的枠組み」（以下，COSOという）という内部統制評価基準を公表した。この基準（1994年に追加）はSOX法においても評価の拠り所となり，日本その他の国における内部統制の考え方の基礎として受け入れられている。内部統制は財務報告のためだけに構築するものではなく，企業経営そのものにとって必要なものであると考えられているが，その発端となったのは「不正な財務報告」であり，今日の制度化のきっかけも「不正な財務報告」であることは注目に値する。

(2) 日 本

アメリカでのSOX法成立後間もなく，西武鉄道株事件（2004年）をきっかけに日本における内部統制の制度化が検討され始め，企業会計審議会は2005年12月に「財務報告に係る内部統制の評価及び監査の基準案」（以下，基準案という）を公表した。当該基準案の準備期間中においても，内部統制制度化を促すかのように，カネボウ粉飾事件，ライブドア粉飾事件が発生している。

日本においてもそれ以前に，大和銀行ニューヨーク支店の不正銅取引事件，神戸製鋼の利益供与事件に関して，内部統制の必要性を説く判決は出ていた。

とくに後者において，神戸地方裁判所は2002年に，大企業の取締役は，違法行為を防ぐための内部統制システムを構築する法的義務を負っており，不正を知らなかったという理由で責任を免れることはできないという所見を発表している[1]。このころから内部統制の整備・運用は経営者の義務であるとの認識が生まれ，2006年5月に施行された会社法は，大会社に内部統制（財務報告に限らない）の構築を義務付けるに至っている。

2006年6月には金融商品取引法が成立し，上場会社等は2008年4月以降開始する事業年度より，財務報告に係る内部統制報告書の提出を義務付けられることとなった。

(3) 国際的に広がる内部統制評価制度

日本およびアメリカにおける内部統制の制度化の背景について述べたが，この流れは他の先進国においても同様であり，各国で経営者による内部統制の評価および会計士による検証が義務付けられている。

イギリスでは，ロンドン証券取引所が1998年に公表（2003年に改訂）した「コンバインド・コード（統合規程）」に基づき，同証券取引所に上場する企業の取締役に対して，内部統制の有効性の検証および株主への報告義務が課されている。内部統制の評価基準として，1999年に「ターンバル・ガイダンス」が公表されている。

カナダでは，内部統制評価フレームワークとして1995年にCoCoガイダンス第1号が公表され，第4号が2000年に公表されている。

フランスでは「金融安全法」が，韓国では「株式会社の外部監査に関する法律」が2003年に矢継ぎ早に成立している[2]。

2 財務報告に係る内部統制評価制度の概要

(1) 内部統制の定義

基準案は，COSOの考えを採用し，内部統制を下記のように定義している。内部統制とは，下記の4つの目的が達成されていることの合理的な保証を得る

ために，業務に組み込まれ，組織内の全てのものによって遂行されるプロセスをいい，下記の6つの基本的要素から成る。

① 内部統制の目的

a. 業務の有効性および効率性

事業活動の目的の達成のため，業務の有効性及び効率性を高めることをいう。

b. 財務報告の信頼性

財務諸表および財務諸表に重要な影響を及ぼす可能性のある情報の信頼性を確保することをいう。

c. 事業活動に関る法令等の遵守

事業活動に関わる法令その他の規範の遵守を促進することをいう。

d. 資産の保全

資産の取得，使用および処分が正当な手続および承認の下に行われるよう，資産の保全を図ることをいう。これは，COSO においては他の目的に含まれるとして明示されておらず，基準案独自のものといえる。日本独自の会社機関である監査役の財産調査権の行使と内部統制の関係を示している[3]。

以上の4つの目的は各々完結しているのではなく，互いに関連しあっているものである。したがって，SOX 法や基準案が求める「財務報告に係る内部統制」は，上記 b の財務報告の信頼性以外の目的を完全に対象範囲外とするのではないことに注意が必要である。

ここで，典型的な統制活動（後述）である，「経費等の支払については，上長の承認がなければならない。」というルールを例にとって，内部統制の4つの目的との関係を考えてみる。支出は，企業活動により収益を稼得するために必要なものでなければ経費等としては認められない。その支出の必要性の有無を判断するのが上長による承認である。その判断を行うにあたっては当然，その支出が法令や倫理規定に沿ったものであるかどうか，会社財産を毀損させるものではないかどうかという観点も必要となる。逆に，承認なしで支出が認め

られているのであれば，企業に利益をもたらさない，または違法な支出がなされる可能性が高まるのである。したがって，この統制活動は，目的aのうちの業務の有効性，目的cの法令遵守等および目的dの資産の保全を達成することに貢献しているといえる。では，目的aの残りの業務の効率性についてはどうであろうか。もし，全ての経費について社長の承認を必要とする，というルールであれば効率的とはいえない。そこで，一定額未満の支出についてはたとえば課長，それ以上の支出については部長の承認を要するといったルールを設け，上長の日常業務が止まらないようにすることで，業務の効率性が達成されるのである。最後に，上長による承認手続きを経たもののみが，経費または資本的支出として会計処理されることから，目的bの財務報告の信頼性は確保される。承認手続きがない場合，たとえば従業員が私的に行った消費が会社の経費として計上される可能性がある。この支出は，企業活動とは無関係であるから，会社の帳簿に計上されるべきではなく，また，法令等に違反しており，さらに会社財産を毀損している。このように，内部統制の目的は相互に関連し，内部統制はそのすべての目的を達成することで，有効に機能しているということができるのである。

② 内部統制の構成要素

以下に述べる構成要素は，既に述べた目的と同様，夫々独立したものではなく，相互に関連しあっていることに留意が必要である。

a. 統 制 環 境

組織の気風を決定し，組織内のすべての者の統制に対する意識に影響を与えるとともに，他の基本的要素の基礎をなし，下記の5つの基本的要素に影響を及ぼす基盤をいう。

代表的な例は経営者の経営姿勢，経営方針・戦略，取締役会・監査役等の経営者を監視する立場にある機関の機能等である。「何が何でも黒字決算」というプレッシャーを従業員に与える経営者の姿勢は，財務報告の信頼性を損ねる。粉飾事件を起こした企業の大半は，この統制環境に問題があり，他の要素にも悪影響が及んでいたのである。

b. リスクの評価と対応

　リスクとは，組織目標の達成に影響を与える事象について，組織目標の達成を阻害する要因をいう。そのリスクを識別，分析および評価し，当該リスクへの適切な対応を行う一連のプロセスがリスクの評価と対応である。COSOにおいては，リスク評価までを内部統制の構成要素とされているが，基準案ではリスクへの対応が付け加えられた。

　リスクの評価は一般に，リスクの影響度（発生したときに財務諸表にどのくらいの影響を及ぼすか）とリスクの発生頻度または可能性の2つの軸から実施し，両者の積としてその重要性が測定される。

　リスクへの対応に当たっては，評価されたリスクについてそれを回避するのか，低減するのか，移転するのか，または受容するのか等の決定を下す。通常，費用対効果の観点からリスクの重要性に応じた対応策を講じる。

　たとえば，新規事業の立ち上げの際には，それに伴う新規取引に係る会計処理が財務報告の信頼性に影響を与える可能性が高く，適切なリスク評価・対応が必要である。

c. 統　制　活　動

　経営者の命令および指示が適切に実行されていることを確保するために定める方針および手続をいう。リスク評価の結果を受けて講じられたリスク対応を具体化することである。

　これには，職務分掌や権限付与に関する方針といったハイレベルなものから，受注システムへの入力チェックや前述した経費の承認といった具体的な手続までが含まれる。

d. 情　報　と　伝　達

　必要な情報が識別，把握および処理され，組織内外および関係者相互に正しく伝えられることを確保することをいう。

　情報は，各々の受け手の職務の遂行目的に適合したものであること，その内容・信頼性が確認されていること，さらに，利用可能な形式に整えられていることが必要である。

伝達については，組織内外の観点から整理することができる。組織内においては，経営者から組織内の全ての者に対する伝達（経営方針等）と，組織のあらゆるところから経営者への伝達（会計情報等その他経営判断に必要な重要情報）の両者が適切・適時になされる手段を確保する必要がある。組織外部との関係でいえば，財務報告等のように外部へ発信すべき情報と，顧客等外部から収集すべき情報とが存在する。経営者は，この両者について適切・適時に伝達される手段を確保する必要がある。

e. モニタリング

内部統制が有効に機能していることを継続的に評価するプログラムをいう。モニタリングには，内部統制の有効性を監視するために通常の業務に組み込まれている日常的モニタリングと，通常の業務から独立した視点から実施される独立的評価がある。前者の例としては，定期的に実施される実地棚卸による在庫数量・残高の正確性のチェックが，後者の例としては，内部監査部門による内部監査が挙げられる。

f. ITへの対応

組織目的を達成するために予め適切な方針および手続を定め，それを踏まえて，業務の実施において組織の内外のITに対し適切に対応することをいう。COSOにおいては明示されていないが，今日の企業環境におけるITへの依存度に鑑み，基準案では織り込まれた要素である。たとえば，企業内に存在する各種システム（受注，仕入，人事等）と会計システムの適切なインターフェイスの確保は，財務報告に係る内部統制の肝となる。

③ **内部統制の限界**

既に述べたように，内部統制はその目的の達成の「合理的」保証を提供するものであり，「絶対的」保証を約束するものではない。内部統制は，人による誤り，不注意，共謀，想定外の事象によって機能しなくなることがある。また，内部統制は費用対効果を考慮して構築されることから，全てのリスクに対応するわけではない。さらに，経営者が内部統制を無視することでその機能は働かなくなる。内部統制の整備・運用・評価にあたっては，このような限界が

あることに留意する必要がある。

(2) 財務報告に係る内部統制の評価
① 内部統制の評価範囲の決定

経営者は，内部統制を整備および運用する責任を負う。そして，財務報告に係る内部統制については，一般に公正妥当と認められる内部統制の評価の基準に準拠して，その有効性を自ら評価しその結果を外部に向けて報告しなければならない。有効性の評価は原則として連結ベースで行うが，その評価の範囲が問題となる。すなわち，経営者は，連結財務諸表等の信頼性が確保されていることを証明するためにはどの範囲を評価すれば必要十分であるかを検討しなければならない。これについて，基準案では，財務報告に対する金額的および質的重要性を考慮し，「財務諸表の表示および開示」「企業活動を構成する事業または業務」「財務報告の基礎となる取引または事象」「主要な業務プロセス」等に関して合理的に評価の範囲を決定し，当該内部統制の評価範囲に関する決定方法および根拠等を適切に記録しなければならない，と述べられている。具体的な手順の一例を以下に述べる。

a. 連結財務諸表項目等の金額的・質的重要性の判定

金額的重要性については，機械的に判定ができる。たとえば，貸借対照表項目であれば総資産の，損益計算書項目であれば売上高の，一定パーセント以上の科目を重要と考える。質的重要性については，判断や見積りが介入する度合い，計算の複雑性，不正リスクの有無等の要素を勘案し，重要な科目を識別する。そして，両者を踏まえ，総合的な重要性の判定（ランク付け）を行う。当然，金額的にも質的にも重要と判定された科目が最も重要で，金額的にも質的にも重要でないと判定された科目が最も重要性に乏しい，ということになり，それぞれの重要性の度合いに応じて，その科目に関連する内部統制評価範囲のカバレッジを設定する。このステップの終了時点では，各科目や注記項目について，重要性のランクおよびカバレッジが付されていることになる。

b. 連結財務諸表項目等と事業単位との関連付け

　上記ステップでは，連結財務諸表の合計金額ベースで科目等の重要性を判定した。ここでは，連結精算表等を用いて各科目等について事業単位毎の金額を把握する。これにより，各科目について，どの事業単位を評価範囲に含めれば上記 a で決定したカバレッジを満たすことができるかが明らかになる。このステップ終了時点では，各科目等について評価対象となる事業単位が明らかになる。

c. 連結財務諸表項目等とプロセスとの関連付け

　内部統制の評価は，プロセスの評価である。したがって，評価範囲の決定に際しては，各科目等がどの業務プロセスと関連しているかを明らかにしておく必要がある。たとえば，販売プロセスは，売掛金，貸倒引当金，棚卸資産，売上，売上原価等に関連し，財務プロセスは，現金預金，借入金，リース注記等に関連する。

d. 重要な事業単位と重要なプロセスとの関連付け

　最後に，上記 b と c の結果より，どの科目等について，どの事業単位のどの業務プロセスを評価対象とするかが決定される。

② 内部統制の評価

　内部統制には，全社的な内部統制と業務プロセスに係る内部統制があり，経営者はその両者について評価しなければならない。

a. 全社的な内部統制の評価

　全社的な内部統制とは，連結財務報告全体に重要な影響を及ぼす内部統制をいい，次に述べる業務プロセスに係る内部統制の継続的な整備・運用を確保するための仕組みである。

　ここでの評価の対象は，倫理観，会計方針や財務方針，経営に関する判断，経営陣の意思決定プロセス等，主として統制環境に該当する部分である（但し，統制環境に限らず，内部統制の全ての構成要素を対象とする）。通常，親会社の取締役，監査役等をはじめ，連結グループにおける重要な拠点の責任者に対する質問の回答およびその回答を裏付ける資料の閲覧や状況の観察等により評

価を行う。

b. 業務プロセスに係る内部統制の評価

業務プロセスに係る内部統制とは，業務プロセスに組み込まれ一体となって遂行されている内部統制をいい，各業務がその目的を達成することを担保するための仕組みである。

業務プロセスに係る内部統制の評価を実施するには，まず評価対象である業務プロセスの状況を把握する必要がある。そのために，通常は，各業務プロセスについて，業務フロー・チャート，業務マニュアルおよび業務に付随するリスクとその対応策（統制）をまとめた文書（以下，リスク統制マトリクスという）を作成する。評価は，業務プロセスに付随するリスクの洗い出しおよびその対策が十分であるか（整備状況）ならびに，整備されたルールどおりに業務が遂行されているか（運用状況）という観点から実施しなければならない。

c. 内部統制の重要な欠陥の是正

評価過程で，内部統制の不備または重要な欠陥が発見された場合は，適時に是正される必要がある。重要な欠陥は，報告書における評価時点（期末日）までに是正されていれば，内部統制は有効と評価することができる。

③ 内部統制の報告

以上のステップを経て，経営者は内部統制報告書を作成しなければならない。

整備および運用に関する事項および，評価の範囲，評価時点および評価手続について記載した上で，評価結果を記載する。評価結果の表明には，以下の方法がある。

a. 財務報告に係る内部統制は有効である旨
b. 評価手続の一部が実施できなかったが，財務報告に係る内部統制は有効である旨，ならびに実施できなかった評価手続およびその理由
c. 重要な欠陥があり，財務報告に係る内部統制は有効でない旨，ならびにその重要な欠陥の内容およびそれが是正されない理由
d. 重要な評価手続が実施できなかったため，財務報告に係る内部統制の評価

結果を表明できない旨,ならびに実施できなかった評価手続およびその理由

3 財務報告に係る内部統制評価制度がもたらす効果

前述した内部統制評価制度の概要を踏まえて,当該制度が企業にどのような効果をもたらすのかについて考察したい。

特に明文化されている訳ではないが,実務上,業務プロセスに係る内部統制の文書化においては,業務フロー・チャート,業務マニュアル,リスク統制マトリクスのいわゆる「3点セット」を作成する。業務フロー・チャートは,企業が株式公開する際には必ず必要となるものであるとはいえ,2(2)①で記述した連結ベースでの重要性からの観点でその作成範囲を決定している訳ではない。また,業務手順書は通常,担当者レベルでは作成されてはいても,組織的に体系的に作成されているケースは少ない。リスク統制マトリクスなどは,一部の先進的企業を除くと,存在しないと思われる。

内部統制評価制度が導入されると,少なくとも上記の3点セットは整備されることになり,従来経営者あるいは各部署の責任者が把握していてそうで把握していなかった業務の流れ,そこに内在するリスク,そのリスクへの対応策(統制)の「可視化」が可能となるのである。

企業には,財務報告プロセスを司る経理部門のほか,営業,システム,人事,法務等様々な部門がある。財務諸表が適正に作成されるには,単に任意の経済事象について会計基準が適切に適用されているだけでは不十分であり,会計の対象となる企業の取引が過不足なく捕捉されている必要がある。これを達成するには,財務報告に重要な影響を与えるあらゆる部門・プロセスにおけるリスクの洗い出し,そしてそれらのリスクを軽減するための統制が整備・運用されていなければならない。その第一歩が,プロセスの「可視化」なのである。

とりわけ,財務報告の最後の砦である経理部門における財務報告プロセスにおいては,近年続々と公表されている会計基準の性格により,プロセスの「可視化」による効果の重要性がさらに増していると言える。従来の近代会計基準

の下では主として過去の事象を客観的事実として財務諸表上に表現することが重要であった。これに対して，近年相次いで導入された税効果会計，金融商品会計，退職給付会計，減損会計，企業結合会計等の下では，将来発生するであろう事象に対する見積りや判断（例えば，繰延税金資産の回収可能性の検討における将来の課税所得の見積り，金融資産や固定資産の公正価値算定における将来キャッシュ・フローや割引率に係る見積り）が重要となり，会計数値決定プロセスにおいて，経営者の「主観」や「恣意性」が入り込む余地が格段に増加している。これらの見積りや判断の適正性，ひいては財務諸表の適正性を担保するには，財務報告プロセスにおけるさらに細かいサブ・プロセス（たとえば，税効果算定プロセス，減損会計適用プロセス）において，その判断基準を明文化し，その判断過程・理由，さらに経理責任者によるレビュー・承認（その根拠も含む）を文書化し，「可視化」することが役立つと考えられる。これにより，社内の第三者による内部監査や，外部監査人による会計監査においてもその監査対象の検証可能性の向上に資するものと思われる。

お わ り に

　先行して内部統制評価制度が導入されたアメリカのPCAOB（公開会社会計監視委員会）監査基準第2号第139項において，財務報告プロセスにおける内部統制の不備は，通常，重要な不備[4]以上として取り扱われる旨が記載されており，財務報告プロセスにおける内部統制は特に重要であるとの認識が示されている。そして，当該制度適用初年度におけるアメリカでは，会計に関する能力不足，仕訳や会計判断の根拠資料（文書）が不十分であること等，会計基準への対応に関する「重大な欠陥」が指摘され[5]，財務報告プロセスの重要性が改めて確認された形となった。日本企業においても，財務報告プロセスにおいては，会計基準の理解，会計上の判断の過程・その根拠の文書化，経理責任者の結果承認等の対応が求められ，制度適用までの時間を考えると，当面は，内部統制の基準から逸脱しないという「守り」の姿勢から入る企業が多くを占めると思われる。しかしながら，筆者のSOX法支援経験上，対応企業から「今

まで見えていなかったところが見えるようになった」,「従来の決算手続に抜けがあることが分かった」,「手続の重複が見つかった」等の声も聞かれ，とかく「正確性」に目が行き勝ちな財務報告プロセスにおいても，業務見直しによる手続の「効率性」にも目が向けられている。プロセスの「可視化」は，内部統制評価制度の制度化によって「強制的に」実施されたものであるが，それを逆に利用し，業務の効率性に役立てることもできるのである。

このように，「可視化」によって共有された知識や情報，さらには「可視化」を実施するためのノウハウは，財務報告に限らず，業務の有効性・効率性や法令等の遵守といった企業目的達成においても，非常に有用なものとなるはずである。今般導入される内部統制評価制度は，財務報告に係る範囲での制度であるが，将来的には，内部統制という枠組みが財務報告のみならず，企業経営全体に対して利用されていくことを願う。

(注)
(1) NPO株主オンブズマンHP掲載「訴訟の早期終結に向けての裁判所の所見」（http://www1.neweb.ne.jp/wa/kabuombu/koube01.htm）を要約。
(2) 企業会計審議会内部統制部会第11回配布資料3より。
(3) 『DIAMONDハーバード・ビジネス・レビュー』2005年10月号インタビュー記事「日本らしい内部統制モデルを求めて」（青山学院大学大学院 会計プロフェッション研究科教授 八田 進二氏）より。
(4) アメリカのSOX法では，不備は，（重要性の高い順に）「重大な欠陥」「重要な不備」「不備」の3種類に分類される。これに対して，基準案では，「重要な欠陥」と「不備」の2種類とされた。
(5) 日本内部監査協会CIAフォーラム研究会 No.18研究報告「財務報告に係る内部統制評価—日米の動向—」より。Deloitte & Touche LLPが，2005年4月26日時点での年次報告書提出会社2,738社のうち重要な欠陥を報告した259社について，欠陥を種類別に分類したところ，最も多い欠陥は，文書化，方針と手続の不備（30%），ついで，主に会計や開示実務に習熟した人材の不足といった人的問題（15%），決算修正（15%），修正事項（14%），不適切な残高照合（6%），特定の会計処理（6%），職務分掌（6%），その他（7%）となっている。

（佐藤　誠悟）

第9章 未公開株式の株価鑑定業務と多様な評価基準

は じ め に

　ここ数年，企業再編，買収や合併などの増加に伴い，非上場株式の評価という業務が増えている。従来，非公開株式の評価と言えば相続税対策などの業務の一環で行うことが多かったが，時価の問題を相続税評価額から離れて考えなければならない事例が，最近とくに増加している。非上場株式の評価を行う場合，同族関係者間または同族会社間の取引に際し，税法に基づいて評価するケースは非常に多いと思われる。税法を離れて非上場株式の評価を考える時，株式評価の現場ではそこに統一された理論がないために評価者の判断によって評価額が大きく上下するという状況が起きている。

　唯一の（もしくはある程度のレンジに収まる普遍的に合理的な）評価方法は存在するのであろうか。または，株式の評価方法は相対的にケース・バイ・ケースで採用すべき方法が違うのであろうか。

　相続税評価額という国税当局が定めた評価方法から離れた場合，非上場株式評価は極めて難しい問題に直面する。また未公開株式の評価には後に述べるように多様な評価方法が存在する。それは会社の持分である株式が複雑怪奇な存在であることの証明である。未公開会社の株式評価を考えるときは，株式の評価が問題となるケースを分析することが大切だが，その背後にある理論を踏まえて評価方法を採用しなければならない。

　非公開株式の評価を考える場合には慎重な態度をとるべきである。ほとんど

の株式評価に関わる実務家はえてして報酬を受けるクライアントの意向をある程度汲んで，株式評価額を決定する傾向があるように思える。株式評価があくまで時価査定であり，相対での取引である以上，相対で決まった価格レンジを目指して評価額を決定することにある種の合理性は存在するのかもしれない。

しかし，あるべき価格ではなく，「要求される価格」を得るために盲目的な評価方法を採用するのは，実務家として厳に慎まなければならない。目標となる価格が存在しているとしても，その価格を合理的に説明するためにはしっかりとした株式評価理論で武装する必要がある。本章は株式評価に関わる実務家として日ごろどのような問題に直面し，どのような問題意識で実務を遂行しているか紹介し，株式評価のあり方を考察しようとするものである。

1 株式評価に内在する問題

(1) 問題意識

本章の主題である非上場株式の評価を行う場合，税法に基づいて評価するケースは非常に多いと思われる。非上場会社の場合には公開市場のように一義的に株価が決まらないため，取引の際に考慮されるのは租税コストであることが大半である。この近年，ベンチャー・キャピタルの活躍やM&A市場の好況により，非上場会社の株式でも将来の収益性を厳密に反映させた株価で取引される事例が急増している。

ところが，非上場株式の評価として明確な評価基準は税務当局が定めるもの以外，統一された基準がない。相続税評価額という国税当局が定める評価方法から離れた場合，非上場株式評価は極めて難しい問題に直面する。未公開株式の評価には後述のように多様な評価方法が存在する。それは会社の持分である株式が極めて複雑で捉えどころのない存在だからである。未公開会社の株式評価を考える場合に，株式の評価が問題となるケースを分類してみることが大切である。

実務上，非上場株式の評価を論ずる場合，税法による非上場株式の評価を念頭におく傾向がある。租税リスクの有無が取引リスクの問題に直結するからで

ある。しかし，税務による評価に依存するだけでは株式評価はもはや限界にきている。日本の経済構造改革が進む中，経済の中心をなす株式会社も大きな再編期の真っ只中にある。株式会社の再編では赤字だらけのベンチャー企業が何百億円で買い取られたり，大きな企業が予想外の安値で買い叩かれたりすることも日常茶飯事である。このように非上場株式の時価の問題を相続税評価額から離れて考えなければならない事例が，最近とみに増加している。株式評価の現場では，税法を離れて非上場株式の評価を考える時，評価者の判断によって評価額が大きく上下する状況が起きる。

　非上場株式を評価する方法が数多く存在することは良く知られている。一般的にはそれらの評価方法をケース・バイ・ケースで採用することが最適の方法として受け止められている。ただし，その採用する背景には株式評価論として筋の通った理論構成が必要になる。それぞれの評価方法は一長一短あり，どのようなケースにどのような評価方法を組み合わせるのがよいか，評価人の技量の見せどころとなる。

(2) 株式評価が問題・課題となるケース

　未公開株式の評価方法は上述のように多様な方法が存在する。未公開会社の株式評価を考えるとき，株式の評価が問題となるケースを分類しなければならない。

① 公開にいたる資本政策とは関係なく，株式取引をするケース

　未公開会社が株式公開といった成長を前提に株式取引をするケース以外のケースでは，つぎのようなケースが考えられる。株式取引は資金調達よりも会社支配を目的とした側面が強くなる。

(a) ある株主が支配権確立のため他の株主から株式を集約するとき

　この場合に想定される企業も将来に爆発的な収益をあげるベンチャー企業というよりも，歴史の長い老舗企業が多い。このケースでは株式の異動イコール会社支配権の異動ということになり，株式評価はどちらかといえば会社の処分価値に傾く。会社の支配権を握ることは会社の資産の処分権を握ることにな

る。会社に含み益を持つ土地があれば，その土地をどのように処分しても支配株主の意のままになる，ということである。よって，採用される評価方法は純資産時価等の静的企業評価法が採用される。

(b) 取引先との取引強化のために株主になってもらうとき

取引先が取引強化として株主に参加する場合には，参加した株の価値だけリスクをシェアしたことになる。言うなれば，取引としての信頼度をあらわしたことになり，対外的な印象も良くなるであろう。このような株取引では株による将来の利益を当てにするというよりも，取引関係の安定や発展を願うことにより株主として参加している意味が強くなりうる。よって採用される評価方法も税法が定める純資産額や配当還元額などが採用されるであろう。

(c) 従業員持株会等，経営のインセンティブとして株式を与えるとき

従業員持株会が大きなシェアを握る会社もあるが，通常は少数株主に留まる場合が多いであろう。また，純資産額で評価すれば従業員の手が出ない株価となる場合もありうる。よって，採用される評価方法は配当還元が主流となるであろう。

② ベンチャー企業等の成長率の高い会社の株式を取引するケース

もっとも依頼が多い評価鑑定業務の1つである。未公開会社が株式公開を目指す場合は株式取引は資金調達の手段となる。会社支配も視野に入れながら，リスク・マネーを導入しなければならず，資本政策立案者の手腕が問われる局面である。

急激な成長を目指すベンチャー企業は将来莫大な利益を稼ぎ出すために非常にリスクの高いビジネスを展開することになる。誰もが予想しなかった技術革新をおこすために実現する可能性の少ない研究開発に多額の資金を投入する。そのような資金は借入ではリスクに耐え切ないから新株発行によるリスク・マネーを必要とする。数パーセントの成功確率でも将来に株価が数百倍となれば，株式取得のために投下した資金は容易に回収可能である。そのような株式取引では徴税を目的とした評価基準は適切ではない。この場合には将来会社が得ることができるであろうキャッシュ・フローを現在価値に割り戻した金額を

もとに株式評価するのが妥当となる。よって、採用される評価方法は利益還元法やディスカウント・キャッシュ・フロー法などである。

(3) 株式評価の実務の現状

以上のように株式評価をなす場面は多様に存在する。またそれぞれの場面で要求されるスキルも多様であり、その拠って立つ理論の違いが実務スタンスの違いとなる。上述の点からも明白なように、情報技術やバイオテクノロジーの高度な発展により、従来の重厚長大型の企業が必ずしも成功するとは限らなくなっている。企業の評価や会計の仕組みも重厚長大型産業を念頭においたものとなっているが、急激な成長を遂げるベンチャー企業の評価について実務においても確かな評価方法が存在しないのが現状である。アメリカの1大学院生が開発したウェブ検索システムに莫大な投資がなされ、いまやわれわれの生活ではその会社のウェブ検索システムがなければ大変な不自由を強いられるのである。それは何十年という時間をかけて進展した変化ではなく、ここ数年で急激に起こった変化である。このような急激な産業構造の変化により株式評価の理論も変化せざるをえない。株式評価方法は伝統的な方法と新しい方法で混乱している。

このような混沌とした現状でも、実務の現場においても株式評価で問題となる点はある程度決まっている。それらの問題についてどの点に立脚点を置くかで実務家の特色が出てくる。以下においては実務家の拠り所とする理論の違いにより導き出される結果の違いに注目して株式評価実務の現状を紹介することにする。

① 相続税法の財産評価通達を拠り所とする実務家

この実務家は、依って立つ明確な評価規則、すなわち、課税庁より公表された相続税法の財産評価通達、法人税の通達と所得税の通達をもっている。

もともと依拠する理論体系は、あくまで、課税執行庁が課税額を決めることを目的とする公権力の執行にかかわる評価規則である。租税の命題である公平性の実現のために課税庁の定めた評価基準は客観的かつ画一的である。たしか

に株式評価ではドラスティックな企業の将来性を意識するかしないかで租税リスクの捉え方がかわってくる。しかし，実務の大半が租税リスクを考慮しなければならない場面も多く，いわゆる税法基準を意識しない場面での株式評価は少ない。よって，この実務家の評価が株式評価の出発点となる場合が多く，一般に株式評価において真っ先に連想される実務家像である。

急激な成長のために巨額の資金を株式で調達する時点ではこの実務家の評価は全く的外れとなる。しかし，株異動などを伴うファイナンス内容によっては課税庁も興味を示してくる可能性も有り，この実務家が拠り所とする基準については株式評価に携わる全ての実務家が基礎としてマスターしておかなければならないであろう。

② 将来の成長性を精査して株式評価の拠り所とする実務家

この実務家は，アナリストのように事業分析を行う能力に長けている。

彼らの依拠する理論は主にはファイナンス理論であり，オプション理論や複雑な数理計算を用いる統計学に習熟している。その複雑な数理計算に注目されることが多いが，評価の本質は将来の事業計画の合理性をいかに見極めるかにかかっている。なぜなら類似会社比準価額方式あるいは収益（キャッシュ・フロー）倍率方式といった株式評価方式はもとより，将来キャッシュ・フローの割引において事業計画の合理性が担保されなければ，数理計算はすべての根拠を失うからである。

2　評価の局面と法規・税法・評価方式

(1) 関連法規と株式評価方式の対応関係

ここでは評価の局面における関連法規との関係を考察する。専門家がどの局面でどのような法律関係について正当な注意を払うべきか，は大変重要である。専門家が局面ごとに適用される法律を選択する基準や法律が株式評価を必要とする理由を考察することにより，株式評価の問題点が浮き上がってくるのである。

① 会社法による評価要請

会社法は，数多く非公開株式の時価を問う局面を提起している。その局面を分類すると以下(a)〜(e)の5項目に分けられる。

(a)現物出資
(b)反対株主の買取請求
(c)新株発行
(d)自己株式の買取り
(e)株式交換

会社法による評価要請はおもに利害関係の調整にある。会社と株主の間で利害が衝突し，その際に株式評価の問題が浮上する。

利害衝突という意味は広く捉えることができるが，ベンチャー企業の場合に多く見られるような会社の成長に伴う利害衝突と老舗企業に多く見られるような株式の不公正発行や相続株式の買取りといった利害衝突とは意味が違う。同族会社の企業統治や公開会社の株主保護をイメージした会社法の株式評価ではどちらかといえば老舗企業のような利害対立を想定しているから，租税通達による客観的かつ画一的なルールを適用するほうに傾かざるを得ない。よって，会社法による評価要請については税法による画一的な評価実務を念頭においた評価方法を実務家は採用することになる。

② 税法による評価要請

税法は徴税の目的をもって，非公開株式の時価について様々な評価規定を定めている。徴税目的として非公開株式の時価を考えた時，最も重要なのことは株式異動等による不正な所得操作を防止することにある。よって，税法による評価をさす場合，贈与税を含めた相続税における評価基準である「財産評価基本通達」が評価基準として採用される。

しかし，税法も見方をかえれば，取る側と取られる側の利害調整である。租税法定主義をまつまでもなく，租税は法律により定められて初めて徴収される。取られる側が「根拠は何か」と問い詰めれば取る側が「根拠はこれだ」という客観的で画一的な基準を用意しなければならない。ここでは企業の成長を

見据える，という視点は入り込まず，むしろそれは排除されなければならない。

③ あらたな株式評価方法の要請

時代が重厚長大型の借入による資金調達を前提とした産業構造であれば株式の評価は利害調整の域をでない。しかし我が国の産業はすでに情報やノウハウといった無形資産が巨額の富をもたらす構造となっており，一攫千金的なベンチャー企業が巨万の富めがけて毎日しのぎを削っている。そのような企業の資金調達手段に借入は適合しない。必然的に株式による資金調達が多用され，そこで生じる株式評価は企業価値の評価と同義となる。ここで株式評価は利害調整の域を抜け出し，あらたな評価基準を必要とするようになる。

近年，新しい企業の形が日本にも根付いてきた。成長性を重視するベンチャー企業，成長のために会社を買い取るM&A専門会社などである。

ベンチャー企業への投資の場合，ベンチャー・キャピタルやエンジェル投資家が資金の提供者となる。これらの投資家はベンチャー企業の成長性を精査し，将来得ることができる利益を計算して投資金額の上限を決めてくる。成長の段階に応じて資金を断続的に投入する手法も採用される。

必要な資金を必要に応じて投入できるかどうかはとても難しいことである。株式の取得は企業に資金を提供するのと同時に企業の支配権を獲得することでもある。ベンチャー投資家はこの両面をたくみに使い分け，ベンチャー企業の経営を成功に導こうとする。ベンチャー企業の経営者はベンチャー・キャピタルやエンジェル投資家と同じ舟にのっている（オン・ザ・セイムボート）とよく表現される。これはベンチャー投資をうまく表現しているものでもあるし，また，株式取得という事象をうまくとらえたものだといえる。

3 評価方式の選択および適用の関係

以上で述べてきたように，株式の評価ではその評価の行われる場面に応じて最適な評価方法が選択される。その評価方法はあるときは税法によるものが適切かもしれないし，ファイナンス理論によるものが最適かもしれない。しか

し，それはそれぞれの評価方法の背後にある理論について深く理解したうえでの選択適用でする必要がある。株式評価にどのような方法が適切かをはっきりと決められるものではない。株式評価は相対的な仕事であり，株式取得に関わる者たちがどのような状況にあるのか，を見定めておかなければ採用する評価方法を決定できない。どのような場合でも税法の基準が妥当すると信じ込むのは正しい評価が行われないことにつながりかねない。

　評価方法が多岐にわたるなか，どのような評価方法を採用するかは実務家の裁量にゆだねられている。それぞれの評価方法にはそれぞれの長所と短所がある。以下においては日本公認会計士協会がまとめた「株式等鑑定評価マニュアル」を引用することにより，一般的な評価方法とその背景にある理論を簡単に紹介してみる。

(1) 収益方式

　企業のフローとしての収益力は利益に着目して，企業の価値および株価等を鑑定する方式である。理論的には優れた方法だが，見込みによる将来収益を算定基礎としており客観性に欠ける欠点がある。

　収益方式には，収益を利益として展開する収益（または利益）還元法と収益を資金上の収入として展開するDCF法とに分類される。

① 収益還元法

　収益還元法は，元来，土地の評価に当たり採用した方法で，地代を果実として当該土地をその元本とみなして評価する方法である。株式等の場合，その評価対象は企業資本であり，地代に見合うものは企業に対する投資利益である。ここではこの投資利益から企業資本を評価する方法を収益（または利益）還元法と言う。

〈評価目的〉

　一般の株式等売買の評価の他，企業買収価額，合併比率の決定に適用される。企業の収益力を評価の基準としているので，支配株主にとっては企業評価額としての意義がある。

② DCF法（DCF: Discounted Cash Flow）

企業が将来獲得するであろうキャッシュ・フローを資本還元率で現在価値に還元して算出する。将来の予想ディスカウント・キャッシュ・フローの合計額は，各年度のキャッシュ・フローを年度別に複利現価率で割引いて合計したものである。

複利現価率は，(1＋資本還元率)^{n}で算定され，実務上は，複利現価表によって求める。

〈評　価　目　的〉

一般の株式等の売買，M&Aの他，株式買取請求や営業譲渡の商法的評価においても適用される。

なお，キャッシュ・フローには，次のようなものが用いられる。

(a)税引後利益＋減価償却費－(設備投資額＋運転資金の増加分)

(b)税引後利益＋支払利息＋減価償却費－(設備投資額＋運転資金の増加分)

(c)税引後利益＋減価償却費

(2)　配　当　方　式

企業の利益処分のフローとしての配当に着目して，企業の価値および株価を鑑定する方式である。この方式は，上述の利益に着目した収益方式と類似しており，収益方式の一部と見なす説もある。但し，配当方式の一種であるゴードン・モデル法のように新たな展開もあり，収益方式とは別に配当方式として分類した。

① 配　当　還　元　法

果実である配当から擬制資本である株式投資額を評価する方法である。

(a)　実際配当還元法

実際配当還元法の配当額は，企業の実際に行われる配当予想金額を用いる。よって，この方法の配当額は，経営者の配当政策の影響を受け，利益が計上されているにもかかわらず配当がゼロという場合も起こり得る。

〈評　価　目　的〉

少数持分の株式評価に適用されるケースが多く，経営に参加していない一般株主の利益配当請求権に基づく株価等の評価に用いられる。

(b) 標準配当還元法

標準配当還元法の配当額は，経営者の配当政策に左右されることのないように，一般に妥当とされる配当額を用いる。この一般に妥当とされる配当額は，当該業種の配当性向等によって算出される。

〈評 価 目 的〉

実際配当還元法と同様の評価目的であるが，実務上の利用範囲を広げることができる。

(c) 国税庁配当還元法

国税庁配当還元法の配当額は，財産評価基本通達に規定する価額を用いる。この方法では，配当額は過去の実績を用い，資本還元率は一律に10％が用いられている。

〈評 価 目 的〉

相続税や贈与税の税額計算に当たっての非上場株式の評価に用いられる。

(d) ゴードン・モデル法

ゴードン・モデル法は，配当還元法をさらに発展させた方法で，企業が獲得した利益のうち，配当に回されなかった内部留保額は，再投資によって将来の利益を生み，配当の増加を期待できるものとして，それを加味して株価を評価する方法である。

〈評 価 目 的〉

他の配当還元法と同様に少数株主の株式評価に適用される。

(3) 純資産評価方式

① 純 資 産 方 式

企業のストックとしての純資産に着目して，企業の価値および株価等を鑑定する方式である。この純資産方式の特徴は企業の静的価値の評定であり，貸借対照表を基に鑑定するためその計算は理解されやすい。また，不動産を所有す

る企業等，その含み資産を考慮するこの方式は実務上よく利用される方式である。

　この方式は，次のような場合に適用される。
・　企業が清算手続中である場合，または清算を予定している場合。
・　企業経営が順調でなく，利益が少ないかまたは赤字体質である場合。
・　過去に蓄積された利益に比し，現在または将来の見込利益が少ない場合。
・　資産の大部分が不動産で，かつ，清算が容易に行えるような場合等。

　事業継続を前提とする企業にとって，静的価値は企業の適切な価値とは認められず，この方式は清算を前提とした場合にのみ用いられるとする考えもある。

　(a)　簿価純資産法

　企業の適正な帳簿価額による純資産を発行済株式総数で除して算出する。簿価によることで証拠力に優れているが，企業に含み損益が内在する場合には実態と遊離した価格が算出されることがある。

〈評価目的〉

　譲渡制限株式の受渡請求者の供託は，簿価純資産額による（旧商法第204条ノ3第1項，第2項）。

　(b)　時価純資産法

　時価純資産法は，企業の資産を時価で再評価し，負債は要弁済額で求めた純資産で株価を求める方法であり，純資産方式の中では優れた方法である。

　(c)　再調達時価純資産法

　再調達時価純資産法で用いる時価は再調達時価（直接調達費を含む。）であり，この方法の株価等は企業を新たに取得することを前提にした価額となる。

〈評価目的〉

　企業買収を行うに当たっての株価算定には，同一の事業の継続を前提とした再調達時価純資産方式が多く用いる。また，株式のとくに有利な発行価格，現物出資資産の価格の評価および支配株主等が取得する株式等の評価においても，考慮される方法である。

(d) 清算処分時価純資産法

清算処分時価純資産法の時価は，処分時価を用いる。

〈評 価 目 的〉

株式評価鑑定に当たっての基本的評価方法の1つであり，清算会社の株式評価に用いられる。

(e) 国税庁時価純資産法

国税庁時価純資産法における純資産は，財産評価基本通達に規定する価額を用いて算定する。この方法では，原則として上述した法人税等を控除する方法となっている。

〈評 価 目 的〉

相続税や贈与税の税額計算に当たっての非上場株式などの評価に用いられる。

(4) 類似会社比準価額方式

鑑定対象会社と，業種，規模等が類似する公開会社（類似会社）または同じ業種の公開会社の平均とを比較して，会社の価値および株価を鑑定する方式である。

また，当該会社の過去の売買事例をもって株価とする方法がある。

① 類似会社比準法

類似会社には，原則として，評価会社と①事業内容，②企業規模，③収益の状況などで比較的類似すると見られる複数の会社を選定する。

〈評 価 目 的〉

公開会社の株価を参考にするので，公開会社に匹敵するような会社，または，公開を目前にした会社の株価を算出するのに用いられる。

② 類似業種比準法（国税庁類似業種比準法）

国税庁類似業種比準法は，財産評価基本通達によれば類似業種比準方式と呼んでいる。市場性を持つ株式の価格をモデルに見立てて類似標本会社と評価会社のそれぞれ一株当たりの配当金額，利益金額，簿価純資産額を対比させて評

価する方法である。

〈留意点〉

財産評価基本通達による類似業種比準法は、次の理由で問題がある。
・類似業種の会社の平均値の算出根拠が示されていないため、内容の妥当性（類似性を含む）を検証する手段がない。
・比較する要素を配当、利益、純資産としているが、これらのうち配当、利益および純資産のウエートを均等とする理由が明らかでない。
・換金性を考慮して、減価率を一律に30％とすることの根拠が明らかでない。
・会社の規模によって適用の可否が決定されるので、個別の事情が考慮されない。

〈評価目的〉

相続税や贈与税の税額計算に当たっての非上場株式の評価に用いられる。

お わ り に

株式評価方法は産業構造の変化によりその方法も変化せざるを得ないことがわかった。株式が相続や徴税といった利害対立の局面で評価される必要があるのは間違いない。今でも我が国の会社の90％以上は同族により支配される会社であり、そこでの株式評価は大半が利害調整を目的としたものであるに違いない。そこで拠り所とされるのは画一的で客観的な基準を持つ税法基準であり、それが長らく一般的な評価基準とされてきた。

しかし、情報やノウハウといった無形資産が企業競争力の中枢を占めるようになると借入による資金調達よりもよりリスク耐性の高い資金として株式による資金調達が重要になってくる。その際に採用される株式評価方法は税法基準ではないことは明白である。

とはいえ、我が国の現状では同族企業による特殊事情を考慮せざるを得ない状況も多々あるし、実務家もベンチャー企業の株式評価ばかりでは飯の食いあげになるという現実的な問題もある。また場合によってはベンチャー企業の資本政策において必要な株式異動で利害が対立したときに税法のいう「時価」と

ファイナンスを目的とした株価が大きく乖離し，税務リスクと資本政策の袋小路に陥る局面も少なくない。

　我々実務家は非上場株式の時価評価の問題は唯一無二の基準があるのではなく，評価のケースに応じて評価基準を「うまく」採用することにある。評価基準の採用にあたっては，評価の状況をよく分析し，各評価基準が立脚する理論背景をよく理解した上で評価を選択し適用しなければならない。

　株式評価方法を採用するに当たっては，当該株式の発行会社がどのような立場にあるかによって大きく2つに分けられるように思う。キーワードは成長性である。大きな成長性をもつ会社はその成長性を株式評価に反映させなければならない。逆に成長性が小さい会社には継続的な収益や純資産といった客観的な基準を採用することができる。また日本の会社の大部分は同族により支配された企業であるから，課税当局が定める基準を重視する場面が多くなることもありえる。

　「はじめに」で述べたように，「要求される価格」を得るために盲目的に評価方法を採用するのは実務家として厳に慎まなければならない。各種評価方法とそのもとにある理論の理解が株式評価の専門家として重要な意味を持つ。

参考文献
建部好治『上場・非上場株式評価の基礎理論と具体例』清文社，2000年。
高橋義雄『非公開株式鑑定・評価の実務 ―キャッシュフロー法による鑑定・評価実務を中心に』清文社，2000年。
緑川正博『非公開株式の評価―商法・税法における理論と実務』ぎょうせい，2004年。
茂腹敏明『未公開会社株式の評価―評価方式の適用テクニックとケーススタディ―』清文社，2003年。
日本公認会計士協会経営研究調査会編『株式等鑑定評価マニュアルQ＆A』商事法務研究会，1995年。

（岩田　潤）

第10章　減損会計における不動産の鑑定評価

は　じ　め　に

　企業会計審議会より，2002年8月9日「固定資産の減損に係る会計基準の設定に関する意見書」（以下「意見書」という）が公表され，併せて「固定資産の減損に係る会計基準」（以下「減損会計基準」という），「固定資産の減損に係る会計基準注解」（以下「減損会計基準注解」という）が公表された。
　これをうけ，企業会計基準委員会より，2003年10月31日に企業会計基準適用指針第6号「固定資産の減損に係る会計基準の適用指針」（以下「適用指針」という）が公表され，減損会計を実務に適用する場合の具体的指針が示された。
　減損会計が強制適用となった2006年3月期に連結決算で計上した減損損失の合計額は，1兆6,563億円と前の期に比べ22％増加した。減損損失を計上した企業は939社と前の期の253社から約3.7倍に急増し，集計対象となった3月期決算の上場企業1,626社（金融，新興3市場など除く）の6割近くが減損処理を実施したことになる[1]。
　本章では，減損会計の概要，減損会計において不動産の鑑定評価が用いられる可能性のある場面について考察した上で，減損会計における将来予測と損失の見積計上について考察したい。

1　減損会計の概要

　意見書では「固定資産の減損とは，資産の収益性の低下により投資額の回収

が見込めなくなった状態であり，減損処理とは，そのような場合に，一定の条件の下で回収可能性を反映させるように帳簿価額を減額する会計処理である」と定義されている。

減損会計は，固定資産（有形固定資産，無形固定資産，投資その他の資産）が対象となる。現在の会計制度の下では，取得原価から減価償却費等を控除した金額が貸借対照表に計上され，売却時点で得られる収益からその時点における帳簿価額を差し引いた実現利益が損益計算書に計上される。しかし，事業用の固定資産であっても，その収益性が当初の予想よりも低下し，資産の回収可能性を帳簿価額に反映させなければならない場合がある。

固定資産の減損処理は，棚卸資産の評価減，固定資産の物理的な減失による臨時損失や耐用年数の短縮に伴う臨時償却などと同様に，事業用資産の過大な帳簿価額を減額し，将来に損失を繰り延べないために行われる会計処理と考えることが適当である。これは，金融商品に適用されている時価評価とは異なり，資産価値の変動によって利益を測定することや，決算日における資産価値を貸借対照表に表示することを目的とするものではなく，取得原価基準の下で行われる帳簿価額の臨時的な減額である[2]。

減損会計処理の基本的なプロセスは，①資産のグルーピング，②減損の兆候の識別，③減損損失の認識の判定，④減損損失の測定，⑤減損損失の計上が大きな流れとなるが，この中で鑑定評価が用いられる可能性のある場面について考察して行きたい。

2 不動産の鑑定評価が用いられる場面

(1) 減損の兆候の識別

減損の兆候とは，資産または資産グループに減損が生じている可能性を示す事象のことであり，減損会計基準二1.では減損の兆候として以下の事象が例示されている。

「① 資産又は資産グループが使用されている営業活動から生ずる損益又はキャッシュ・フローが，継続してマイナスとなっているか，あるいは，継続

してマイナスとなる見込みであること
② 資産又は資産グループが使用されている範囲又は方法について，当該資産又は資産グループの回収可能価額を著しく低下させる変化が生じたか，あるいは，生ずる見込みであること
③ 資産又は資産グループが使用されている事業に関連して，経営環境が著しく悪化したか，あるいは，悪化する見込みであること
④ 資産又は資産グループの市場価格が著しく下落したこと」

この中で鑑定評価が用いられる可能性のある場面は，④の市場価格を評価する場面である。

市場価格が著しく下落したことには，少なくとも市場価格が帳簿価額から50％程度以上下落した場合が該当する。また，市場価格とは，市場において形成されている取引価格，気配，または指標その他の相場と考えられるが，固定資産については，市場価格が観察可能な場合は多くないため，一定の評価額や適切に市場価格を反映していると考えられる指標が容易に入手できる場合には，これらを，減損の兆候を把握するための市場価格とみなして使用する（適用指針第15項）。

たとえば，いわゆる実勢価格や査定価格などの評価額や，土地の公示価格や路線価など適切に市場価格を反映していると考えられる指標が容易に入手できる場合には，それらを減損の兆候を把握するための市場価格とみなして使用し，資産または資産グループの当該価格が著しく下落した場合には，減損の兆候があるものとして扱うことが適当と考えられる。この際，一定の評価額や適切に市場価格を反映していると考えられる指標には，容易に入手できる評価額や指標を合理的に調整したものも含まれると考えられる。

なお，現在，容易に入手できると考えられる土地の価格指標の概要は，図表10-1のとおりである。

図表10-1の内容を実務の観点から考察すると次のとおりである。

地価公示の標準地には，近隣地域（後記参照）において標準的な条件（面積，道路付け，地形等）を有する画地が選定されているため，当該標準地の価格をそ

図表10-1 土地の価格指標

種類	公示価格	都道府県基準地価格	路線価による相続税評価額	固定資産税評価額
評価時点	毎年1月1日	毎年7月1日	毎年1月1日	3年毎に基準年を置き,その年の1月1日
公表時期	毎年3月下旬頃	毎年9月下旬頃	毎年8月中旬頃	基準年の3月頃
評価目的	・一般の土地取引価格に指標を与える ・公共用地の取得価格算定の規準	・国土利用計画法による規制の適正化,円滑化 ・公示価格の補完	・相続税や贈与税の課税基準	・固定資産税等の課税基準
地点数	約31,000地点	約28,000地点	路線価地区すべて	課税土地すべて
備考	都市計画区域のみ	ほぼ公示価格と同一価格水準(都市計画区域外含む)	公示価格の80%程度	公示価格の70%程度

出所:適用指針第90項

のまま評価対象地の価格に置き換えても不適切な場合が生じ得る。また,標準地が全国に3万地点強あるとはいっても,対象地のすぐ近くにこのようなポイントがあるというケースはむしろ少なく,このため,公示価格を活用して対象地の価格を求めようとする場合には,各々の条件比較を行った上で価格を求めなければならない。都道府県地価調査の基準地においても同様の問題が生じ得る。

路線価による相続税評価額は,道路に付されている価格はその通りに面する標準的な区画の土地を前提としている。このため,対象地が不整形地であるとか,奥行の長い土地であるとか,標準的な区画の土地に比べて著しく面積の大きい土地であるというような場合に,これらの影響による補正を行わず前面の路線価をそのまま用いた場合には不都合が生じ得,実際の価値に比べて高い価格を付してしまう[3]。

そして,減損の兆候がある場合には,減損損失を認識するかどうかの判定を

行うステップに入ることになるが，以上のように減損の兆候の識別そのものにも難しい判断を伴う[4]。

(2) 減損損失の認識の判定

減損損失の認識については，減損会計基準二2.において以下のように述べられている。

「(1) 減損の兆候がある資産又は資産グループについての減損損失を認識するかどうかの判定は，資産又は資産グループから得られる割引前将来キャッシュ・フローの総額と帳簿価額を比較することによって行い，資産又は資産グループから得られる割引前将来キャッシュ・フローの総額が帳簿価額を下回る場合には，減損損失を認識する。

(2) 減損損失を認識するかどうかを判定するために割引前将来キャッシュ・フローを見積る期間は，資産の経済的残存使用年数又は資産グループ中の主要な資産の経済的残存使用年数と20年のいずれか短い方とする。」

この中で割引前将来キャッシュ・フローを見積るにあたっては不動産の鑑定評価が用いられる可能性があるが，割引前将来キャッシュ・フローの総額は，以下のように算定される（適用指針第18項）。

ⅰ 資産または資産グループ中の主要な資産の経済的残存使用年数が20年を超えない場合には，当該経済的残存使用年数経過時点における資産または資産グループ中の主要な資産の正味売却価額を，当該経済的残存使用年数までの割引前将来キャッシュ・フローに加算する。

ⅱ 資産または資産グループ中の主要な資産の経済的残存使用年数が20年を超える場合には，21年目以降に見込まれる将来キャッシュ・フローに基づいて算定された20年経過時点における回収可能価額を，20年目までの割引前将来キャッシュ・フローに加算する。

ⅲ 資産グループ中の主要な資産以外の構成資産の経済的残存使用年数が，主要な資産の経済的残存使用年数を超えない場合には，当該構成資産の経済的残存使用年数経過時点における当該構成資産の正味売却価額を，主要な資

産の経済的残存使用年数までの割引前将来キャッシュ・フロー（当該構成資産の経済的残存使用年数が20年を超えるときには21年目以降に見込まれる将来キャッシュ・フロー）に加算する。

iv 資産グループ中の主要な資産以外の構成資産の経済的残存使用年数が，主要な資産の経済的残存使用年数を超える場合には，当該主要な資産の経済的残存使用年数経過時点における当該構成資産の回収可能価額を，ⅰのときには主要な資産の経済的残存使用年数経過時点までの割引前将来キャッシュ・フローに加算し，ⅱのときには21年目以降に見込まれる将来キャッシュ・フローに加算する。

減損損失を認識するかどうかの判定に際して見積られる将来キャッシュ・フローおよび使用価値の算定において見積られる将来キャッシュ・フローは，企業に固有の事情を反映した合理的で説明可能な仮定および予測に基づいて見積られ，将来キャッシュ・フローの見積りに際しては，資産または資産グループの現在の使用状況および合理的な使用計画等を考慮する（減損会計基準二4.(1)(2)）。

減損を認識し，その損失を会計処理する過程で必要とされる将来キャッシュ・フローの総額およびその現在価値の算定には，多くの予測と仮定が組み込まれ，そのための判断が必要とされる。減損会計はそのような予測，見積り，仮定，判断の上に成り立っているといえる[5]。

この中で出てくる正味売却価額および回収可能価額については減損損失の測定と関連が深いので次項で考察することとする。

(3) 減損損失の測定

減損損失の測定については，減損会計基準二3.において以下のように述べられている。

「減損損失を認識すべきであると判定された資産又は資産グループについては，帳簿価額を回収可能価額まで減額し，当該減少額を減損損失として当期の損失とする。」

ここで回収可能価額とは，資産または資産グループの正味売却価額と使用価値のいずれか高い方の金額をいう。通常，使用価値は正味売却価額より高いと考えられるため，減損損失の測定において，明らかに正味売却価額が高いと想定される場合や処分がすぐに予定されている場合などを除き，必ずしも現在の正味売却価額を算定する必要はないが，正味売却価額を算定する場合には，不動産の鑑定評価が用いられる可能性がある。

① 正味売却価額の評価

正味売却価額とは，資産または資産グループの時価から処分費用見込額を控除して算定される金額をいい，以下のように算定される（適用指針第28項）。

ⅰ 時価とは公正な評価額をいい，通常，それは観察可能な市場価格をいう。このような市場価格が存在する場合には，原則として，市場価格に基づく価額を時価とする。

しかし，正味売却価額を算定するにあたって，固定資産においては，観察可能な市場価格が存在する場合は多くはなく，その例としては，中古の建物，近隣地域および同一需給圏内の類似地域内において，土地の取引がほとんど見られない場合等が考えられる。

前者の場合は，現実に建物が存在していても，更地価格から建物撤去費を差し引いた金額で取引されているケースもあれば，建物価格の全体価格に占める割合が比較的高いというケースもある。これは，主に建築後の経過年数およびこれに伴う老朽度や損耗度に左右されている。このように，個々に取引事情の異なる中古建物について，市場価格を把握すること自体容易でないのが実情である。

後者の場合は，用途によって，利用状況が類似した地域内に土地の取引が，ここ最近ほとんど見受けられないというケース（たとえば，大規模な工場用地の売買等）が考えられる。不動産鑑定評価基準では，近隣地域とは対象地を含む地域で，しかも対象地と利用状況が類似している一まとまりの範囲を表わす地域であり，類似地域とは対象地を含む地域ではないが，対象地と利用状況が類似している一まとまりの地域である。また，同一需給圏とは近隣地域と類似地

域を含み，対象地と一般的に代替関係が成立して，価格の形成について相互に影響を及ぼす関係にある他の土地の存する圏域である[6]。

ⅱ 市場価格が観察できない場合には，合理的に算定された価額が時価となる。合理的に算定された価額は，市場価格に準ずるものとして，合理的な見積りに基づき，以下のような方法で算定される。

a 不動産については，不動産鑑定評価基準に基づいて算定する。自社における合理的な見積りが困難な場合には，不動産鑑定士から鑑定評価額を入手して，それを合理的に算定された価額とすることができる。

自社内で評価額を算定することも可能であると考えられるが，不動産鑑定評価基準に基づいて評価を行うためには，それなりの知識，経験を要する。不動産鑑定評価基準は画一的な評価方法までが規定されているわけではなく，評価の各過程に評価の主体（不動産鑑定士）の判断を伴う。このため，自社内で不動産鑑定評価基準を適用して評価額を求めるとはいっても，これを実際に適用し得るケースは，自社内に不動産鑑定士を擁している場合をはじめ，その他のごく限定されたケースにとどまる[7]。

なお，重要性が乏しい不動産については，一定の評価額や適切に市場価格を反映していると考えられる指標（たとえば，図表10-1）を，合理的に算定された価額とみなすことができる。

b その他の固定資産については，コスト・アプローチやマーケット・アプローチ，インカム・アプローチによる見積方法が考えられるが，資産の特性等によりこれらのアプローチを併用または選択して算定する。

上記のコスト・アプローチとは同等の資産を取得するのに要するコスト（再調達原価）をもって評価する方法であり，たとえば，不動産の鑑定評価においては原価法が相当し，この手法による試算価格は積算価格と呼ばれている。マーケット・アプローチとは同等の資産が市場で実際に取引される価格をもって評価する方法であり，たとえば，不動産の鑑定評価においては取引事例比較法が相当し，この手法による試算価格は比準価格と呼ばれている。インカム・アプローチとは同等の資産を利用して将来において期待される収益をもって評価

する方法であり，たとえば，不動産の鑑定評価においては収益還元法が相当し，この手法による試算価格は収益価格と呼ばれている。不動産が直接的にキャッシュ・フローを生み出している場合には，収益還元法が重視され，具体的には直接還元法や割引キャッシュ・フロー（DCF）法などがある（適用指針第109項）。

　不動産鑑定評価基準において，不動産の鑑定評価によって求める価格のうち，減損処理を行うにあたって時価に対応するものは正常価格（市場性を有する不動産について，現実の社会経済情勢の下で合理的と考えられる条件を満たす市場で形成されるであろう市場価値を表示する適正な価格）である。正常価格を求めるにあたっても，以上述べたような3手法の適用により求められた価格（試算価格）を調整して鑑定評価額を決定する（適用指針第110項）が，aと同様の問題が生ずる可能性がある。

　iii　処分費用見込額は，企業が，類似の資産に関する過去の実績や処分を行う業者からの情報などを参考に，現在価値として見積る。

　なお，正味売却価額は，以下のような金額を求める場合に算定される（適用指針第107項）。

　i　減損損失の認識の判定において，割引前将来キャッシュ・フローの総額を見積るにあたり，

　a　資産または資産グループ中の主要な資産の経済的残存使用年数が20年を超えない場合における以下の金額

　ⓐ　当該経済的残存使用年数経過時点における資産または資産グループ中の主要な資産の正味売却価額

　ⓑ　資産グループ中の主要な資産以外の構成資産の経済的残存使用年数が主要な資産の経済的残存使用年数を超えないときには，当該構成資産の経済的残存使用年数経過時点における当該構成資産の正味売却価額

　ⓒ　資産グループ中の主要な資産以外の構成資産の経済的残存使用年数が主要な資産の経済的残存使用年数を超えるときには，当該主要な資産の経済的残存使用年数経過時点における当該構成資産の回収可能価額

ｂ 資産または資産グループ中の主要な資産の経済的残存使用年数が20年を超える場合における以下の金額

ⓐ 20年経過時点の回収可能価額

ⓑ 資産グループ中の主要な資産以外の構成資産の経済的残存使用年数が主要な資産の経済的残存使用年数を超えないときには，当該構成資産の経済的残存使用年数経過時点における当該構成資産の正味売却価額

ⓒ 資産グループ中の主要な資産以外の構成資産の経済的残存使用年数が主要な資産の経済的残存使用年数を超えるときには，当該主要な資産の経済的残存使用年数経過時点における当該構成資産の回収可能価額

ⅱ 減損損失の測定における回収可能価額

ⅲ 減損損失の測定において，回収可能価額のうち使用価値を算定するにあたり，使用後の処分によって生ずると見込まれる将来キャッシュ・フロー

正味売却価額の算定は，ⅱのように現在時点において行われる場合のみならず，ⅰおよびⅲのように，将来時点において行われる場合もある。

将来時点（たとえば，経済的残存使用年数経過時点）における正味売却価額を算定する必要がある場合には，当該時点以後の一期間の収益見込額をその後の収益に影響を与える要因の変動予測や予測に伴う不確実性を含む当該時点の収益率（最終還元利回り）で割り戻した価額から，処分費用見込額の当該時点における現在価値を控除して算定する（適用指針第29項）。

不動産鑑定評価基準では，DCF法における復帰価格（保有期間の満了時点における対象不動産の価格）を，その後の一期間の純収益と最終還元利回りから算定することとしており，これを踏まえれば，たとえば，経済的残存使用年数経過時点における正味売却価額は，経済的残存使用年数経過後の一期間の収益見込額を当該時点の収益率（最終還元利回り）で割り戻した価額から，処分費用見込額の当該時点における現在価値を控除して算定することが考えられる。

ただし，将来の純収益，当該収益に影響を与える要因の変動予測や予測に伴う不確実性を求めることは容易でない場合が多いため，このような方法によって将来時点における正味売却価額を算定することが困難な場合には，現在の正

味売却価額を用いることができる。その場合，償却資産については，現在の正味売却価額から適切な減価額を控除した金額を用いることができる。減価額は，将来時点までの物理的，機能的，経済的な要因を考慮して算定するが，実務上，適切と考えられる定額法や定率法などの方法によって簡便的に算定することも認められると考えられる（適用指針第113項）。

なお，減損損失の測定において現在時点の正味売却価額を算定する場合には，重要性が乏しい場合を除き，以下のような理由から代替的な手法は適当ではないとされる（適用指針第111項）。

　ⅰ　現在時点の正味売却価額は，将来時点の正味売却価額と異なり，より厳密に企業が売却等により受け取ることの出来る価額であると考えられること

　ⅱ　回収可能価額は，資産または資産グループの正味売却価額と使用価値のいずれか高い方の金額であり，正味売却価額が使用価値より高い場合，企業は資産または資産グループを既に売却していると考えられるため，通常，使用価値は正味売却価額より高いと考えられる。したがって，減損損失の測定において，明らかに正味売却価額が高いと想定される場合やすぐに処分が予定されている場合などを除き，必ずしも現在時点の正味売却価額を算定する必要はないと考えられること

② **使用価値の評価**

使用価値とは，資産または資産グループの継続的使用と使用後の処分によって生ずると見込まれる将来キャッシュ・フローの現在価値をいい，評価対象の資産が不動産のみで形成され，その資産グループから得られる収益が不動産に帰属するもののみである場合には，使用価値の算定を可能な限り不動産鑑定評価として行うことが望ましいと考えられる[8]。

お わ り に

従来から，固定資産の損壊や不適応化に対してなされる特別損失や臨時償却費の計上という考え方とその処理は存在したが，収益性低下によって固定資産への投資額の回収が将来にわたって見込めなくなったという論理のもとに，早

期に損失を計上し，固定資産を減額するという論理はなかった[9]。

これまで考察してきたように，減損会計における不動産の鑑定評価においては，予測，見積，仮定，判断が用いられるが，減損会計は，いわば投資の失敗すなわち投資額の回収不能の見込みを，将来予測と仮定によって損失として計上する。理論の枠組としては回収不能投資額の減額とすることによって，原価主義の枠内にあると論理化されるとしても，それは将来キャッシュ・フローを認識対象に組込み，その予測・見積を不可欠の会計処理上の要素としている。それは将来事象を取り込むことによる損失領域への認識拡大である。

そこでは，将来キャッシュ・フローを見積もるための，そして，その現在価値を算定するための多様な予測・仮定・判断が取り入れられ，それらが合理性を持つものとして論理化される。原価基準の枠内という論理も，将来キャッシュ・フローの認識を帳簿価額以下の場合に限定し，評価損の方向にのみ作用させる論理となっている。

すなわち，減損会計が機能するところは，将来キャッシュ・フローを中心概念としての，損失の見積による早期計上であると考えられるのである[10]。

(注)
（1）「日本経済新聞　第二部」2006年6月30日，1頁。
（2）日本不動産鑑定協会『固定資産の減損会計における鑑定評価の留意事項』2004年2月，6頁。
（3）黒沢泰『減損会計と不動産評価の実務』2004年11月，プログレス，31-33頁。
（4）加藤盛弘『現代会計の認識拡大』2005年，森山書店，89頁。
（5）同書，91頁。
（6）黒沢泰，前掲書，47-48頁。
（7）同書，50-51頁。
（8）日本不動産鑑定協会，前掲書，17-18頁。
（9）加藤盛弘，前掲書，92頁。
（10）同書，92頁。

(寺口　満)

第11章　アメリカの移転価格税制の実際
　　——制度・調査・事前確認の具体例から見た
　　実務変遷の持つ意味についての考察——

は じ め に

　近年，アメリカの税務当局は，移転価格に対する課税の強化を年々増している傾向にあり，アメリカに進出している日系企業の多くは移転価格の問題に直面している。
　本章ではアメリカの移転価格税制について制度・調査・事前確認について検討し，移転価格税制の実務面での変遷からそれが持つ意味を明らかにする。

1　アメリカの移転価格税制

　移転価格税制を理解するために(1)内国歳入法第482条，(2)同時文書化，(3) APA（Advanced Pricing Agreement）の概要についてそれぞれ以下に見ていくこととする。

(1)　内国歳入法第482条（Internal Revenue Code Section 482，以下IRC第482条）

　移転価格税制は内国歳入法（Internal Revenue Code）第482条が根拠条文となっている。以下は同条文の原文と和訳である。

Section 482. Allocation of Income and Deductions Among Taxpayers

In any case of two or more organizations, trades, or businesses （whether or not incorporated, whether or not organized in the United States, and whether or not affiliated） owned or controlled directly or indirectly by the same interests, the Secretary may distribute, apportion, or allocate gross income, deductions, credits, or allowances between or among such organizations, trades, or businesses, if he determines that such distribution, apportionment, or allocation is necessary in order to prevent evasion of taxes or clearly to reflect the income of any of such organizations, trades, or businesses.

In the case of any transfer （or license） of intangible property （within the meaning of section 936(h)(3)(B)）, the income with respect to such transfer or license shall be commensurate with the income attributable to the intangible.

内国歳入法第482条 納税者間に於ける所得および控除の配分
「2以上の組織，営業若しくは事業（法人格を有するか否か，合衆国において設立されたものであるか否か，および連結申告をする要件を満たしているか否かを問わない）が，同一の利害関係者によって直接または間接に所有されまたは支配されている場合には，財務長官またはその代理人は，脱税を防止するため，または当該組織，営業もしくは事業の所得を正確に算定するために必要と認めるときは，当該組織，営業もしくは事業の間において，総所得，所得控除，税額控除またはその他の控除を配分し，割当てまたは振替えることができる。無形資産（第936条(h)(3)(B)に規定するものに限る）の譲渡または実施権の供与の場合には，当該譲渡または実施権の供与に係わる所得は，その無形資産に帰すべき所得の金額と釣合いのとれたものでなければならない。」

後段部分は，1986年のレーガン税制改革により挿入されたもので，スーパー・ロイヤルティ条項と呼ばれ，1993年の暫定規則を経て1994年の最終規則制

定が行われた。

「この IRC 第482条は，1928年に，関連会社間の利益操作の防止を目的として制定され，税務当局が関連会社間の収入および費用等の配分が不当であると判断すれば，その収入および費用等を各関連会社に再配分する権限を当局に与える[1]」ものであり，「企業の国際化が進むにつれ，アメリカの企業が，税金を課されない国，あるいは税率がアメリカより低い国に子会社をつくり，その子会社を通じて取引をする場合，意識的に移転価格を操作することによって，アメリカ国内の利益を圧縮し，海外子会社に利益を集め，企業全体の税引き後の利益の増加を図るということが行われ始め[2]」た。「税務当局は，68年に，関連会社間取引に関する規制を作成し，国内及び国際の両面において，積極的に IRC 第482条を適用するように[3]」なった。

移転価格税制はこの IRC 第482条を根拠とするもので，KPMG LLP 著書『アメリカの税金百科』においては以下のように説明している。

「1994年に発効された現行の規則は，1968年以来の規則の見直しであり，多くの新しい概念と規定が含まれています。IRSの25年以上の税務調査と裁判で争った経験を生かした規則改定であったため，柔軟性を持った規則といわれています。基本原則はあくまで今まで同様『独立企業基準』ですが，次の移転価格算定方式のうち，最も信頼性が高い最適法により，関連者間取引価格の妥当性を検証することが定められています。

(1) 独立価格比準法（Comparable Uncontrolled Price Method : CUP）
(2) 再販売価格基準法（Resale Price Method : RPM）
(3) 原価基準法（Cost Plus Method : CPLM）
(4) 利益比準法（Comparable Profit Method : CPM）
(5) 利益分割法（Profit Split Method : PSM）
(6) その他

アメリカにおける移転価格税制の実務では CUP の適用には非常に厳密な比較可能性が求められ，PSM の適用についても特殊な無形資産の存在が条件とされていることから適用が難しく，最終的にはデータの収集が最も容易

であるCPMが『最も信頼性の高い』移転価格算定方式（最適法）となるケースが大半となっています[4]。」

ここで重要な点は，6種類の移転価格算定方式が定められているとしながら，実務上は移転価格算定方式としてほとんどの場合CPM法が採用されるという点である。

IRC 第482条の適用に関して，独立企業間価格基準（Arm's Length Standard）に基づき判断される，として以下の通り説明している。

「IRC 第482条の目的は，米国内外の関連会社が関連者間取引の不当な操作により，所得を意図的にシフトすることを防止することにあります。したがって税務当局は，国際間の企業の取引に関し，IRC第482条の適用の判断基準として，次の2点を考慮します。

(1) 外国の企業とアメリカ国内の企業との間に，支配関係があるか否か。
(2) 外国企業とアメリカ国内の企業との間に支配関係がある場合，関連者間取引価格は妥当か。

IRC 第482条の適用に際して，日米の企業間に支配関係があるということは，所得，費用の意図的な操作の可能性がありうるという前提に立つことになります。逆に支配関係がなければ，IRC 第482条の適用は前提となりません。しかし，実際に企業間の取引において利益操作があった場合は，両者間に支配関係が存在していると想定し，IRC 第482条が適用されることになります。IRC 第482条における支配関係とは，直接か間接かを問わずあらゆる支配関係を含み，形式上の支配関係ではなく，実質上の支配関係を意味します。支配関係にある企業が，移転価格税制上，その所得を適正に申告しているかについては，独立企業間価格基準（Arm's Length Standard）に基づき判断されます。独立企業間価格基準とは，関連者間取引と同様の取引を非関連者間で行った場合に成立するであろう価格との比較により，関連者間取引価格の妥当性を判断するとの考え方です[5]。」

「IRC 第482条に関する規則は，関連者間取引価格が独立企業基準（第三者間取引基準）（Arm's Length Price）を満たすべきこと，すなわち関連者取引価

格が，類似した状況のもとで非関連者との間で成立したであろう価格（独立企業間価格：Arm's Length Price）と整合性を持つべきことを定めています。関連者間取引価格が独立企業基準を満たしているかどうかは，経済理論に基づく分析によって検証します[6]。」

KPMG LLPによる前掲書では，独立企業間価格であるという証明のため，「経済理論に基づく分析」の必要性を説明するが，当該「分析」は，一般には(1)関連者取引の分析，(2)最適法の選択，(3)比較対照取引・企業の選択，(4)比較および結論を通じて行われる，と説明している。

(2) 同時文書化の概要

IRS は1994年に IRC 第6662条に基づく規則を公表し，「同時文書化」（移転価格ケース・スタディとよばれる。）がなされない場合はペナルティを課すと規定した。この罰則規定を設けることで，納税者はペナルティ回避のためには「同時文書化」を行わざるをえなくなることから，徴税当局は移転価格税制の強化を図ろうとしたものと考えられる。

移転価格税制違反のペナルティの設定は企業の国際化に伴い，英語を母国語としない企業群の活動を把握するため，英語での文書化を要求する内容のものとなっている。移転価格税制違反のペナルティについて，KPMG LLP 編著『アメリカの税金百科』は以下のように説明している。

「IRC 第6662条および同条に基づく規則において，不当な移転価格に起因する過少申告に対するペナルティが定められています。このペナルティは下記の基準で課せられます。

(1) 20％ペナルティ

①移転価格純調整額が一課税年度につき500万ドル，あるいは売上の10％のどちらか少ない額を超えた場合。

②移転価格が200％以上変動する調整を受けた場合。

(2) 40％ペナルティ

①移転価格純調整額が一課税年度2,000万ドルあるいは売上の20％のど

ちらか少ない額を超えた場合。

②移転価格が400％以上変動する調整を受けた場合。

20％または40％のペナルティは追徴税額に対するものです[7]。」

「ペナルティ回避要件と同時文書化

このペナルティは、納税者が税務申告にあたり合理的理由と誠意（Reasonable Cause and Good Faith）の要件を満たしている部分に関わる追徴税額に対しては課せられません。具体的には、納税者が次の3点を満たしていた場合、ペナルティは免除されます。

(1) 納税者が使った移転価格算定方式が合理的であったことを証明できること。

(2) 納税者が使った移転価格算定方式の合理性を示す文書を確定申告書提出時までに作成していること。

(3) IRSの要求があった場合に、納税者がこの文書を30日以内に提出すること。

『確定申告と同時に準備しておく』という意味で、この作業は『同時文書化』と通称されています。このペナルティに関する規則が1994年に発表されてから、移転価格税制への対応のためにほとんどの日系企業にとって同時文書化が必要不可欠となっています[8]。」

同時文書化が導入されるいきさつについて、KPMG LLPによる前掲書は以下のように指摘している。

「同時文書化規定導入の背景

同時文書化が要求されることになった背景には、1970年代と80年代にIRSが行った移転価格税制関連の税務調査で、移転価格算定方式や関連会社間取引の内容を的確に説明できる納税者がほとんどいなかったことがあげられます。IRS調査官が事実関係を調べるだけで多大な労力と時間を費やさざるを得なかったことも事実です。この規則の目的は、移転価格調査をより効率的かつ速やかに行うために、納税者に移転価格税制に関連する事項を説明できる書類をあらかじめ準備させることにあります。（中略）確定申告までに同

時文書化を行っていなければならないとされているのは，同時文書化の作業の結果，関連者間取引価格が妥当ではないと判断された場合には，確定申告上で然るべき調整を行うべきであるとの考え方によるものです。同時文書化には次のような資料・情報が要求されています。

(1) 納税者の事業の概説
(2) 組織図
(3) IRC第482条に基づく財務省規則が要求する文書
(4) 納税者が選択した移転価格算定方式とその選択理由
(5) 他の移転価格算定方式が採用されなかった理由
(6) 関連会社間取引の概要
(7) 比較対象取引または企業の概要と比較可能性の評価，比較可能性向上のための調整の説明
(8) 経済分析の内容

　主要資料として上記の項目が必要とされているほかに，副次資料として，主要資料に関する証憑類，資料保管義務規則（中略）で指定された書類等が含まれています[9]。」

さらに2003年1月，同時文書化ルールについてIRS内部通達が出された。その内容について，前掲書は，以下のように述べている[10]。

「本通達では同時文書化に関する既存のIRC第6662条関連規則の執行強化等についての具体的指示が下されています。

　第1に，IRSが納税者の税務調査を行う場合，調査官は，納税者との初会合の席上で，同時文書化資料を30日以内に提出するよう求める資料請求（IDR）を書面で行わなければならないとしています。第2に，IRC第6662条に基づく規則に定めたペナルティの適用対象となるケースでは，IRS上層部の許可を得ない限り，現場の調査官の判断でペナルティを免除することはできないということです。

　なお，本通達は，LMSBに属する調査官への内部通達ですが，LMSBが対象とする企業は，1,000万ドル以上の資産を有する企業であり，多くの日系

企業が LMSB の管轄下にあることになります[11]。」

この通達からも，IRS が同時文書化の定着を進めていることが理解できる。

そして，IRSはAPAという手続きを制度化している。このことは移転価格税制を重要な徴税手段としていることの現れであると考える。以下にAPAの概要についてKPMG　LLPによる前掲書が説明するところを見ていこう。

(3) APAの概要

「APA（Advance Pricing Agreement）は日本の移転価格に関する事前確認制度に相当する制度です。最近では日本でも『APA』という呼称が定着しています。アメリカの APA は，IRS と納税者の間の契約であり，納税者が合意内容（たとえば指定された利益率を達成すること）を遵守している限り，IRS は移転価格の更正を行わないことを保証するものです。毎年，納税者が移転価格分析作業（中略）を行い，同時文書化規定（中略）を遵守していたとしても，税務調査において IRS がその内容に同意する保証はありません。したがって，APA は移転価格税制に関するリスクを確実に回避するための唯一の方法であるといえます。

APA プログラムは，税務行政の効率化を目的に創設されており，IRSと納税者が協力的に交渉することによって，柔軟に移転価格問題が解決されることを最大の使命としています。1991年に始まったこのプログラムは米国納税者に非常に好評で，2003年までには累計500件に近い数の APA が結ばれています。APA の対象期間は，通常３～５年が多くなっています。また，税務調査の時効が成立していない過去の課税年度に APA の合意内容を遡及適用することが出来る場合もあります[12]。」

APA を施行するにあたって，IRS と外国企業との契約の形態（ユニラテラルかバイラテラルか）が問題になる。その契約形態について以下のように述べている。

「APA は，アメリカ側で IRS とのみ結ぶ場合（ユニラテラル〈Unilateral〉APA）と，取引相手国を含めて結ぶ場合（バイラテラル〈Bilateral〉APA）が

あります。複雑なケースになると，3カ国以上の国とAPAを結ぶ場合（マルチラテラル〈Multilateral〉APA）もあります。日系企業を例にとると，ユニラテラルAPAは米国子会社とIRSの間でのみ合意を締結するのに対して，バイラテラルAPAの場合には，米国子会社とIRSの間の合意に加えて，日本の親会社と日本の国税庁が合意を締結し，さらに日米租税条約に基づく政府間相互協議（中略）を経て，IRSと国税庁の合意を結ぶことになります。アメリカでユニラテラルAPAを結んだ場合，アメリカ側での移転価格税制に関するリスクは回避することが出来ても，日本側のリスクは残ります（中略）。バイラテラルAPAが取得できれば，アメリカ側，日本側ともに移転価格税制のリスクを回避できることになり，理想的な結果を得ることが出来ます[13]。」

APAは小規模事業者向けにも適用される。すなわち，

「小規模事業者向けAPA（Small Business Taxpayer APA）は，全世界連結ベースの総収入が2億ドルを越えない納税者を対象に，審査手続きを簡素化させたAPA制度として1998年に発足しました。IRSでは，小規模事業者向けAPAについては，審査資料の提出から通常よりも短い期間で締結することを目標としており，実際に1年程度で審査が終了する場合もあります[14]。」

APAは具体的に以下の手続きを経ることになる。

「APAを取得するための手続きと必要条件は，IRSの歳入手続（Rev. Proc.）2004-40に記されています。基本手続きは下記の通りです。

(1) 事 前 協 議

APAの正式な申請をする前に，納税者はAPA部門といろいろと話し合うことができます。この事前協議は匿名でもできるため，一定の事業関係を開示して，APA取得の可能性についてIRSの反応を探るいい機会です。具体的には，納税者の事業内容，関連会社間取引の概要を説明したうえで，どのような移転価格算定方式の適用の可能性があるのか，どのような書類や情報をIRSが求めるのか，また交渉においてどのような問題点が予測されるのか

など，話し合うことができます。事前協議は何回でも要求できます。

(2) APAの申請

APAの申請を行うためには，基準年度の確定申告期日までに，APAを申請する旨を記載した書簡に申請料の小切手を添えてIRSに提出します。申請料は，納税者の事業規模により5,000ドル〜5万ドルとなっています。その後，12ヵ月以内に審査用資料を提出します。歳入手続2004-40には，審査用資料に含むべき書類がリストされています。企業の事業内容の説明，APAで解決したい取引の内容，選択したい移転価格算定方式とその理由，最適法であることを証明するための経済分析などが，申請書に含まれることになります。

(3) IRS-APA部門との交渉

審査用資料が提出されてから，APA部門と納税者間での協議が始まります。ミーティングは納税者の事務所かAPA部門の事務所で行われます。協議では審査用資料に関するIRSの質問に答えたり，納税者が追加説明を行い，合意するための話し合いが行われます。当然のことながら，協議の内容はケースごとに異なり，ミーティングが何度も行われることもあります。ユニラテラルAPAの場合は，IRSと納税者との交渉において合意に達すれば，APAが結ばれます。バイラテラルAPAの場合は，APA部門と相互協議部門が相手国との交渉を始めることになります。日米の両税務当局との協議が何度となく行われるため，バイラテラルAPAの場合は相当な時間がかかります。

(4) APAの文書と署名

APAの基本的内容の合意が成立した後，契約書のドラフトを作成し，IRSと納税者による細部の規定に関する交渉を経て，双方がAPAに署名することになります[15]。」

以上がAPAの具体手続きであるが，KPMG　LLPは以下のようにAPA制度のメリットを次のように説明する。

「APA制度の目的は移転価格問題を解決することであるため，交渉の過程

で IRS 側は合意に達するよう極力努力してくれます。柔軟性を持って対処してくれることが APA 制度の特徴といえます。APA 取得の一番のメリットは敵対的に行われるケースが多々ある移転価格税務調査を回避することにより，税務調査にかかる時間と費用を削減，また移転価格の不確実性をなくすことができることにあるといえます[16]。」

アメリカでは税効果会計にも見られるとおり，早くから税金は費用とみなされてきた。その税金に対して移転価格のような納税金額の不確実性が企業経営に及ぼすリスクを APA によって防ぐことができるとしている。言い換えるならば，APA により IRS に対して「今後これだけ納税しますよ。だから移転価格調査は免除してください。」と約束を取り付けることができる長所があるというのである。

IRS は歳入としての納税額を一定のレンジで確保でき，大手会計事務所は移転価格サービスを納税者に提供することにより報酬を確保できるというメリットがある。納税者は納税金額の不確実性が企業経営に及ぼすリスクを APA 手続の採用により排除することができる。この関係当事者それぞれのメリットの存在があるが故に，APA が制度として成り立っていることが重要な点であると考える。

2　移転価格税制の実務変遷の持つ意味

これまで，アメリカの移転価格税制の具体的な内容について見てきたが，以下同税制の実務変遷の持つ意味について考察したい。

デロイト・トーシュ・トーマツ─シカゴのフィリープ・ペネル博士がその論文「米国において営業活動を行う日系多国籍企業に関する移転価格の諸問題について」において APA 手続の経緯を以下のように簡略に説明している。

「米国 APA 手続の現在に至る経緯
・1991年の歳入手続91-22の公表から，IRS は，納税者が APA 手続を通じて，関係会社間取引に適用される移転価格の方法について，税務申告の前に IRS と合意に達する機会を提供している。

・1996年には，APA の申請を処理する内部手続を決定した。また同じ1996年，歳入手続99-22を更新する96-53を公表した。以来 APA は歳入手続96-53により運営されており，納税者はどのようにして APA を申請し，どのように手続が実行されるかについて理解できるように規定されている。

・納税者による APA 手続の利用促進のため，IRS は1997年に早期推奨制度を創設した。この制度は，適格な場合，税務調査チームが納税者に対して，移転価格の調査につき相当な時間を費やす前に，APA の利用を提案するものである。

・さらに1998年に IRS は，通達98-65により，小規模納税者にかかる簡素化された APA 手続を発表した[17]。」

KPMG ピート・マーウィック LLP の河原・浅川・八田氏は，論文中で移転価格税制の実務変遷につき次のように説明している。

「1968年の施行規則制定後，移転価格設定方法に関するルールがはっきりしないという批判を受けたまま，国をまたぐ企業活動が活発になった。特に米国のいわゆる多国籍企業の成長および米国外の国による企業誘致政策に基づく優遇税制等により米国企業が米国外に積極的に活動の場を拡げるに当たって，IRS による米国企業の移転価格課税が増加した。

1980年代に入って外資企業に対する移転価格調査が急増したのは周知の通りである。移転価格税制である内国歳入法482条に基づく移転価格設定には国外関連者の情報が不可欠と考えられていたが，国外関連者の情報はなかなか得にくく，したがって，IRS が見切りの移転価格課税を行うことが多かった。しかし十分な資料がないため，結局課税当局が最終的に手にすることのできる追徴税額は，最初の提示額の10％・20％という低いものであったり，税務裁判所で，IRS 側の調整手続きが全面的に却下され，どちらかと言うと納税者"勝利"のケースが多かった。同時に納税者側から IRS 移転調査の内容と長い期間に対する不満がつのるのみであった。このような状況の中で，具体的な打開策として事前確認制度が生まれてきた。APA は，よって納税者のための方策であると同時に IRS のための方策でもあり，また米国外の課

税当局との折り合いを考慮したものである(18)。」「米国において，一旦 APA が結ばれると，合意の内容に準拠している限りにおいては，通常の移転価格調査がない。これは PCS（事前確認制度 Pre-Confirmation System 1987 国税庁公表，筆者註）における確認と異なり，結果までの合意をしているために，毎年，報告書（Annual Report）を提出し合意内容に準拠していることを証明することによって，膨大なコストがかかり，また，長期間にわたって行われる移転価格調査を避けることができる。企業においてこの報告書も含めて APA の準備にかかるコストは，通常調査のためにかかるコストよりはるかに少ないはずである。また，一旦合意した内容および状況が変わらなければ，合意後の年度にも簡単に適用することができる(19)。」

上記で重要な点は，徴税効率を上げるための「具体的な打開策」として APA 手続が登場したという事実である。そして，「納税者のための方策であると同時に IRS のための方策」という形態をとることにより制度の定着を図ったものと考える。

3 APA 制度を成り立たせる「科学性」

移転価格税制は 1928 年 IRC 第 482 条を根拠としており，1960 年代の米国多国籍企業の台頭から，同税制に関する具体的手続きの必要性が生じ，1991 年の歳入手続 91-22 の公表により移転価格の方法について税務申告の前に IRS と合意に達する機会 APA を提供した。1994 年に IRC 第 6662 条に基づく規則を公表し，「同時文書化」（移転価格ケース・スタディとよばれる。）がなされない場合はペナルティを課すと規定した。1996 年 91-22 を更新する 96-53 の公表により「APA」の申請を処理する内部手続きを規定した。1997 年 IRS は APA 手続の利用促進のため，早期推奨制度を創設した。1998 年に IRS は，98-65 により，小規模納税者にかかる簡素化された APA 手続を発表した。

移転価格は，もともと複雑な問題を含んでいるが，複雑なものを単純化すること（経済分析を通じて「最適法」による独立企業間価格を算定し証明すること）が要請され，調査担当官は限られた時間内に問題点を解決することを求められ

ることから，ある種の妥協（納税者もIRSも）を以って問題の解決をすることが必要となる。そして，移転価格設定方法の検討は「更正額」の検討ではなく「理論」の検討であるということ（「更正額」について争うのではなく，「最適法」による独立企業間価格を算定し証明するための「理論」の争いであるということ）が重要な点であると考える。経済学博士の称号を持つ権威あるエコノミストが，移転価格分析を「同時文書化」し，権威ある会計事務所に籍を置く移転価格の専門家により IRS-APA 部門との交渉が行われることを通じて，合意が形成される。言い換えれば，エコノミストは APA を IRS と合意するために，企業と IRS の妥協点を探りながら移転価格分析をしているといえなくもない。

　移転価格のケース・スタディを担当するエコノミストである KPMG ピート・マーウィック LLP のエコノミスト筒井氏は論文の中で「IRS と最も意見の相違がある点」として以下の4点を挙げ，以下のように指摘している。

・最適法―利益比準法
・比較対象企業
・財務データ
・比較対象性向上のための調整

　「ここで挙げられている点は，移転価格分析が客観的なデータだけでなく主観的な判断を含む作業である以上 IRS と意見の相違の生ずる可能性がある。最適法がたとえ CPM でなくとも CPM を二次テストとして使用することは IRS 対策として有効である。十分多くの比較対象企業を選択することにより，第三者間取引幅が2～3の対象企業の追加又は削除によって大きく変化しないことも潜在的には有効な IRS 対策である[20]。」

　さらに同氏は，「分析上重要な点」として以下の5点を挙げ，以下のように指摘している。

・機能，市場，リスク分析の範囲
・異なる価格設定方法とその比較対象性要件
・比較対象会社の適類（適合分類－筆者）
・調整の範囲と程度

・第三者間取引価格幅に対する統計学的制限

　「米国移転価格税制はこれらの点について明確な解答を与えていない。所与の条件の中で最も信頼性の高い価格設定法を用いて移転価格を検証することが義務付けられているに過ぎない[21]。」さらに，「"機能，市場，リスクの点で，日本の商社のようなアメリカの再販売者，商品ブローカーは存在しない。"多くの日系商社は日本独自の商習慣の中で生まれてきたもので，類似の再販売者，商品ブローカを上場企業の中から捜しだすのは，我々の経験から不可能といえる。特に在米の日系商社の場合，親会社の取引についてはリスクを持たないものがある[22]。」とまで述べている。このことは，比較対象企業の選定が困難な状況下において，ある一定の帰着点（APAに合意を得ること）を念頭に，理論を構築することの難しさを端的に示していると考えられる。しかしながら，現実的には日系の大多数の商社が移転価格の「同時文書化」を行っていることから，IRSと納税者が納得する「理論」構築がなされたとみなしてよい。

　そして，このような「主観的」判断を含みながらも，合意を得るまでの経済分析およびIRSとの交渉がそれぞれ経済学博士号を持つエコノミスト，IRSでの実務経験のある移転価格専門家といった権威ある人材により行われることを通して制度的に合理化され，一般に承認されるところとなる。

　アメリカにおける大手会計事務所の権威が税実務の理論および制度を支え，なおかつ，徴税当局もこれらの権威を持つ交渉人を認めた形で制度が成り立つに至ったことが重要であると考える。

お　わ　り　に

　税現象が成立するには，権力的な関係のもとでの資源の移転を合理化する社会的合意の制度システムが必要になる。会計システムは，税現象の成立を支えるポリテイカルなプロセスにおける不可欠な一環を構成している。「関係会社間取引における意識的な移転価格の操作」を理由として徴税体制が維持される。この徴税体制は，あからさまな強権・強奪の形をとるのではなく（実際はそうであるとしても，民主主義の立場からしてそうあってはならない強い拘束が働

く),「合意」のプロセスのもとに運用される。税に対する合意化は,記載された会計文書を前提に,「支配関係」,「Arm's Length Price」,「経済理論」,「関連会社取引」,「最適法 (best method)」,「ベンチマーキング」,「調整」,「Interquartile Range」,「同時文書化」,「プロフェッショナル (エコノミスト,アカウンタント,行政規制専門家,税問題専門家)」という制度的な諸手段・手続・権威をもって行われる。

移転価格税制が合意のポリテイカルなプロセスであることは,「Advance Pricing Agreement」の制度に至ってはっきりと露見する。最後は,「主観的」判断を内包しながらも移転価格合意を成立させてしまう。

移転価格税制は,他国の企業に対する敵対的で強権的な徴税システムとなる傾向のものであるためアメリカ合衆国という強力な権力関係をもとにしなければ成立しないが,これを徴税者と納税者との「合意のシステム」として転換させるために,「同時文書化」や APA の事前合意の制度が成立する。これらの制度においては「経済的合理性」を巡って多くの判断事項が含まれており,これらの判断事項の決定は,経済,税務,会計のプロフェッショナルの判断とその権威に裏付けられ,それらの「合理性」が成立することになる。すなわち敵対的強権的性格をもつ移転価格に対する税は,多くのプロフェッショナルによる判断に依拠させることによって「合意化のプロセス」として成立し,制度的に合理化される。移転価格税制度は,多国間の税の配分という意味合いを持つことから,今後も徴税当局と納税者および会計プロフェッショナルや「科学的」権威を持つ専門家が関係しあって,その時々の経済事象の要請に沿った「制度」が形成されることとなると考える。

(注)
(1) KPMG LLP 編『新Q&A　アメリカの税金百科 (第 2 版)』有斐閣,2005年,144頁。
(2) 同書,144頁。
(3) 同書,144頁。
(4) 同書,149頁。

（5）同書，145頁。
（6）同書，145頁。
（7）同書，163頁。
（8）同書，163-164頁。
（9）同書，164-165頁。
（10）2003年1月にIRSの大中規模企業部門（Large and Mid-Size Business Division）のラリー・ラングドン部長から移転価格税制に関する規則の遵守に関する内部通達が発行されている。
（11）KPMG LLP編，前掲書，165-166頁。
（12）同書，170頁。
（13）同書，170-171頁。
（14）同書，171頁。
（15）同書，171-172頁。
（16）同書，172頁。
（17）http://www.jetrocgo.org/jpn/pdf/transfer_pricing.pdf 2006年8月8日取得 Philippe Penelle博士「米国において営業活動を行う日系多国籍企業に関する移転価格の諸問題について」デロイト・トウシュ・トーマツーシカゴ事務所日系企業サービスグループ大迫孝史翻訳　6頁。
（18）KPMGピート・マーウィックLLP　河原茂晴・浅川洋一・八田陽子「移転価格税制をめぐる日米の比較——制度・調査・事前確認を中心に——」『国際税務』Vol. 17 No. 2　35頁。
（19）同論文，36頁。
（20）ローレンスオルソン・筒井俊一「移転価格問題——経済分析と実務面の論点」『租税研究』96・7　75頁。
（21）同論文，75頁。
（22）同論文，76-77頁。

（山﨑　博之）

第12章　税務上の「一般に公正妥当と認められる会計処理の基準」について
―― 日本興業銀行訴訟における会計処理に即して ――

は じ め に

　2004年12月24日，最高裁判所は世間の耳目をひく判決を下した。本件は，株式会社日本興業銀行（訴訟承継人，株式会社みずほコーポレート銀行）が法人税更正処分等の取消しを求めた事案であり，原告側勝訴の判決が下された。

　本件は，その争点に住宅金融専門会社（以下，住専と略す）問題が絡んでいたこと，更正処分額の多額さ，国が逆転敗訴したことなどから注目を集めた。

　本章は，本件を素材に「一般に公正妥当と認められる会計処理の基準」の意味内容を分析するものである[1]。

　具体的には，「公正妥当」という用語について課税庁と日本興業銀行の間に見解の相違が認められること，行政のルールである通達が実務のみならず判例でも一般に公正妥当と認められる会計処理の基準としての役割を担っていることを示したい。

　企業会計と税務の乖離ないしは一致が主張される現状において，実務に携わる者の立場から，企業会計と税務をつなぐ一般に公正妥当と認められる会計処理の基準について，その意味内容を再考するものである。

1　日本興業銀行訴訟の概要

(1)　争　　　点

　日本興業銀行（以下，興銀と略す）が1996年3月期に行った日本ハウジング

ローン株式会社（以下，JHLと略す）に対する貸出金の償却が法人税法上損金として認められるか否かが争われた[2]。課税庁はこれを否認し更正処分を下したため，興銀がその取消しを求めたのであった[3]。

(2) 興銀とJHLを取り巻く状況
判決に影響を及ぼした事実関係を整理しよう[4]。

① JHLは，興銀を含む金融機関5社（以下，母体行と略す）によって設立された。母体行の中でも興銀は，同社に役員や従業員を出向させるなど経営に深く関与していた。

② JHLの財務状況は，1991年度以降悪化し，母体行による金利減免等の2回にわたる再建計画によっても改善せず，整理されることになった。

③ JHLを含めた住専7社の整理にあたり，関係金融機関の間で，完全母体行責任を主張する意見と修正母体行責任を主張する意見が対立していた[5]。

④ 1996年2月，政府は，特定住宅金融専門会社の債権債務の処理の促進等に関する特別措置法（以下，住専処理法と略す）案を国会に提出した。この法案の内容は，住専の母体行への債権全額放棄の要請，住専処理機構の設立，公的資金導入を柱とする前年12月の閣議決定を受けたものであった。

⑤ 同法案は，興銀の決算日（3月31日）時点では成立しておらず，またその成立も定かではなかった。

⑥ 興銀は，本件債権につき貸倒れとして直接償却することを決定した。

⑦ 興銀は，JHLに関して，債権の全額放棄等を含めた処理計画案を策定した。それにしたがって，1996年3月29日，JHLの営業譲渡の実行および解散の登記が1996年12月末日までに行われないことを解除条件として，本件債権を放棄する旨の合意をした（以下，解除条件付債権放棄という）。もし両条件が1996年12月末日までに成就した場合には，債権放棄の効力は失われ，債権が復活することになる。

⑧ 1996年5月に住専処理に対する公的資金導入を盛り込んだ予算が成立し，引き続き1996年6月に住専処理法が成立した。それを受けてJHLは営業

第12章 税務上の「一般に公正妥当と認められる会計処理の基準」について　169

譲渡を行い（興銀にとっては，本件の翌事業年度にあたる）1996年9月1日に解散した。

(3) 課税庁，興銀の主張と裁判所の判断

図表12-1

争点	課税庁	興銀	高裁	地裁・最高裁
① 解除条件付債権放棄による貸出金償却が認められるか	認められない。	認められる。	認められない（課税庁を支持した）。	②の争点を重視して深く言及しなかった。
② 債権の全額が回収不能として貸出金償却が認められるか	全額回収不能とは認められない。	全額回収不能と認められる。	全額回収不能と認められない（課税庁を支持した）。	全額回収不能と認められる（興銀を支持した）。

本件における争点は，2点に大別できる。すなわち①解除条件付債権放棄による貸出金償却が認められるか②債権の全額が回収不能として貸出金償却が認められるかである[6]。この争点に沿って，課税庁と興銀の主張，裁判所の判断を整理しよう[7]。

① 解除条件付債権放棄による貸出金償却

(イ) 課税庁は，法人税法上の損金として損失を計上するには，費用の債務確定と同様に，損失の確定が必要であると主張する。興銀は解除条件付債権放棄により損金を計上しているが，その債権放棄が確定するのは，条件が未成就となったJHLの解散事業年度，すなわち興銀にとっては翌事業年度である。解除条件付債権放棄による損金計上を意思表示の時点で認めることは，債権放棄の時期を人為的に操作することによる利益調整を可能にすることから，一般に公正妥当と認められる会計処理の基準の観点により認められないという。

(ロ) 興銀は，課税庁が主張する損失の確定は，法人税法の文言上要求されて

いない。解除条件付債権放棄は，意思表示の時点で私法上有効に効力を生じていることから，損金計上が認められると主張する。別段の定めなく，法人税法上否認することはできないという。

(ハ) 東京高等裁判所（以下，東京高裁と略す）は，課税庁の主張を全面的に支持した。これに対して，最高裁判所（以下，最高裁と略す）は，債権放棄による貸出金償却の判断より回収不能に伴う貸出金償却の判断を重視した。全額回収不能かどうかの判断にあたっては，解除条件付の債権放棄かどうかは左右されない，と述べるにとどまった[8]。

② 全額回収不能による貸出金償却

(イ) 課税庁は，貸出金償却として損金計上するには，債権の全額が回収不能であることが要件とされるところ，JHLの回収可能な資産見込額は1兆2,013億円もあること，住専処理法が廃案になれば，興銀も他の債権者と同列に立ち，債権額に応じた配当を受ける可能性があることから，債権の全額が回収不能とはいえないと主張する。

(ロ) 興銀は，経営に深く関与していた母体行としての社会的，道義的責任が追及され，住専処理が国策として指導されているなかで，他の債権者に対して債権を主張することはできず，債権の全額が回収不能であると主張する。会計監査人も取立不能と指摘しているところでもある。かりに倒産処理手続にはいった場合においても，信義則等の理由から，他の債権者より法的劣後におかれることを考えると債権の全額が回収不能であるという。

(ハ) 東京高裁は，JHLの資産状況など，債務者側の事情のみを考慮して，債権の全額が回収不能とはいえないと判断して課税庁を支持した。

これに対して最高裁は，債務者側の事情のみならず債権者側の事情も考慮されることを述べ，興銀を取り巻く社会経済的事情から判断すると債権の全額が回収不能であるとして，興銀を支持した。

2 一般に公正妥当と認められる会計処理の基準に対する見解の相違

法人税法第22条によれば，益金の額と損金の額は別段の定めがあるものを除

き，一般に公正妥当と認められる会計処理の基準にしたがって計算される。したがって別段の定めにとくに規定のない貸出金償却の計上は，一般に公正妥当と認められる会計処理の基準にしたがって処理されねばならない。ゆえに問題となるのは，その意味内容である。この点について，西村民之助教授は，つぎのように述べられている。

「……全く法技術的に内容の定着されていないことば，『一般に公正妥当と認められる会計処理の基準』でもって一般規定が創設されてしまった。これは，ひごろ会計人の『法』および『法の支配』ということについて理解の不足或いは理解しようとしない態度と，また法律家の立場からは，会計学という領域からくる借用概念に対する理解の不足，或いはまた理解しようとしない態度，この両者の間隙を正しくつかれて，かゝる普遍規定がいとも簡単に創設されたものと思う[9]。」

西村教授の見解は規定導入当初のものであるが，一般に公正妥当と認められる会計処理の基準という用語，その意味内容が，会計人や法律家の間で一致していないという問題点は今も変わりない。本件のなかでも，とくに公正妥当という用語について，興銀，課税庁，裁判所の間で，そのとらえ方の違いが見受けられる。

(1) 公正妥当の意味 ——法人税法上の公正妥当——

つぎの図は，解除条件付債権放棄による貸出金償却についての課税庁（東京高裁）の見解を示したものである。

①法人の会計処理は，一般に公正妥当な企業会計の基準に準拠している（会計監査人が適正と認め，株主も承認している）としても，②別段の定めと同様に，法人税法の目的，要請に沿って税務上の判断を経たものでなければ，税務処理としては認められない。

興銀の解除条件付債権放棄に係る貸出金償却の会計処理は，企業会計上は認められるとしても（課税庁や東京高裁の言によれば）期間損益を自由に認識できるという点で課税の公平（法人税法上の公正妥当）を損ねるので，（税務上の）

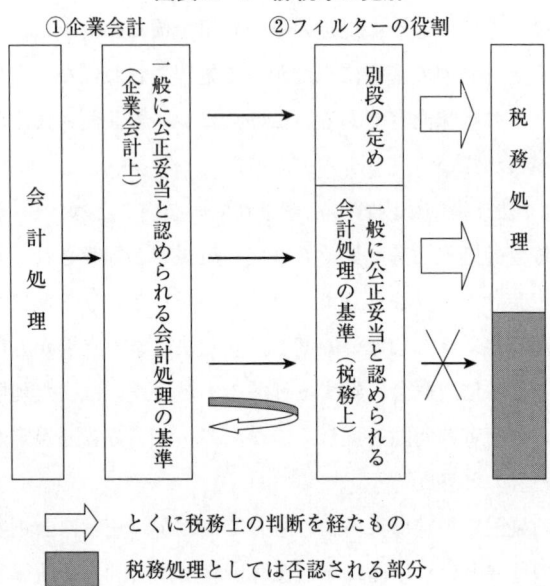

図表12-2 課税庁の見解

①企業会計 → (企業会計上)一般に公正妥当と認められる会計処理の基準

②フィルターの役割 → 別段の定め / 一般に公正妥当と認められる会計処理の基準(税務上)

→ 税務処理

⇨ とくに税務上の判断を経たもの
■ 税務処理としては否認される部分

一般に公正妥当と認められる会計処理の基準というフィルターを通ることができない（Uターン矢印）。課税庁（東京高裁）のいう公正妥当は，法人税法上の公正妥当を意味している。

このことは，一般に公正妥当と認められる会計処理の基準，それ自体が1つの内容をもった価値判断基準として作用することを意味する。有効に成立した会計処理をも税務処理として否認することが可能になる。

岡村忠生教授は「……さらに注意を要するのは，課税庁や裁判所が，公平負担や税収確保の目的を背後に，公正妥当な会計処理の基準という文言を利用して，別段の定めとして立法されていないルールを作りだそうとする試みである。そこでは，本来の会計的な公正さが，法や社会通念の観点からの公正さにすり替えられている[10]。」と述べておられる。この言は傾聴に値すると考える。

(2) 公正妥当の意味 ──企業会計上の公正妥当──

　興銀の見解は,「法人税法22条4項は別段の定めがない限り企業会計上の取扱いを税法上変更することを認めないものとする趣旨を明確にした規定であって,公正処理基準は,法律上別段の定めのない限り課税所得の算定に際して税法それ自体が干渉すべきではないことを内容とする……[11]」ものである。興銀のいう公正妥当は,企業会計上の公正妥当である。税務処理は,会計処理と基本的に同一という見解ともいえる。

　この見解によれば,一般に公正妥当と認められる会計処理の基準,それ自体は価値判断基準として作用しない。企業会計上の観点から公正妥当と判断されたものを,法に取り込むために存在することになる。

(3) 公正妥当の意味 ──東京地裁と最高裁の沈黙──

　課税庁,興銀,東京高裁は,一般に公正妥当と認められる会計処理の基準の意味内容について,それが抽象的であったとしても見解を示している。これに

図表12-3　興銀の見解

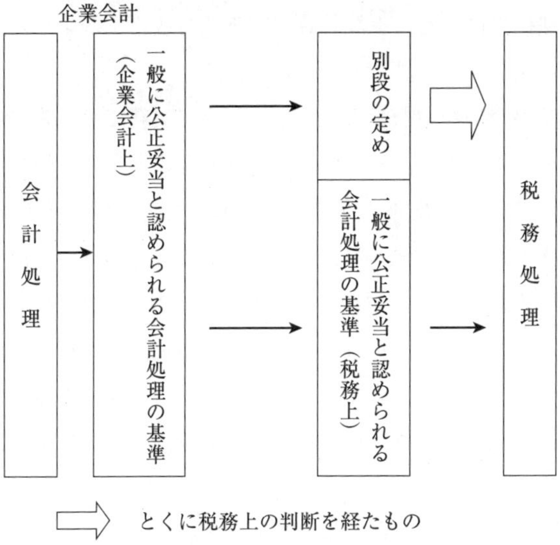

企業会計

会計処理 → 一般に公正妥当と認められる会計処理の基準（企業会計上） → 別段の定め ⇒ 税務処理

一般に公正妥当と認められる会計処理の基準（企業会計上） → 一般に公正妥当と認められる会計処理の基準（税務上） → 税務処理

⇒ とくに税務上の判断を経たもの

対して，最高裁は，貸出金の償却に関する税務処理について，債権の全額回収不能が損金計上の要件というのみである。企業会計と税務のつながりに対しては無言である。直接的に会計処理を検討し，税務処理としての妥当性を判断する。一般に公正妥当と認められる会計処理の基準に関して，企業会計（基準）への参照，法律（法的基準）への参照，あるいは，これを理論的に支える会計学者や法律学者への参照というようなことはしていない。興銀，課税庁は，ともに著名な会計学者や法律学者を動員し，事実や会計処理，税務処理に対して，会計や税法の観点から論証を試みた。それとは対照的である。このことは，東京地裁や最高裁が貸出金の償却について全額回収不能かどうかの事実関係を重視した一方で，解除条件付債権放棄という抽象的な論点を重視していないことからもその一端がうかがえる。

3 一般に公正妥当と認められる会計処理の基準と通達

ここまでは，一般抽象的な面をみてきた。しかし裁判という個別の法人の税務処理に関し具体的な判断を下す局面では，実務と同様に通達が大きな役割を果たしていることを無視できない。

通達は，法律ではなく，上級行政庁が下級行政庁を拘束するにとどまり，納税者自身は拘束されない。このことから，通達は一般に公正妥当と認められる会計処理の基準ではないと指摘される。しかし実務では，貸倒損失の計上についての具体的な事実判断，会計処理，税務処理にあたり，課税庁が一般に公正妥当と認められる会計処理の基準と考えるところの通達を参考に処理している。貸倒損失の計上は，他の税務処理に比べても通達に沿う傾向が強く，銀行業の場合は，それに輪をかけた不良債権償却証明制度の運用もあった[12]。法律論はともかく実務上は，行政のルールである通達を支持し，採用してきたといえる。訴訟になってはじめて法律論を争っているが，興銀も訴訟に至るまでには，個別に国税庁と接触し，通達に沿って貸出金償却を損金計上できないかどうかの相談をしている。

本件でも通達が大きな役割を果たしている。

第12章　税務上の「一般に公正妥当と認められる会計処理の基準」について　*175*

まず東京高裁は，つぎのように述べる。

「これは，法人所得の計算が原則として企業利益の算定技術である企業会計に準拠して行われるべきことを意味するものであるが，企業会計の中心をなす企業会計原則……や確立した会計慣行は，網羅的とはいえないため，国税庁は，……通達……を定めており，企業会計上も同通達の内容を念頭に置きつつ会計処理がなされていることも否定できないところであるから，同通達の内容も，その意味で法人税法22条4項にいう会計処理の基準を補完し，その内容の一部を構成するものと解することができる。……全額回収不能の事実が債務者の資産状況や支払能力等から客観的に認知し得た時点の事業年度において損金の額に算入すべきものとすることが，一般に公正妥当と認められる会計処理の基準に適合するものというべきであり，基本通達9-6-2も，このことを定めたものということができる[13]。」

このように述べ，各争点につき通達に沿って判断をしていく。裁判である以上，実務以上に白黒をはっきりさせないといけない。通達を軸とし，それに対する是非として進める方が，真っ白な状態から解釈するよりも容易であろうと推察される。

最高裁の場合でも同様に通達が軸となっている。まずは判決に大きな影響を与える職責を担う最高裁調査官の解説で通達の内容が触れられていることを指摘しておこう[14]。また判決では，つぎのように述べられている。

「そのこと（債権の全額回収不能―筆者―）は，債務者の資産状況，支払能力等の債務者側の事情のみならず，債権回収に必要な労力，債権額と取立費用との比較衡量，債権回収を強行することによって生ずる他の債権者とのあつれきなどによる経営上の損失等といった債権者側の事情，経済的環境等も踏まえ，社会通念に従って総合的に判断されるべきである[15]。」

これを通達9-6-2「法人の有する金銭債権につき，その債務者の資産状況，支払能力等からみてその全額が回収できないことが明らかになった場合には，その明らかになった事業年度において貸倒れとして損金経理することができる。」との比較を行うと，最高裁の判決は，債権者側の事情をもくんでいる

点で違いが認められ，その点がまさに興銀を勝訴に導いた。しかし，判決前段の「債務者の資産状況，支払能力等の債務者側の事情のみならず……」という部分と通達との間の類似性を見逃すわけにはいかないであろう。

最高裁で興銀逆転勝訴の判決が出たことから，貸倒損失を会社の判断で容易に（通達に厳格にしばられずに）計上することが可能になるとの向きもあるがそうではない。通達が貸倒れの判断において重要な役割を果たす点については依然として変わりはないと考えられる。今般の最高裁の判決は，通達の内容を採用し支持しつつも，その文言を緩やかに解釈したものとする評価の方が実情にあっている。

お わ り に

実務上，別段の定めがない，いわば一般に公正妥当と認められる会計処理の基準の守備範囲である税務処理は多数存在する。にもかかわらず，これを正面から，法人税法上の公正や企業会計上の公正といった意味内容を判断して，会計処理や税務処理をするということはおよそない。会計は会計，税法は税法と割り切ったうえで，通常は通達，さらにそれを補足するところの課税庁職員執筆の解説を参考にして機械的に処理していく。その理由は，よく指摘される会計の具体的内容の欠如もさることながら，会計士や税理士といった専門家自身にもその原因があると考えられる。納税者への説明責任における容易さ，調査という税法の最終確定にあたり否認されることがないという安心感，否認されることによって生じる納税者の専門家への不信感の回避を挙げることができよう。納税者，専門家，課税庁も含めて，よくも悪くも「お上」という共通意識が存在する。理屈ではなく日常の会話や行動の中で実感する。

日本興業銀行訴訟は，税理士や会計士といった会計人，法律家が一般に公正妥当と認められる会計処理の基準について考えるきっかけを提供するとともに，実務のみならず判例でも通達が入り込んでいるというきわめて日本的な税務のありようを見せている。この問題に対する理解なくしては，国内外，新しい経済取引，様々な視点から提起される企業会計と税務の乖離ないしは一致と

いう問題はいつまでも平行線を辿るであろう。同床異夢の感はぬぐいきれない。一般に公正妥当と認められる会計処理の基準，用語そのものは複雑ではなく誰にでも容易に解釈できる。だからこそ，その時々の社会や個別の状況において，また解釈者の思惑や価値観によってどのようにとらえられているのか，つねにこれを検証する必要がある。

（注）
（1）本章では，とくに一般に公正妥当と認められる会計処理の基準という用語を用いているが，公正処理基準という一般的な税務用語を想起していただいて問題はない。
（2）一般事業会社の場合，貸出金は貸付金に，貸出金償却は貸倒損失に相当する。
（3）貸倒損失という税務処理に関して税務調査が行われた場合，課税庁は，最終的には，つぎのような処理を行う。①債権放棄ないし回収不能に基づく貸倒損失として是認する。②貸倒損失の税務処理を行うには時期尚早として否認し，（借方）貸付金（貸方）貸倒損失　の修正仕訳を行う。③貸倒損失ではなく寄附金として否認する（貸倒損失は全額損金と認められるのに対し，寄附金は限度額までしか損金として認められない）。本件は②に該当する。
（4）『最高裁判所民事判例集』第58巻第9号，判例調査会，2005年，220-226頁。
（5）農協系統金融機関は，自身の優先弁済と元本損失部分の母体行による補填という，いわゆる完全母体行責任を主張していた。これに対して母体行は，貸出金の全額を放棄するのが限度とする，いわゆる修正母体行責任を主張していた。
（6）法人税法では，第33条第1項で資産の評価損の原則損金不算入を定め，つぎの第2項で特例的に損金算入を認める場合を列挙している。しかし第2項において損金算入を認める対象資産から売掛金等の債権が明示的に除かれていることから貸付金の場合，原則に立ち戻り，100か0か，全部貸倒れかどうかが問題となる。なお，近年議論されつつあるが，現状では，部分貸倒れのような場合，それは貸倒引当金の問題となり，別に定める第52条の個別評価金銭債権に係る貸倒引当金（旧債権償却特別勘定）に該当するかどうかという別個の問題となる。本件は前者について争われている。
（7）債権放棄による貸出金償却，回収不能による貸出金償却という整理は岡部孝好教授の整理を参考にさせていただいている（岡部孝好鑑定意見書，乙第113号証の1，2001年8月31日付）。なお，岡部教授は課税庁の依頼による鑑定意見書を提出されており，その内容と本章の内容は直接的に一致していないことを

補足しておく。

　課税庁，興銀の主張及び裁判所の見解に関する記述ついては，前掲『最高裁判所民事判例集』を参照されたい。

(8) 前掲，『最高裁判所民事判例集』，229頁。
(9) 西村民之助「税法上の『一般に公正妥当と認められる会計処理の基準』について」『同志社商学』第19巻第6号，1968年，62頁。
(10) 岡村忠生『法人税法講義』成文堂，2004年，31頁。
(11) 前掲，『最高裁判所民事判例集』，237頁。
(12) 村瀬儀祐編著『会計判断の制度的性質』森山書店，1998年中第6章「銀行業における会計処理基準と会計判断」平光聡稿に詳しく触れられている。
(13) 前掲，『最高裁判所民事判例集』，367頁。
(14) 『法曹時報』第58巻第5号，法曹会，2006年，186-206頁。
(15) 前掲，『最高裁判所民事判例集』，219頁。

（溝上　太郎）

第13章　繰延税金資産の回収可能性の実務的判断
　　　——監査委員会報告第66号にしたがって——

は　じ　め　に

　近年，我国においては税効果会計，金融商品会計，退職給付会計および固定資産の減損会計等が導入され，会計基準の大幅な改正がおこなわれた。これらの会計基準では，従来に比して将来の事象についての合理的な予測や見積りが重要な要素となった。

　たとえば，税効果会計における一時差異の解消予定時期の見積り，将来の課税所得の見積り，退職給付会計における各種基礎率の見積り，金融商品会計における貸倒率の見積り，固定資産の減損会計における将来キャッシュ・フローの見積り等である。

　しかしながら，実務上，将来の事象についての合理的な予測や見積りを行うことは困難な場合が多く，また，恣意性の介入が心配されるところである。これらの予測，見積りの方法のなかで実務上，とくに困難でかつ重要な問題となる繰延税金資産の回収可能性について考えてみたいと思う。

1　繰延税金資産の回収可能性の基本的な考え方

　将来減算一時差異や税務上の繰越欠損金等について繰延税金資産を計上できるか否かの判断は，これらが将来の税金負担額を軽減する効果を有するか否かの判断による。この判断をするには将来減算一時差異の解消予想時期の見積りおよびその予想時期や税務上の繰越欠損金等の有効期間における課税所得の見

積りが必要となる。

　一旦計上された繰延税金資産については，将来減算一時差異または税務上の繰越欠損金等が，将来の税金負担額を軽減する効果を有していると見込まれる場合のみ，その回収可能性があると判断することができる。このため，一旦計上した繰延税金資産については，その回収可能性を毎期見直すことを要する。これにより将来の税金負担額を軽減する効果を有しないと判断された場合は，過大となった金額を取崩す必要がある。

2　「監査委員会報告第66号」による繰延税金資産の回収可能性の判断に関する手順

　前節で述べたように，繰延税金資産の回収可能性の判断は将来減算一時差異の解消予想時期の見積りおよび将来の課税所得の見積りが必要となるが，これは非常に困難を伴う作業であり，また，税効果会計は日本において始めて導入された会計制度であることから，何らかの指針が存在しなければ各企業および監査現場で混乱が発生することとなる。事実，制度導入直後は会計処理に関する実務指針は公表されていたが，繰延税金資産の回収可能性の判断に必要な将来減算一時差異の解消予想時期の見積りおよび将来の課税所得の見積り等に関する指針は公表されていなかったため，実務では繰延税金資産の回収可能性の判断についての考え方にばらつきが見られたように思う。このため，日本公認会計士協会では「監査委員会報告第66号　繰延税金資産の回収可能性の判断に関する監査上の取扱い」(以下「委員会報告」という)を公表し，繰延税金資産の回収可能性の判断についての一定の指針を示した。この指針ではある程度客観的な基準を示しており，実務上はほぼこの「委員会報告」にそって判断をしている。

　この「委員会報告」では，第1に「繰延税金資産の回収可能性に関する手順」として，一般的な繰延税金資産の回収可能性の判断に関する手順の考え方を，第2に「スケジューリング不能な一時差異に係る繰延税金資産の回収可能

性に関する判断指針」として，スケジューリング不能な一時差異の取扱いを，第3に「将来年度の課税所得の見積による繰延税金資産の回収可能性の判断指針」として，過去の業績よる繰延税金資産の回収可能性の判断の指針を，最後に「タックスプランニングの実現可能性に関する判断指針」としてタックス・プランニングを利用する場合の判断指針を示している。

(1) 繰延税金資産の回収可能性に関する手順
① 繰延税金資産の回収可能性に関する手順

会計制度委員会報告第10号「個別財務諸表における税効果会計に関する実務指針」（以下「実務指針」という）の第21項に示されている繰延税金資産の回収可能性の判断要件の具体的適用手順について「委員会報告」では以下のように解説されている。

ア．期末における将来減算一時差異の将来解消見込年度のスケジューリングを実施する。

イ．期末における将来加算一時差異の将来解消見込年度のスケジューリングを実施する。

ウ．将来減算一時差異の解消見込額と将来加算一時差異の解消見込額とを，各解消見込年度ごとに相殺する。

エ．ウで相殺し切れなかった将来減算一時差異の解消見込額については，その金額を解消見込年度を基に，その税務上認められる欠損金の繰戻および繰越期間（以下「繰戻・繰越期間」という。）内の将来加算一時差異（ウで相殺後）の解消見込額と相殺する。

オ．以上の手順によっても残る将来減算一時差異の解消見込額については，その金額を将来年度の課税所得の見積額（タックス・プランニングによる課税所得の発生見込額を含む。）と，解消見込年度ごとに相殺する。

カ．オで相殺し切れなかった将来減算一時差異の解消見込額については，その金額を解消見込年度を基に，その繰戻・繰越期間内の課税所得の見積額（オで相殺後）と相殺する。

キ．以上アからカの手続の結果，相殺し切れなかった将来減算一時差異に係る繰延税金資産については，その回収可能性がないと判断され，繰延税金資産から控除される。
ク．期末に税務上の繰越欠損金がある場合は，その繰越期間内にわたって将来加算一時差異の解消見込額および課税所得の見積額を限度として，それに係る繰延税金資産を計上する。
ケ．将来加算一時差異が重要でない会社の場合には，上記の方法の他，将来加算一時差異の解消見込額と課税所得の見積額を合計して，将来減算一時差異の各年度の解消見込額と比較し，判断する。

② 実務上の問題点

この方法は，期末における一時差異について将来の解消時期と各年度の課税所得を見積もって回収可能性を判断する方法である。ア〜エでは各一時差異の解消時期を見積り，将来減算一時差異と将来加算一時差異を相殺することにより回収可能性を判断し，オではアからエで相殺できなかった将来減算一時差異を課税所得と相殺することにより回収可能性を判断し，カではオで回収不能と

図表13-1

	一時差異の名称	スケジューリングの方法
将来減算	貸倒引当金	貸倒率による引当は翌朝解消。個別引当は当該債権が破産等の場合は裁判等の進行状況に過去の損金算入実績を加味して予測。それ以外はスケジューリング不能な場合が多い。
	賞与引当金	翌期解消。
	退職給付引当金	原則的方法の場合は基礎率を用いて計算可能。簡便法の場合は，若干煩雑であるが，期末要支給額の計算を必要な期間行う。
	事業税	翌期解消。
	減価償却超過額	減価償却の実施に基づき解消される。
	資産の評価損	スケジューリング不能な場合が多い。後述(2)参照。
将来加算	事業税の還付額	翌期解消。
	利益処分方式による特別償却準備金	取崩期間にわたって解消。

なったものについて繰戻し，繰延期間を考慮して回収可能性を判断する。

このア～カにおいては，通常5期間程度の見積りを行って回収可能性を判断する。一時差異のスケジューリングについては煩雑ではあるが，図表13-1のように困難なものはない。困難なものは将来の課税所得の予想，すなわち将来の経営成績の予想である。これについては後述(3)③で述べる。

実務上はこの手順を単独で行うのではなく，後述の将来年度の課税所得の見積額による繰延税金資産の回収可能性を過去の，業績等に基づいて行う場合の判断の中で実施される場合が多いと思う。

(2) スケジューリングが不能な一時差異に係る繰延税金資産の回収可能性に関する判断指針

① スケジューリングが不能な一時差異

「委員会報告」によれば，一時差異は次の2種類に区分できるとしている。

ア．将来の一定の事実が発生することによって，税務上損金または益金算入の要件を充足することが見込まれる一時差異

イ．会社による将来の一定の行為の実施についての意思決定または実施計画等の存在により，税務上損金または益金算入の要件を充足することが見込まれる一時差異

これらについて，期末に，将来の一定の事実の発生が見込めないこと，または会社による将来の一定の行為の実施についての意思決定または実施計画等が存在しないことによって，税務上損金または益金算入の要件を充足することが見込めない場合には，当該一時差異は，スケジューリングが不能な一時差異となる。このようなスケジューリングが不能な一時差異のうち，将来減算一時差異については，原則として，税務上の損金算入時期が明確となった時点で，その回収可能性の判断に基づき繰延税金資産を計上できるものとされている。

② 実務上の問題点

スケジューリング不能な一時差異の一般的なものとして，子会社株式等の評価損や固定資産の減損損失等があげられる。これらは，企業活動の結果，発生

した損失の処理であり金額も多額に上ることが多い。繰延税金資産の計上が可能であれば，当期利益に与える影響は計上した損失の約6割程度となるが，スケジューリング不能であれば全額が当期利益に影響を与えることになるため，将来，十分な課税所得が見込まれるのであれば企業としてはスケジューリング可能な一時差異としようとする意思が働く場合が多いと思われる。

　繰延税金資産を計上するためには，当該評価損を計上した子会社を売却または清算等の意思決定，固定資産の売却や処分の意思決定に関する取締役会等の承認を得，スケジューリング可能となることが必要となる。ただ，固定資産の減損は，現に当該固定資産を使用している場合が多く，処分や売却の意思決定は不可能なのでスケジューリング不能な一時差異となるケースが多い。

　しかしながら，「委員会報告」では後述（(3)①ア参照）のように，将来年度の課税所得の見積額による繰延税金資産の回収可能性を過去の業績等に基づいて行う場合は，スケジューリング不能な一時差異についても繰延税金資産の計上を認めている。

(3) 将来年度の課税所得の見積額による繰延税金資産の回収可能性の判断指針

　本来，繰延税金資産の回収可能性の判断については前述(2)の一時差異のスケジューリングと課税所得の見積もりにより行うべきと考える。しかしながら，「委員会報告」では実務上の対応を考慮して，会社の過去の業績等の状況を主たる判断基準として，将来年度の課税所得の見積額による繰延税金資産の回収可能性を判断する場合の指針を示している。

① 将来年度の課税所得の見積額による繰延税金資産の回収可能性を過去の業績等に基づいて行う場合の判断指針

　この方法は，会社を過去の業績を基に以下の5つに分類し，その分類ごとに繰延税金資産の回収可能性を判断する方法である。各分類の取扱は以下のようになっている

ア．期末における将来減算一時差異を十分に上回る課税所得を毎期計上して

いる会社等

　この分類においては，繰延税金資産の全額について，その回収可能性があると判断してよいとされている。また，前述(2)のスケジューリングが不能な将来減算一時差異についても，繰延税金資産の計上を認めている。期末における将来減算一時差異を十分に上回る課税所得を毎期計上している会社は，将来スケジューリングが可能となった時点で課税所得が発生する蓋然性が高いと考えられるためである。

イ．業績は安定しているが，期末における将来減算一時差異を十分に上回るほどの課税所得がない会社等

　この分類においては，一時差異等のスケジューリングの結果に基づき繰延税金資産を計上している場合には，当該繰延税金資産は回収可能性があると判断してよいとしている。過去の業績が安定している会社等の場合，通常，将来においても同水準の課税所得の発生が見込まれると考えられるためである。

ウ．業績が不安定であり，期末における将来減算一時差異を十分に上回るほどの課税所得がない会社等

　この分類においては，おおむね5年内の課税所得の見積額を限度として，当該期間内の一時差異等のスケジューリングの結果に基づき繰延税金資産を計上している場合には，当該繰延税金資産は回収可能性があると判断してよいとしている。過去の業績が不安定な会社は，長期にわたり安定的な課税所得の発生を予測することができないため，将来の合理的な見積可能期間内の課税所得の見積額を限度とし，合理的な見積可能期間はおおむね5年としている。

エ．重要な税務上の繰越欠損金が存在する会社等

　この分類の会社は，将来の課税所得を合理的に予測することが困難と判断されるため，翌期に確実に発生が見込まれる課税所得の範囲内で翌期の一時差異等のスケジューリングの結果に基づき繰延税金資産を計上している場合には，当該繰延税金資産は回収可能性があると判断してよいとしている。ここに分類される会社は期末において重要な税務上の繰越欠損金が存在する会社，過去，おおむね3年以内に重要な税務上の欠損金の繰越期限切れとなった事実があっ

た会社,または当期末において重要な税務上の欠損金の繰越期限切れが見込まれる会社をいう。

また,過去の経常的な利益水準を大きく上回る将来減算一時差異が期末に存在し,翌期末において重要な税務上の繰越欠損金の発生が見込まれる会社はこの分類の会社とする。ただし,重要な税務上の繰越欠損金や過去の経常的な利益水準を大きく上回る将来減算一時差異が,たとえば,事業のリストラクチャリングや法令等の改正などによる非経常的な特別の原因により発生したものであり,それを除けば課税所得を毎期計上している会社の場合には,ウの分類の会社として扱ってよい。

オ.過去連続して重要な税務上の欠損金を計上している会社等

この分類の会社は,将来の課税所得の発生を合理的に見積ることができないと判断されるため,繰延税金資産の計上はできない。ここに分類される会社は,過去(おおむね3年以上)連続して重要な税務上の欠損金を計上している会社で,かつ,当期も重要な税務上の欠損金の計上が見込まれる会社,債務超過の状況にある会社,資本の欠損の状況が長期にわたっている会社で,かつ,短期間に当該状況の解消が見込まれない会社とされている。

② 将来解消見込年度が長期にわたる将来減算一時差異の取扱い

退職給与引当金(退職給付引当金)や建物の減価償却超過額に係る将来減算一時差異等はその将来解消年度が長期となるが,企業が継続する限り将来の税金負担額を軽減する効果を有する。これらの将来減算一時差異に関しては,本節①の例示区分に応じて図表13-2のように取り扱う。

③ 実務上の問題点

繰延税金資産の回収可能性を判断する場合,原則は本節(1)の手順からは行う必要があるが,実務上は①の取扱が存在するため,まず会社が①のどの分類になるかの判断からはじめることになる。

アの会社の場合はスケジューリングの不能な一時差異に係る繰延税金資産を含めてすべての繰延税金資産の計上が可能であるため,問題となることはない。また,アの会社になるか否かの判定もとくに問題となることはない。

図表13-2

分類	取扱
アおよびイの会社	長期にわたる将来減算一時差異に係る繰延税金資産について、その全額について回収可能性があると判断してよい。
ウおよびエのただし書の会社	5年を超える部分も計上してよい。
エの会社（ただし書の会社を除く）	①と同様の取扱で、翌期に確実に発生が見込まれる課税所得の範囲内でスケジューリングにより翌期に解消される部分は計上可能。
オの会社	繰延税金資産の計上は認められない。

　ただし、スケジューリングの不能な一時差異の中でも、現に使用中の固定資産の減損損失に係る将来減算一時差異のように、将来スケジューリング可能となる蓋然性が低いと考えられるものについての繰延税金資産の計上は控えるべきと考える。

　イの会社の場合はスケジューリング不能な一時差異について繰延税金資産の計上ができなくなる。わが国の場合、大手企業で業績が好調な会社であっても、法人税法が大部分の引当金を認めなくなったこともあり、この分類に入る会社が比較的多い。とくに歴史のある会社は退職給付債務のから発生する一時差異が多額にあるため、この分類となってしまうことが多い。

　設例のような会社の場合、将来減算一時差異残高が大きいためスケジューリング不能な一時差異の計上はできない。しかしながら、アの会社で、スケジューリング不能な一時差異について繰延税金資産の計上が認められるのは、アに分類される会社であれば、将来スケジューリングが可能となった時点で課税所得が発生する蓋然性が高いためであるので、設例のような会社の場合、将来の課税所得の見積額がスケジューリング不能な一時差異の残高を十分に上回っているため、当該スケジューリング不能な一時差異に係る繰延税金資産の計上を認めてもよいのではないかと考える。ただし、この場合も現に使用中の固定資産の減損損失に係る将来減算一時差異のように、将来スケジューリング可能となる蓋然性が低いと考えられるものは除くべきと考える。

【設例】単位：億円

00年末のスケジューリング可能な将来減算一時差異残高：2300
00年末のスケジューリング不能な将来減算一時差異残高： 100

A社のスケジューリングの結果

	00年末一時差異残	解消時期				
		01年	02年	03年	04年	05年
短期間で解消される将来減算一時差異	300	△200	△100	—	—	—
長期にわたる将来減算一時差異	2000	△100	△100	△100	△100	△100
短期間で解消される01年以降で発生する将来減算一時差異（A）		300	300	300	300	300
（A）の解消		—	△200	△300	△300	△300
01年以降で発生する長期にわたる将来減算一時差異（B）		150	150	150	150	150
（B）の解消		—	△75	△75	△75	△75
税引き前利益		500	500	500	500	500
課税所得		650	475	575	575	575

　ウおよびエのただし書の会社については課税所得の見積もりが焦点となる。会社の業績が安定していないため，将来の業績が悪化した際に繰延税金資産の取崩という事態も想定されるため，予測について十分達成可能な数字を用いるべきと考える。

　将来の経営成績の予想は会社の事業計画，経営計画等の予算を基に行う。これらの予算については会社の取締役会や常務会等で承認されものであり，かつ過去の会社の業績や現状の収益力を勘案して実現可能なものでなければならない。たとえば中期計画等を利用する場合，すでに終了している年度について予算と実績がかけ離れているような場合は修正が必要となる。また，翌期の業績

が急速に回復する予算となっている場合，その回復の根拠が客観的な社内資料で確認できなければならない。たとえば，業績回復の原因が新製品の発売であれば，発売に関するスケジュール，市場調査等についての稟議書や取締役会議事録等の社内資料と整合している必要がある。また，経営計画等を策定する際，参考として計画値からの上ブレ値，下ブレ値を策定し，それが正式な社内資料として存在する場合には，これを参考にして十分達成可能な数字に修正するべきと考える。なお，当然ではあるが，会社の事業計画，経営計画等の予算を策定するための内部統制組織が適正に整備運用されていることが前提である。

　しかしながら，将来の経営成績の予想というものは，いくら緻密に行ったとしても実務上は限界がある。実績が予想を大きく下回った場合，その時点ではすでに計上された繰延税金資産の取崩しという結果となってしまう可能性が高い。予想と実績の乖離による大幅な繰延税金資産の取崩しにより社会的責任を問われた会社が発生したことから，現在は税効果会計制度導入後より，より慎重な将来の経営成績の予想に基づいて課税所得を見積っていると思われる。

　エの会社は翌期の課税所得の見積もりが重要になる。確実に課税所得の発生が見込まれるか否かを判断するのは予算等だけでは非常に困難である。このような会社は業績如何によっては大きく変動する場合が多いためである。実務上は，ウの会社より固めの予算等を用いることが多いと思われる。エの会社で重要なことは繰延税金資産を計上した翌期末での判断と考える。予想どおり課税所得が発生しなかった場合や業績が悪化して損失が発生した場合の判断である。これらの翌期の業績によって，オの会社と判断されれば，繰延税金資産を取崩す事になるため，判断の余地はないが，難しいのはエの会社にとどまる場合である。この場合は，いくら課税所得が見積もれるとしても，もし翌期も業績が思わしくなかった場合，オの会社となってしまう可能性がさらに高くなる。理論的ではないが，そもそも予測が一旦外れているのであるから，確実に見積もることは不可能と考えるべきである。そのうえで前期と同様に課税所得の見積もりを実施し，繰延税金資産を取崩す必要があれば取崩し，追加計上の

余地があっても繰延税金資産の計上は控えるといった保守的な処理を行うべきと考える。

オの会社はどのような事実があっても繰延税金資産の計上は控えるべきと考える。

(4) タックス・プランニングの実現可能性に関する判断指針
① タックス・プランニングに係る実現可能性

「実務指針」の第21項(2)では,タックス・プランニングの存在が繰延税金資産の回収可能性の判断要件として掲げられている。タックス・プランニングに基づいて繰延税金資産の回収可能性を判断する場合は,当該資産の売却等に係る会社としての意思決定の有無および実行可能性,ならびに売却される資産の含み益等に係る金額の見積もりが重要となる。「委員会報告」では前述の区分ごとに判断指針を示している。

② 資産の含み益等の実現可能性の判断

タックス・プランニングを将来の課税所得の見積に織り込むことができるのは前述の分類ごとに図表13-3のように取り扱う。

③ 実務上の問題点

それぞれの条件について,比較的明確に示されているためタックス・プランニングの実現可能性について問題となることは無いと思われる。また,これまでの指針と違ってオの会社でも繰延税金資産の計上の余地があるとされているが,課税所得の見積もりの一部をタックス・プランニングによる課税所得が構成するのみであり,業績による見積もり部分で大きな乖離が生じ,結果的に課税所得が発生しないことも考えられるので,計上の余地は認めるべきではないと考える。

おわりに

「繰延税金資産の回収可能性の判断」についてはこの「委員会報告」の公表により,実務上はある程度の指針が示されたように思う。しかしながら,各企

図表13-3

分類	取扱
アの会社	タックス・プランニングを利用して判断する必要はない。
イの会社	発生見込額および時期が以下の要件を満たす場合は課税所得の見積もりに織り込むことができる ・資産の売却等に係る意思決定が，取締役会等で承認された事業計画や方針等で明確となっており，かつ，資産の売却等に経済的合理性があり，実行可能である場合 ・売却される資産の含み益等に係る金額が，契約等で確定している場合または契約等で確定していない場合でも，たとえば，有価証券については期末の時価，不動産については期末前おおよそ１年以内の不動産鑑定評価額等の公正な時価によっている場合
ウおよびエのただし書の会社	発生見込額および時期が以下の要件を満たす場合はおおむね５年内の課税所得の見積もりに織り込むことができる ・おおむね５年内に資産の売却等を行うという意思決定が，取締役会等で承認された事業計画や方針等で明確となっており，かつ，資産の売却等に経済的合理性があり，実行可能である場合 ・売却される資産の含み益等に係る金額についてはイと同じ。
エの会社（ただし書の会社を除く）	発生見込額が以下の要件を満たす場合は翌期の課税所得の見積もりに織り込むことができる 売却等に係る意思決定が，取締役会等の承認，決裁権限者による決裁または契約等で明確となっており，確実に実行されると見込まれる場合 ・売却される資産の含み益等に係る金額についてはイと同じ。
オの会社	原則として，繰延税金資産の回収可能性をタックス・プランニングに基づいて判断することはできない。ただし，税務上の繰越欠損金を十分に上回るほどの資産の含み益等を有しており，かつ，エの条件を満たす場合は発生見込額を翌期の課税所得の見積額に含めその範囲内で計上することも可能

業，各公認会計士の見積りによるところも大きく残されている。全てについてたとえば数値基準を定め，誰が見積もっても同じ結果が得られるようにすることも可能であるが，会計理論上それは求められておらず，合理的に見積り，それが大きく外れないことを要請されている。しかし，これはあくまでも理論上のことであり，実務上は不可能である。前述のように，見積り違いによる大幅

な繰延税金資産の取崩しにより社会的責任を問われた会社が発生したことにより，判断のレベルが揺れ動くことも事実である。私見ではあるが，繰延税金資産の回収可能性の判断だけでなく，会計上の見積りを行う場合はどのような場合でもそれが外れた場合のことを想定して，見積ることが実務上の合理的な見積りであると考える。

（嶋田　薫）

第14章　銀行業における税効果会計と財務諸表の比較可能性について

は　じ　め　に

　ここ数年，新たな会計基準の導入が相次いでいる。
　1999年4月以降開始事業年度から適用された「税効果会計に係る会計基準」に始まり，「金融商品に係る会計基準」，「退職給付に係る会計基準」，「固定資産の減損に係る会計基準」，「研究開発費に係る会計基準」などの新たな会計基準が相次いで導入され，会社決算・会計監査の現場に大きな変化をもたらしている。
　この間，公開企業のディスクロージャー制度も，単体ベース主体の開示から連結ベース主体へと変更され，また，新たな財務諸表としてキャッシュ・フロー計算書の開示が求められるようになった。さらには四半期情報の開示なども必要となり，企業および公認会計士の実務の現場を取り巻く環境は激変している。
　これらの新たな会計基準の導入は，単に経理担当者の事務作業量の増加に留まらず，会社の意思決定のあり方や監査する公認会計士の判断のあり方にまで影響を及ぼしている。
　具体的には，従来の会社決算においては，主として既に確定した過去の事象を正しく決算に反映させることに重点があり，会計監査においても，これら確定済みの事象が適正に会計処理され，財務諸表が作成されているかどうかを確かめることが監査の主たる目的であったと考えられる。

しかしながら、新たな会計基準の導入により、過去の事実とともに、将来起こりうる事象の発生の可能性を見積り、その結果を決算に反映させることの重要性が増している。

たとえば、税効果会計においては、繰延税金資産の計上可否の判断に当たって、申告調整項目である貸倒引当金繰入限度超過額などの一時差異が将来のどの年度で認容されるのかの見積りが必要となり、また、将来減算一時差異の減算が生じると見込まれる将来年度において、当該減算処理により発生する税務上の損金が吸収されるだけの課税所得がどの程度発生するかの見積りが必要となる。

退職給付会計においては、従業員が退職までにどのように昇給するのか、また定年までの各年度で退職する確率はどれほどかを見積り、個人別に将来の各年度で支払うことが見込まれる退職金額を求め、これを一定の割引率によって現在価値に割り戻して期末日現在の退職給付債務を計算し引当金計上を行う。退職給付債務の数理計算を行うために昇給率、退職率、死亡率、割引率、年金資産運用利回りなどの各種の計算要素の決定の場面において見積りが必要となる。退職給付会計導入前は、退職金規程に基づき画一的に計算される期末自己都合要支給額をベースに引当金計上されていたことと比べると、非常に多くの見積もりが必要となっている。

さらに、減損会計においては、固定資産の使用によって、帳簿価額の回収が見込まれない場合には、簿価を使用価値または正味売却可能価額まで強制的に切り下げる処理が求められる。この使用価値の計算において、将来キャッシュ・フローを見積もる必要があり、将来の営業利益水準や減価償却水準、設備投資水準を見積もることが必要となる。また、将来キャッシュ・フローを現在価値に割り引くための割引率の見積りも必要となる。

以上のとおり、新たな会計基準のもとでは、いくつもの見積もりの結果によって財務諸表が作成されていることがわかる。

次節以下においては、これらのうち特に銀行業における税効果会計の見積もり要素の内容と繰延税金資産の回収可能性の判断プロセスおよび財務諸表の比

較可能性について検討をしたい。

1 銀行業における税効果会計の導入と自己査定制度について

わが国において，税効果会計が導入されることとなったのは，銀行の不良債権処理を促進させることがその目的の1つであったといえる。

銀行業にはもともと不良債権償却証明制度というものがあり，銀行が不良債権を償却・引当する場合には，当時の大蔵省に不良債権償却証明を申請し承認を得る必要があった。そして，この不良債権の償却証明の得られた債権については税務上も無税償却を認めることとされていた。したがって，当時は税務的にも無税要件を満たすほどに劣化した債権のみが償却・引当対象とされていた。

しかし，バブル経済の崩壊で不良債権が増加したことに伴い，有税であっても償却・引当を行って財務の健全化を図る必要性が高まり，1998年4月より資産の自己査定制度が導入されることとなった。

この自己査定制度とは，銀行が半年毎に貸出先の内容を分析・検討し，各貸出先の債務者区分と債権分類額を判定し，その結果に基づいて貸倒引当金の計上や貸倒損失処理を行うものである。自己査定制度の導入前にも，銀行では大蔵省検査や日銀考査が入る都度，貸出先の査定を行っていたが，この自己査定制度の導入によって，金融検査の有無に係らず，定期的に自己査定を行って，その結果に基づいて償却・引当額を決定することとなった。

自己査定は，具体的には，債務者を「正常先」・「要注意先」・「破綻懸念先」・「実質破綻先」・「破綻先」の5つの区分のいずれかに区分する。そのうえで，各貸出先に対する債権額を非分類・II分類・III分類・IV分類債権に分類し，当該分類債権金額に対し，貸倒実績率等によって計算された金額の償却・引当を行うことになる。

各債務者区分と債権分類の定義については，金融証券検査官が金融検査の際に用いる金融検査マニュアルに記載があり，ほぼ同様の内容が，日本公認会計士協会の銀行等監査特別委員会報告第4号「銀行等金融機関の資産の自己査定

に係る内部統制の検証並びに貸倒償却及び貸倒引当金の監査に関する実務指針」にも記載されている。その内容を要約したもの図表14-1,図表14-2である。また,債務者区分と債権分類額の関係を一覧にまとめたものが図表14-3である。

図表14-1 債務者区分の定義

債務者区分	定義
正常先	業況が良好であり財務内容にも特段の問題がない債務者
要注意先	業況が低調ないし不安定で,金利減免・棚上げや元本・利息の返済が事実上延滞しているなど貸出条件,債務の履行状況に問題がある債務者
破綻懸念先	事業を継続しているが,実質債務超過に陥っており,業況が著しく低調で貸出金が延滞状況にあるなど,今後,経営破綻に陥る可能性が大きいと認められる債務者
実質破綻先	法的・形式的な経営破綻の事実は発生していないものの,深刻な経営難の状況にあり,再建の見通しがないと認められる債務者
破綻先	法的・形式的な経営破綻の事実が発生している債務者

図表14-2 債権分類の定義

債権分類	定義
非分類	回収の危険性について問題のない債権
II分類	回収について通常の度合いを超える危険性を含むと認められる債権
III分類	最終の回収に重大な懸念があり,損失の発生の可能性が高いが,その損失額について合理的な推計が困難な債権
IV分類	回収不可能または無価値と判断される債権

図表14-3 債務者区分と債権分類の関係

	非分類	II分類	III分類	IV分類
正常先	○	—	—	—
要注意先	○	○	—	—
破綻懸念先	○	○	○	—
実質破綻先	○	○	○	○
破綻先	○	○	○	○

「正常先」と「要注意先」については，貸倒実績率や倒産確率を用いた一括評価によって一般貸倒引当金を計上し，「破綻懸念先」，「実質破綻先」「破綻先」については，個別債権ごとに担保の状況等を加味して求められる必要額を個別貸倒引当金計上または貸倒損失処理している。具体的には，「破綻懸念先」のⅢ分類額に対しては，貸倒実績率や将来キャッシュ・フローによる回収見込額を考慮して個別貸倒引当金を計上し，「実質破綻先」と「破綻先」のⅣ分類額に対しては全額個別貸倒引当金を計上している。

このような自己査定の結果に基づいて計算される償却・引当額は，税務上の基準とは全く別の基準で求められるものであるため，必然的に会計上の費用処理の時期と税務上の損金化の時期に差異が生じることになる。これにより生じる税金費用のアンバランスを解消し，会計上の税引前利益に見合う税金費用を計上する目的で，税効果会計が導入されることとなった。

2　繰延税金資産の回収可能性の判断のための実務指針

銀行では1999年3月期決算から税効果会計が早期適用されたが，「税効果会計に係る会計基準」(1998年10月30日）が公表された当初においては，繰延税金資産の回収可能性の判断について，明確な目安が定められていなかった。

しかし，銀行では有税処理する不良債権処理額が年間の業務純益の何倍にもなるケースがあり，実効税率を乗じた金額を無制限に繰延税金資産に計上していくと，残高が積み上がり，将来減算時点で課税所得との抱き合わせにより税金費用の減少効果を発揮するかどうかについて疑義が生じることとなる。このようなことから，繰延税金資産の回収可能性の判断に関する一定の目安を設ける必要性が生じ，1999年11月9日付けで日本公認会計士協会から監査委員会報告第66号「繰延税金資産の回収可能性に関する監査上の取扱い」が公表された。実務上はこの監査委員会報告第66号に基づいて，会社区分の判定と回収可能性の判定を行い，繰延税金資産の回収可能性の判断がなされている。

この監査委員会報告第66号では，将来年度の会社の収益力を客観的に判断することは実務上困難な場合が多いため，過去の業績等の状況を主たる判断基準

として，将来年度の課税所得の見積額による繰延税金資産の回収可能性を判断することとされている。具体的には，会社は以下の5つの区分のいずれかに分類され，その区分ごとに繰延税金資産の回収可能性を判断することとされている。

会社区分①
期末における将来減算一時差異を十分に上回る課税所得を毎期計上している会社。この区分の会社は繰延税金資産の全額について回収可能性があると判断できるとされている。

会社区分②
業績は安定しているが，期末における将来減算一時差異を十分に上回るほどの課税所得がない会社。この区分の会社は一時差異のスケジューリングの結果に基づいて繰延税金資産を計上している場合には，回収可能性があると判断できるとされている。

会社区分③
業績が不安定であり，期末における将来減算一時差異を十分に上回るほどの課税所得がない会社。この区分の会社は，概ね5年内の課税所得の見積額を限度として，一時差異のスケジューリングの結果に基づき繰延税金資産を計上している場合には，回収可能性があると判断できるとされている。

会社区分④
重要な税務上の繰越欠損金が存在する会社。この区分の会社は，翌期の課税所得の発生が確実に見込まれる場合には，その範囲内で一時差異のスケジューリングの結果に基づき繰延税金資産を計上している場合には，回収可能性があると判断できるとされている。ただし，重要な税務上の繰越欠損金や過去の経常的な利益水準を大きく上回る将来減算一時差異が，リストラや法令等の改正など非経常的な特別の原因により発生したものであり，それを除けば課税所得を毎期計上している場合には，会社区分③と同様に5年間の課税所得見積額を限度として繰延税金資産の回収可能性を判断できるとされている。

会社区分⑤

　過去連続して重要な税務上の欠損金を計上している会社。概ね3年以上連続して重要な税務上の欠損金を計上し，かつ当期も重要な欠損金の計上が見込まれる場合には，将来の課税所得の発生を合理的に見積もることができないとし回収可能性はないものと判断するとされている。

　繰延税金資産の回収可能性の判断の第1段階として，会社が上記のどの区分に該当するのかを判断する必要があるが，銀行は，これまで不良債権処理によって大きな税務上の繰越欠損金を抱えているところが多く，一般的には上記区分のうちの④に該当する銀行が多いと考えられる。しかし，本業利益である業務純益については確実に利益が計上されることから，今後の不良債権処理額が過去のような水準では発生しないとの認識により会社区分④のただし書きの扱いによっている銀行が多いと思われる。この区分が変更になると繰延税金資産の一括取崩しなどにより決算に大きな影響を及ぼすことになるため，毎決算期において銀行および公認会計士は慎重に会社区分を判断している。

　ただし，委員会報告第66号は，繰延税金資産の回収可能性について，過去の業績に基づく会社区分による将来年度の課税所得の見積り期間等についての指針を示しているところまでであり，会社区分が決まった後の手続，すなわち具体的な将来の課税所得見積りやスケジューリング時の減算見積りの方法についての指針は示しておらず，企業および公認会計士の判断に委ねられている。

3　銀行業における繰延税金資産の回収可能性の具体的な判断プロセス

　銀行決算における具体的な繰延税金資産の回収可能性の判断は，上記のとおり会社区分による判断指針以外には定まった方法はないものの，筆者の会計監査の経験から，おおむね以下のような手順で行われているものと考えられる。

　①　今後5年間程度の貸出金平均残高，貸出金利回り，預金平均残高，預金利回り，有価証券平均残高，有価証券利回り，人件費・物件費等の推移を見積

り，業務純益の見込額を計算する。利回りの見積もりに当たっては，市場金利がいつ頃上昇（または下落）するかといった予想も反映させる。

② 不良債権処理額（貸倒引当金繰入額，貸倒損失，債権売却損など）の発生額を見積り，業務純益から差引いて税引前利益の見込額を計算する。

③ 各年度の税引前利益の見込額に有税処理される不良債権処理額等を加算するとともに，当該決算期からみて将来の年度に発生すると見込まれる有税処理額について，発生翌年度以降の無税化額を減算し，一時差異解消前の課税所得見込額を計算する。これが当期末現在の一時差異の減算額と相殺されるもととなる所得となる。

④ 当期末現在の一時差異（主として有税不良債権処理額）について，今後のどの年度で無税化するかを見積もる。破綻先，実質破綻先などで既に一部無税処理がされているような案件については法的手続の今後の進捗見込みやサービサーへの不良債権売却計画から無税化時期を予想する。破綻懸念先などで未だ法的事象に至っていない延滞先などについては，過去の同一債務者区分債権の無税化期間の実績などにより見積りを行う。

⑤ ③で計算された一時差異解消前所得に④のスケジューリングにより一時差異の解消額と相殺されると見込まれる部分について税効果が認められるものとして繰延税金資産を計上する。

4　銀行業の税効果会計におけるの見積りの特殊性

上記のような手順で行われている銀行業における税効果会計は，将来に発生が見込まれる不良債権の水準とその無税化時期の見積もりが重要な要素であるという業種固有の特殊性が認められる。

繰延税金資産は，当期末に存在する貸倒引当金繰入超過額などの将来減算一時差異が，将来年度で無税化の要件を満たして税務申告上で減算された際に，その年度の課税所得と相殺されて納税額を減少させる効果が認められる場合に計上されるものであることから，将来減算一時差異と抱き合わされる将来課税所得の見積もりが必要となる。

この将来課税所得の見積もりにあたっては，将来年度の単独の事業利益のみでなく，事業利益から課税所得への申告調整項目の金額についても見積もる必要があり，そのために，将来に発生すると見込まれる不良債権額の水準とその無税化の見通しについて見積もる必要が生じる。

銀行は多数の貸出債権を有しており，既に発生している不良債権額の無税化の見積りでさえ正確に予想することが難しいところに，さらに現時点では正常な債権から今後どの程度の不良債権が発生し，それがどのように無税化していくのかを見積もらなければならない。この見積もりが将来課税所得の水準に大きな影響を及ぼす場合もあり，重要な要素である点が銀行業の税効果会計における特徴的な点といえる。

5年間の課税所得見込額よりも大きな有税償却額を抱える場合には，この将来の不良債権の発生と無税化の見通しが変わると，繰延税金資産の計上限度額が変わり，当期利益にも影響を及ぼすことになる。将来見積もりの結果が当期損益に影響を与える端的な事例といえる。

5　監査上の判断プロセス

銀行が実施した上記手続の結果について，会計監査において，公認会計士が見積もりの妥当性等を監査し，繰延税金資産の回収可能性の判断を行うことになる。監査の手法や着眼点についても定まったルールがあるわけではないが，経験上，具体的な監査上のポイントとしては以下のような点が挙げられる。

①　貸出金，預金，有価証券の平均残高の推移見込みは，過去の実績や銀行の営業方針等と整合しているか

②　利回りの見積もりについては，過去の実績との整合性とともに市場金利・株価・為替相場等の水準の趨勢と整合しているか

③　営業経費の削減を見込んでいる場合には，銀行の経営計画上予定されているリストラ（店舗統廃合，人員削減等）が実現可能性なものであるか

④　リストラの一環で早期退職制度の割増退職金の支払いが予定されている場合には，これが課税所得見積もりに反映されているか

⑤　重要な訴訟案件を抱えている場合には，訴訟の進捗状況を把握し，損害賠償金の支払の可能性が高まれば，将来課税所得見積もりに反映されているか

⑥　将来発生が見込まれる不良債権額の水準については，過去の不良債権の発生状況，大口の要注意先の動向，銀行の融資先管理体制の精度の良し悪しなども勘案し妥当な水準といえるか

⑦　無税化スケジュールについては，過去の無税化までの平均期間，不良債権の売却計画，大口不良債権の法的手続きの進捗状況と整合しているか

　筆者の銀行監査の経験上，上記に挙げた点などを中心に，銀行が行った将来見通しに関する見積もりについて，過去の実績，経済環境，銀行固有の政策方針などと照らし合わせ，その妥当性を判断している。

　上記に示したポイントはいずれも過去の事実の検証ではなく，これから生じるであろう事象を予測し見積もるものである。これまでのように過去の事実が正しく会計処理されているかを確かめること併せ，監査対象会社が行った見積もりの妥当性の監査も重要性を増している。

6　財務諸表の比較可能性の問題について

　これまで見てきたように，銀行の税効果会計においては，いくつもの見積もりが必要になるが，何万件もの貸出先を有し，非常に多くの件数の不良債権を抱えている銀行が，全ての項目において正確な見積もりを行うことは現実的に困難が伴う。

　税効果会計に関する現行の会計基準においては，見積りが必要な場面で依拠できる詳細な実務指針は少ないように思われる。

　「個別財務諸表における税効果会計に関する実務指針」（日本公認会計士協会会計制度委員会報告第10号）第21項では，繰延税金資産の回収可能性については，収益力に基づく課税所得の十分性，タックス・プランニングの存在，将来加算一時差異の十分性を検討のうえで判断するとされているが，具体的な収益性，課税所得の十分性の判断指針等が明示されているわけではない。

監査委員会報告第66号は，繰延税金資産の回収可能性の判断に関する一定の指針を定めているが，将来事象の具体的な見積もり手法についての指針を示しているものではない。過去の業績の実績に基づき，会社を5つの区分のいずれかに分類し，その区分ごとに，今後5年間あるいは1年間といった将来見積期間についての指針を示しているものであって，課税所得の十分性やスケジューリングの方法などについては財務諸表作成者である銀行および監査を担当する監査人の判断に任されている。

この監査委員会報告第66号は銀行だけでなく全ての企業に適用される実務上の判断指針であるため，一般的な指針に留まることはやむを得ないと思われる。しかしながら，財務諸表の比較可能性の観点からは，銀行など複雑な見積もりが必要となる特定の業種については，さらに詳細な実務指針を定め，同じ条件であれば同じような将来見積もり結果が導かれるようにすることが適当と考えられる。

銀行では，自己査定制度の導入以前には，不良債権の償却証明制度により行政の承認のもとでの決算が行われてきたが，自己査定制度の導入およびそれに伴う税効果会計の導入により銀行自身が自己の貸出債権の評価を行うこととなり，併せて繰延税金資産の回収可能性の評価も行う体制へと変更がなされた。このような仕組みを制度的に保証するものとして公認会計士の会計監査の重要性が高まっている。銀行の実施した見積りの結果を公認会計士が監査するということで，財務諸表に計上される繰延税金資産が正当化されるという制度的なプロセスが確立されたことには十分な意義があるが，現在公表されている実務指針は，必ずしも公認会計士にとって十分な判断指針を与えるものとはなっていないように思われる。

もしこのような指針がないままでは，同じような経済環境の中で事業を行う銀行であっても，経営者の将来見通しが楽観的であるのかそうでないのかによって，その違いが当期の決算に影響を及ぼし，当期損益が異なってくることになる。経営者の将来見通しに対する思惑の違いにより異なる財務諸表が作成されてしまうと，同じ銀行業の財務諸表を比較検討することが難しくなると思わ

れる。

　もちろん，各銀行は他行との差別化のためにさまざまな経営努力を行っており，全く同じ将来見通しとなることはないのであるが，景気動向や金利情勢といった銀行経営に大きな影響を及ぼす要素は，各銀行の経営にとって共通の前提条件であることを考えると，銀行の繰延税金資産に関する見積り結果には大きな差が生じないとも考えられる。しかしながら，図表14-4にあるように見積りの結果として計上された繰延税金資産の水準は大手行に限って見てもかなりのばらつきが見られる。

　図表14-4の繰延税金資産の内訳の小計欄は，回収可能性を判断する前の状態，すなわち全ての将来減算一時差異に対して計算される繰延税金資産の金額を表している。東京三菱銀行の除く3行については約2兆2千億円から約2兆4千億円とほぼ同水準であることがわかる。

　評価性引当額は，将来課税所得の見積もりおよびスケジューリングによる回収可能性の判断を行った結果，繰延税金資産を計上しなかった金額を表す。この評価性引当額の金額については，各銀行の水準に大きなばらつきが見られる。その結果，評価性引当額を控除後の財務諸表に計上された繰延税金資産（繰延税金負債相殺前）は約7千億円から約1兆9千億円と大きな開きが生じて

図表14-4　大手銀行の平成17年3月期の繰延税金資産の内訳

(単位：百万円)

	東京三菱	UFJ	三井住友	みずほコーポレート
繰延税金資産の内訳				
貸倒引当金・貸倒損失	269,136	849,995	545,008	267,714
繰越欠損金	408,034	990,750	922,303	1,149,403
その他	233,890	406,315	1,027,950	885,959
小計	911,060	2,247,060	2,495,261	2,302,716
評価性引当額	△137,801	△1,096,530	△595,760	△1,550,169
繰延税金資産計上額	773,258	1,150,530	1,899,501	752,546

出所　2005年3月期有価証券報告書

いる。銀行によって将来課税所得の見積りおよびスケジューリングの方法にある程度の差があったものと推察される。

　有価証券報告書における税効果会計の注記では，将来課税所得の水準やスケジューリングの情報を知り得ず，また，各銀行の一時差異の構成や貸出債権の毀損の程度なども異なるため，一概に評価性引当額の水準に差があることをもって，各銀行の将来見積り方法の違いに大きな差異があったと決めつけることはできない。

　しかしながら，上記の繰延税金資産の財務諸表への計上額の差は，現実には各銀行の将来に対する見通しが様々な方法で行われていること，およびこれを監査する各監査法人独自の判断基準が同じではないことと無関係ではないように思われる。上記の大手4銀行はそれぞれ異なる監査法人による会計監査を受けている。比較可能性の観点からは，財務諸表の作成者である各銀行の将来見積りの手法やそれを監査する監査法人が有する判断指針は可能な限り統一されることが望ましいと考えられる。

お わ り に

　繰延税金資産に関しては，銀行業は監督官庁である金融庁による自己資本比率規制の下にあり，預金者保護等の観点から繰延税金資産の脆弱性は看過できないとして，2006年3月期より，自己資本比率の算定上の繰延税金資産の取扱いについて新たな規制が設けられることとなった。

　具体的には，中核的自己資本（資本金，資本準備金等）に占める繰延税金資産の割合について，2006年3月末以降40％，2007年3月末以降30％，2008年3月末以降20％を上限とし，これを超える部分は自己資本にみなさない扱いとすることとされた。「自己資本比率規制の一部改正に関する告知」（2005年12月5日　金融庁告示第75号）

　しかし，この新たな規制は大手都市銀行，信託銀行などの主要行のみを対象とするものであり，かつ，会計上の繰延税金資産の計上を規制するものではなく，あくまでも金融行政上の監督指針である自己資本比率の計算上において自

己資本とみなされる金額に上限を設けるというものである。金融行政における政策的な視点にたった規制であり，会計処理に制約を与えるものではない。

　日本公認会計士協会では，業種別の監査委員会を設けて業種固有の実務上の判断指針を公表している。銀行業については，銀行等監査特別委員会が設置されており，これまでにも銀行監査固有の問題に対して実務上の判断指針を公表している。今回テーマとして取り上げた税効果会計についても，将来課税所得の見積もりやスケジューリングに関して，より踏み込んだ実務指針を示すことによって，各銀行の財務諸表の比較可能性の維持に繋がるものと考えられる。

　たとえば，将来課税所得の見積りにあたっての貸出債権の伸び率，利回りについて過去実績との比較による一定の見通しの手法を実務指針で明示したり，スケジューリングの実現可能性を保証するため，将来減算を見込む差異は，債権売却等による無税化が明確なものに限定するなどの指針を明示したりすることが有用ではないかと考える。

　公認会計士あるいは監査法人が，それぞれ独自の判断指針やマニュアルを保有することは，同じ前提条件であっても異なる判断結果となる可能性が高まり，財務諸表の比較可能性の観点から必ずしも適当ではないと考えられる。

　公認会計士の判断上の裁量を狭めるという意味ではなく，いくつもの仮定や想定の下での将来の見積りが必要となる銀行業の繰延税金資産の回収可能性判断においては，より高度な判断が求められるため，さらに詳細な指針の必要性は高いものと考えられる。

　公認会計士が依拠することのできるより踏み込んだ統一的な判断指針を示すことが，財務諸表の均質化および公認会計士の判断の均質化につながり，それによって財務諸表の比較可能性が確保され，結果として利害関係者に対してより有意義な情報を提供することにつながるものと考える。

（平光　聡）

第15章　消費税仕入税額控除否認と
帳簿等の「保存」の解釈
――課税庁論理を追認した最高裁判決――

は　じ　め　に

　消費税（付加価値税）が導入されて，2007年4月で19年目を迎える。この間，消費税の課税を巡っては納税者と課税庁の間で，色々なトラブルが発生し，訴訟が提起されてきた。納税者（原告）の主張，課税庁（被告）の考え，そして裁判所の判決を読み解くと，消費税という税制の特異性が浮かび上がってくる。

　その特異性の1つとして，消費税仕入税額控除制度の要件である帳簿等の「保存」の問題がある。「保存」には「提示」が含まれるとする課税庁の考え方に対し，「提示」は含まないとする納税者サイドからの訴訟が幾つも提起されてきた。そして2004年12月，最高裁は帳簿等が不提示の場合，消費税の仕入税額控除を一切認めないとする2つの判決を相次いで出した。帳簿等の「保存」を要件として適用される消費税の仕入税額控除を，「保存」には「提示」を含むと解釈しておこなわれた仕入税額控除全面否認の課税庁処分を，最高裁は追認したのである。

　所得税や法人税では帳簿等が不提示であっても，仕入や経費について一切認めないということはない。売上，仕入，経費を推計して課税するのである。消費税は帳簿等が不提示の場合，売上があれば必ず仕入や経費があるのに，帳簿等の「保存」がないとしてそれを一切認めない。現実に仕入や経費があり，それにかかる消費税の負担があるのに，それを全く無視して仕入や経費が無かっ

たものとし，仕入税額控除を全面否認する。全面否認された場合の納税者の税負担は計り知れないものがある。

このような過酷な負担を強いてまで，「保存」には「提示」を含むと拡大解釈し，課税庁が仕入税額控除を全面否認するのは何故なのか。それを追認した最高裁判決は，「少なくとも税法に関しては政治的・政策的判断を優先しているように思われてならない[1]。」といわれるように，この判決の政治的・政策的判断の役割は何処にあるのか，税務行政上いかなる結果をもたらすのか。

これらの疑問を，消費税仕入税額控除全面否認の最高裁判決を基に検討することとする。

1 消費税仕入税額控除制度の概要

帳簿等不提示の場合，消費税の仕入税額控除を一切認めないとする課税庁の根拠を，またそれを追認した裁判所の判断を検討する前に，この裁判で争点になった消費税の仕入税額控除制度について，まず見ておくことにする。

(1) 消費税の課税標準

消費税の納税義務者は資産の譲渡等をおこなった事業者である。資産の譲渡等をおこなった事業者は，売上にかかった消費税から仕入にかかった消費税を控除して消費税を納付する。消費税導入時に制定された税制改革法（1988年12月30日制定）によれば，「消費税は，事業者による商品の販売，役務の提供等の各段階において課税し，経済に対する中立性を確保するため，課税の累積を排除する方式による」（同法第10条2項）と定め，仕入税額控除を前提とする仕組みを明記している。

この考え方によれば，消費税の課税標準は売上にかかった消費税から仕入にかかった消費税を控除した額にするのが論理的である。しかし，消費税法（1988年12月30日制定，以下法という）では消費税の課税標準を，なぜか課税資産の譲渡等の対価の額，いわゆる課税売上高と定めている。そして課税売上高を課税標準とした関係から，売上に係る消費税額から控除できる仕入に係る消

費税額の制度，いわゆる仕入税額控除制度を法第30条で定めたのである。

(2) 消費税仕入税額控除制度と帳簿等の「保存」

法第30条は課税標準である課税売上高に係る消費税額から，仕入に係る消費税額を控除できる仕入税額控除制度を定めている。しかし，この仕入税額控除制度は同条7項で帳簿または請求書等（1997年4月以降は帳簿および請求書等に変更，以下帳簿等という）の保存がない場合には，適用しないとしているのである。つまり，この仕入税額控除は仕入の事実があってもフリーハンドで控除できるのではなく，帳簿等の「保存」がなければ適用できないのである。

消費税法の課税標準の定め，帳簿等の「保存」を要件とする仕入税額控除制度の定めは，税制改革法の「課税の累積を排除する方式による」という考えに反し，帳簿等の「保存」の有無や要件を巡って，また「保存」の解釈を巡って，課税の累積を生み出す仕組みになっている。

2 消費税仕入税額控除全面否認の最高裁判決

法第30条7項に定める仕入税額控除の要件として，帳簿等の「保存」に「提示」が含まれるのかどうかを，2004年12月に出された2つの最高裁判決のうち，同月20日に出された第2小法廷判決に基づき検討する。

(1) 課税庁の主張

この判決の第1審は静岡地裁判決（平成12年（行ウ）第2号[(2)]）であり，それによると課税庁は次のように主張している。

「消費税の仕入税額控除が認められるためには，①課税仕入れ等に係る消費税額が真実存在するとともに，②法定の事項を記載した仕入税額控除に係る帳簿等を納税者が保存していることが必要であることは法文上明らかであり，②は，課税庁が，税務調査において，課税仕入れの事実の真実性と正確性を確認する手段として，納税者から仕入税額控除に係る帳簿等の提示を受け得る機会を担保し，質問調査権を実行あらしめようとする趣旨と解され

る。」「帳簿等の保存を仕入税額控除の要件とした趣旨に照らせば，被告（課税庁―筆者）は，消費税の調査に当たり，質問検査権を行使して，①課税仕入れ等に係る帳簿等が保存されているか否か及び②上記帳簿等の記載が真実の課税仕入れ等に係る消費税額に合致するか否かを調査する権限を有するとともに上記権限を適正に行使する職責を負っているのであるから，上記調査の結果，仕入税額控除に係る帳簿等が保存されていることを確認するに至らなかったときは，上記①の要件を欠くものとして仕入税額控除を否認した処分をせざるを得ず，かつ，これを踏まえれば，同法30条7項にいう『保存』とは，『納税者が税務職員の質問検査に応じていつでもこれを提示し，税務職員の閲覧に供せられる状態で保存しておく』という趣旨を当然に含むものと解すべきであって，単に帳簿等を物理的に保存しておくだけでは足りず，税務職員による適法な提示要求に対して，その帳簿等の保存の有無及び記載内容を確認し得る状態に置くことを意味するものであり，このような意味における『保存』がないときは消費税の仕入税額控除を認めることができないものと解するのが相当である。

　そして，消費税法30条7項にいう『保存』の意義が，単なる物理的な保存に止まらず，税務職員による適法な提示要求に対して，帳簿等の保存の有無及びその記載内容を確認しうる状態に置くことを含む趣旨であるとすれば，事業者が調査確認の権限及び職責を負う税務職員の適法な提示要求に従わなかった時点において帳簿等を保存していなかったものと認められることになるから，税務調査において，税務職員から納税者に対して適法な帳簿等の提示要求がされ，これに対して，納税者が正当な理由なくして帳簿等の提示を拒否したという事実が存する場合には，たとえ，後の不服申立手続又は訴訟手続において当該納税者が帳簿等を提示したとしても，これによって仕入税額の控除を認めることはできないというべきである。」

　課税庁の主張は消費税の税務調査において，質問検査権行使の担保として単なる物理的「保存」ではなく，「保存」には税務職員に対する「提示」を含むものと解しているのである。したがって，「提示」のない「保存」は「保存」

に当たらないとして，仕入税額控除は一切認めないのである。

(2) 納税者の主張

この点に関し納税者はどのように主張しているのであろうか。

「消費税法においては，『保存』と『提示』とが明確に区別されており，同項の『保存』に『提示』を含むという解釈は成り立ち得ないというべきであるから，消費税法30条7項にいう『保存』とは，納税者が法令の定めるところに従って，帳簿書類，請求書等を客観的に保持，管理等していることをいうと解すべきである。

そして，『提示』は『保存』を証明するための一手段にすぎず，『提示』がなされない場合であっても『保存』している場合はあり得るのであるから，税務調査において帳簿等を提示しない事実をもって，同項の帳簿等を『保存しない場合』に該当すると解するべきではなく，同事実は，帳簿等を保存していないことを推認させる間接事実にすぎないと解される。

そもそも，税務職員の質問検査における帳簿書類，請求書等の適法な提示要請に対する納税者の正当理由のない提示拒否は手続的な違法であり，これについては消費税法68条1項による罰則が定められているのであるから，これを適用すれば十分である。提示拒否という手続違反を実体的規定である同法30条7項の効力に関わらしめる特別な規定は存在しないのであるから，提示拒否は実体には影響を及ぼさないというべきである。

かかる解釈に基づくと，税務調査において帳簿等の提示がないという事実は，帳簿等を『保存しない場合』であることを推認させる間接事実であり，その後の不服申立手続や訴訟手続において，帳簿等の存在を主張し，これを証拠として提出することにより，同項にいう帳簿等を『保存しない場合』に該当しないという主張立証（反証）をすることは許されるというべきである。」

納税者の主張は，消費税法では「保存」と「提示」は明確に区別されており，法第30条7項の「保存」に「提示」を含むという解釈は成り立たないとし

ている。そして，不服申立や訴訟において帳簿等を提出すれば，「保存」を立証できるとしているのである。

(3) 裁判所の判断

「保存」には「提示」が含まれるとする課税庁の主張，「提示」は含まないとする納税者の主張に対し，裁判所はどのような判断を下したのだろうか。第1審の静岡地裁の判断は，つぎのようである。

「消費税法30条1項は，事業者の仕入に係る消費税額の控除を規定するが，（中略──筆者）広く消費税を課税する結果，取引の各段階で課税されて税負担が累積することを防止するため，前段階の取引に係る消費税額を控除することとしたものである。

そして，大量反復性を有する消費税の申告及び課税処分において，迅速かつ正確に，課税仕入れの存否を確認し，課税仕入れに係る適正な消費税額を把握するために，同法30条7項は，当該課税期間の課税仕入れに係る帳簿書類又は請求書等を保存しない場合には，同条1項による仕入税額控除の規定を適用しないものとしているが，（中略──筆者）主として課税仕入れに係る消費税額の調査，確認を行うための資料として帳簿書類又は請求書等の保存を義務づけ，その保存を欠く課税仕入れに係る消費税額については仕入税額控除をしないこととしたものと解される。

かかる趣旨に照らせば，消費税法30条7項に規定する『保存』とは，帳簿書類等が単に存在しているということだけではなく，法令の規定する期間を通じて，定められた場所において税務職員による適法な質問検査権に基づく納税者に対する税務調査により，直ちにその内容を確認することができる状態，換言すれば，適法な提示要請があれば直ちにこれを提示できる状態での保存を意味するというべきである。

そして，この意味での保存の有無は，課税処分の段階に限らず，不服審査又は訴訟の段階においても，主張，立証することが許されるものというべきであるが，税務調査において，税務職員が納税者に対し社会通念上当然に要

求される程度の努力を行って，適法に帳簿書類等の提示を求めたにもかかわらず，合理的な理由もなく納税者がこれに応じないなどの事情が認められる場合には，納税者は，そもそも帳簿書類等を保管していないか，又はそれらを何らかの形で保管していても，少なくとも以上のような意味での保存がなかったとの推定が強く働くものと解すべきである。」

このように，静岡地裁の第1審は税制改革法が示している「消費税は課税の累積を排除する方式」を意識しつつも，消費税の課税処分において，「大量反復性」を理由に，法第30条7項の「保存」には「提示」が含まれるとする課税庁の解釈を容認したと考えられる。この判断の結果，納税者には仕入税額控除全面否認による課税の累積をもたらす判決となったのである。

つぎに納税者が控訴した第2審の東京高裁判決（平成15年（行コ）第10号[3]）における裁判所の判断は，第1審とほぼ同じ内容でもって納税者の主張を退けた。なおこの裁判所の判断で目につくのは，つぎのくだりである。

「仮に，不服申立て又は訴訟の段階において控訴人（納税者—筆者）が主張するような主張立証により帳簿等の保存があったことを認め，仕入税額控除の否認を前提とした消費税の更正処分を取り消すことになるとすれば，課税処分の安定性を著しく損ねることになり，これを避けるためには税務当局は更正等の処分を差し控えるほかなくなるが，正当な理由なく帳簿等の提示を拒否した者のために，消費税法がこのような事態を予定しているとは到底解されない。したがって，仕入税額控除が否認され消費税の更正処分がされた場合に，その後の不服申立て又は訴訟において帳簿等が保存されていたことを主張立証したところで，更正処分の効力に影響を及ぼすものではないというべきである。」

東京高裁の第2審は第1審の「大量反復性」とともに「課税処分の安定性」も理由に挙げ，課税庁の解釈を容認している。

そして，納税者が上告した最高裁判決（平成16年（行ヒ）第37号[4]）は静岡地裁，東京高裁の判決を踏襲し，つぎのように判示した。

「原審の適法に確定した事実関係によれば，上告人（納税者—筆者）は，被

上告人（課税庁—筆者）の職員が上告人に対する税務調査において適法に帳簿等の提示を求め，これに応じ難いとする理由も格別なかったにもかかわらず，上記職員に対して帳簿等の提示を拒み続けたというのである。そうすると，上告人が，上記調査が行われた時点で帳簿等を保管していたとしても，法62条に基づく税務職員による帳簿等の検査に当たって適時にこれを提示することが可能なように態勢を整えて帳簿等を保存していたということはできず，本件は法30条7項にいう帳簿等を保存しない場合に当たる（以下，略）」。

つまり，最高裁は「保存」には「提示」を含むとの確定判決を下したのである。しかし，この判決で滝井繁男裁判官は5人の裁判官の中でただ一人，反対意見を付したのである。滝井裁判官は「帳簿等の提示を拒み続けたというだけの理由で，法30条7項所定の帳簿等を保管していたのに，同項にいう『帳簿（中略）等を保存しない場合』に当たる」と解するのは，以下の理由から相当でないとした。

① 税制改革法は課税の累積を排除する方式によることを明らかにし，仕入税額控除は消費税の制度の骨格をなすものであって，消費税額を算定する上での実体上の課税要件にも匹敵する本質的な要素とみるべきものである。

② 多数意見のように，事業者がそのように態勢を整えて保存することをしていなかった場合には，やむを得ない事情によりこれをすることができなかったことを証明した場合を除き，仕入税額の控除を認めないものと解することは，結局，事業者が検査に対して帳簿等を正当な理由なく提示しなかったことをもって，これを保存しなかったものと同視するに帰着するといわざるを得ないのであり，そのような理由により消費税額算定の重要な要素である仕入税額控除の規定を適用しないという解釈は，申告納税制度の趣旨および仕組み，ならびに法第30条7項の趣旨をどのように強調しても採り得ないものと考える。

③ 法第30条7項における「保存」の規定に，現状維持のまま保管するという通常その言葉の持っている意味を超えて，税務調査における提示の求めに応ずることまで含ませなければならない根拠を見出すことはできない。そのように

解することは，法解釈の限界を超えるばかりか，課税売上げへの課税の必要性を強調するあまり本来確実に控除されなければならないものまで控除しないという結果をもたらすことになる点において，制度の趣旨にも反するものといわなければならない。

④　法は，提示を拒否する行為については罰則を用意しているのであって（法第68条），制度の趣旨を強調し，調査への協力が円滑適正な徴税確保のために必要であることから，税額の計算に係る実体的な規定をその本来の意味を超えて広げて解することは，租税法律主義の見地から慎重でなければならないものである。

このように滝井裁判官は，「保存」に「提示」が含まれるという解釈は「保存」の本来の意味を超える拡大解釈であり，この拡大解釈により仕入税額控除を否認することは，課税の累積を排除する方式を求める税制改革法の趣旨および法第30条7項の趣旨に反するとして，この最高裁判決に反対意見を付したのである。

3　課税庁論理を追認した最高裁判決

このように法第30条7項の帳簿等の「保存」の解釈に，「保存」に「提示」を含んでいると解釈するのか，含んでいないと解釈するのか，このことによって納税者の消費税負担が大きく変わってくる。「含む」と解すれば税制改革法の趣旨に反して，「消費税は課税の累積を排除する方式」ではなくなり，課税の累積を生む結果となる。そこで，まず「保存」と「提示」は別の概念だとする納税者と，「保存」には「提示」を含むと解する課税庁および裁判所との間で対立する，「保存」と「提示」について検討することとする。

(1)　消費税法における「保存」と「提示」

消費税法の中で「保存」と「提示」の文言は使い分けている。法第30条7項では「保存」という文言のみで，「提示」という文言は一切出てこない。「提示」という文言は，法第66条1項において仕入に係る消費税額の控除不足額の

還付をする場合に、「控除をされるべき消費税額を証明する書類又は帳簿の提示又は提出を求めることができる。」とし、また法第68条1項2号では罰金を科するケースとして、「前号の検査に関し偽りの記載又は記録をした帳簿書類を提示した者」としている。これらの条文では「提示」の文言を使用しているのである。すなわち、「保存」と「提示」は明らかに違う意味で使われている。

ちなみに『広辞苑』(岩波書店)では、「保存」とは「もとの状態をたもって失わぬこと。現状のままに維持すること。」をいい、「提示」とは「提出して示すこと。」をいうと説明している。「保存」と「提示」は言葉上からも別の意味である。

このように消費税法の条文上からも、日本語の言葉上からも「保存」と「提示」は別の概念であり、違う意味であることは明白である。したがって、最高裁判決の多数意見が「保存」に「提示」が含まれるという解釈をしていることについて、滝井裁判官は「現状維持のまま保管するという通常その言葉の持っている意味を超えて」いるとし、「保存」には「提示」は含まれないと指摘した。

また仕入税額控除否認を巡る別件の大阪地裁判決(平成7年(行ウ)第25号)[5]では、「保存という文言の通常の意味からしても、また法全体の解釈からしても、税務調査の際に事業者が帳簿又は請求書等の提示を拒否したことを、消費税法30条7項の保存がない場合に該当する、あるいはそれと同視した結果に結び付ける課税庁らの主張は、もはや法解釈の域を超えるものといわざるを得ない。」と判示している。

したがって、法第30条7項の「保存」に「提示」が含まれるという課税庁の主張は、法解釈の域を超えた不当な解釈といわなければならない。この不当な解釈を追認したのが最高裁判決である。

(2) 課税庁論理と納税者の権利封殺

それでは「保存」には「提示」を含むとする不当な解釈が、課税庁にとって何故必要なのだろうか。この最高裁判決の事件の争点は、税務署の税務調査要

求に対して，納税者が税理士の立会を求め，税理士は税務署長との面談を求めて調査の立会に応じず，その結果，帳簿等の「提示」がなかったとして，課税庁が「提示」がないなら「保存」がないとの論理で，消費税の仕入税額控除全面否認の更正処分をおこなったことである。

課税庁が「保存」には「提示」を含むとの論理で仕入税額控除を全面否認するのは，この事件のように税理士の立会要求，税務署長との面談要求，税理士以外の立会人の立会要求，税務職員の身分証明書のコピー要求など納税者の課税庁に対する権利主張に対して，権利主張を封じるためである。

現在，京都地裁で係争中の消費税仕入税額控除否認の更正処分を取り消す裁判（平成16年（行ウ）第3号）で，黒川功日本大学法学部教授が京都地裁に提出した鑑定所見書（平成18年2月10日付[6]）では，つぎのように指摘している。

「課税庁は消費税法30条7項にいう帳簿及び請求書等の『保存』の通常の理解を超え，これを勝手に適法な調査要請に対する『提示』ないし『提示しうる状態での保存』へと読み替える拡張解釈を行っている。しかもそうすることの理由は，調査時の資料の確保や課税処分の安定性等，徴税の便宜や税収確保等に類するものばかりである。」「しかも課税庁はこの『不保存』の概念を，勝手に『不提示』や提示できる状態での保存がない等と読み替え，結局調査への不協力という要件を実質的に加えて，第三者の立会いの許否等実定法上定めのない実施の細目に関する調査官の判断に従わないことが，租税としての正当性を超える莫大な税負担に繋がる課税構造を作り上げつつある。本件においても，立会人の排除を拒んだがゆえに約3,000万円という常識的に考えてもありえない異常な税負担が発生している。」

このように「保存」には「提示」を含むとする法解釈の域を超えた課税庁論理は，莫大で異常な税負担を発生させ，納税者の権利を封殺する上で余りあるものがある。税制改革法の「課税の累積を排除する方式による」という考えは，全く眼中にないといわなければならない。

(3) 課税庁論理を追認する最高裁判決

消費税導入以降,「保存」に「提示」が含まれるという課税庁の論理が吹き荒れ,仕入税額控除全面否認事件が相次いだ。この課税庁論理にお墨付きを与えたのが,この最高裁判決である。この判決は政治的・政策的判断だといわれる。なぜ政治的・政策的判断なのか,この判決の役割は何処にあるのか,税務行政上いかなる結果をもたらすのか,これらの点を最後に検討してみたい。

税制改革法の「課税の累積を排除する方式による」という考えに反し,法第30条7項の「保存」には「提示」を含むと解し,「課税の累積」を引き起こしている課税庁の課税処分に批判[7]が巻き起こっている。「保存」には「提示」が含まれないのは,消費税法の条文上からも日本語の言葉上からも明白である。この明白に違う「保存」と「提示」の文言を,「保存」に「提示」が含まれるとする課税庁の論理により,途方もない税負担を強いられた納税者がつぎつぎと訴訟を起こしてきた。

2005年分の個人の消費税申告者は,課税事業者の免税点が3,000万円から1,000万円に引き下げられた結果,前年の41万6千件を約4倍も上回る157万6千件になった。法人の消費税申告者も新たに約53万社が増えると見込まれている。このように爆発的に増大する消費税申告者への対応に,課税庁は苦慮している。そして,課税庁論理による仕入税額控除全面否認処分,その結果としての処分取り消し訴訟も爆発的に増大することが考えられる。この爆発的に増大する訴訟の衝立になったのが,この最高裁判決ではなかろうか。

法第30条7項に「保存」とともに「提示」の文言を入れる法「改正」をすることなく,2004年12月に相次いで出された「保存」には「提示」が含まれるとする最高裁の確定判決は,課税庁にとって課税庁論理を追認し,あたかも法「改正」なき法「改正」に等しい結果をもたらしたのである。この判決が政治的・政策的判断だといわれる所以だろう。そして,この判決の役割は法第30条7項の「保存」には「提示」が含まれるとする,到底容認することができない課税庁論理がまかり通ることになる。また税務行政上,課税庁が質問検査権を行使するにあたって,課税庁に対する納税者の権利を封殺する根拠を与えたこ

とになる。

おわりに

　消費税は売上税が予定していた課税事業者の消費税納税額の計算方式として，インボイス方式を採用できず，帳簿方式にならざるをえなかった。それには売上税導入反対の大きな勢力として，中小企業・中小業者の存在があった。売上税が廃案に追い込まれた原因の1つが，中小企業・中小業者がインボイス方式に反対していたからである。売上税廃案後，インボイス方式を諦め帳簿方式を採用することで，ようやく消費税導入にこぎ着けたのである。

　帳簿方式を採用した結果，消費税の課税標準を課税売上とし，帳簿等の「保存」を要件に消費税の仕入税額を控除する制度をとったのである。そして，「保存」に「提示」が含まれるとする課税庁論理でもって，課税庁は納税者の権利を封殺しながら，爆発的に増大する消費税申告者に対し，質問検査権を行使する現場で主導権を握ろうとしている。

　中小企業・中小業者は消費税負担の重さで，消費税に対する好ましからざる感情を日々醸成している。したがって，課税庁にとって必要な「提示」の文言を入れる法「改正」は至難の業である。そんな状況の中で，「大量反復性」「課税処分の安定性」を理由に，滝井裁判官の「法30条7項における『保存』の規定に，現状維持のまま保管するという通常その言葉が持っている意味を超えて，税務調査における提示の求めに応ずることまで含ませなければならない根拠を見いだすことはできない。」との反対意見を押し切ってまでなされた，「保存」には「提示」を含むとする課税庁論理を追認した最高裁判決は，課税庁が主導権を握る上で，強力な後ろ盾となったのである。そして，課税庁に対し正当な権利を求める納税者にとって，その前に大きく立ちはだかる結果となったのである。

(注)
(1) 三木義一「消費税仕入税額控除における帳簿等の『保存』の意義—最高裁判決

への批判を中心として」『税理』2005年4月号,18頁。
(2) 静岡地裁平成14年12月12日判決（TAINS Z888-0803）。
(3) 東京高裁平成15年10月23日判決（TAINS Z888-0919）。
(4) 最高裁平成16年12月20日判決（TAINS Z888-0920）。
(5) 大阪地裁平成10年8月10日判決（TAINS Z237-8223）。
(6) 黒川功「消費税仕入税額控除否認の法的限界」『税経新報』2006年5月号, 8, 13頁。
(7) たとえば，日本弁護士連合会の「仕入税額控除の要件についての意見書」（2004年12月17日）によれば，「消費税法第30条第7項所定の仕入税額控除の要件は，帳簿及び請求書等の保存がない場合には，推計課税等の手法による仕入税額の認定をなすことなく，一律にその控除を否認する制度である。これは，仕入税額控除の立法趣旨，すなわち，生産・流通の各段階における税の累積を排除する，という消費税の付加価値税たる本質（税制改革法第10条第2項参照）に反し，『課税売上がある事業者には当然に課税仕入れがある』（仕入税額の負担事実がある）という前提事実を無視する不当なものである。」という意見がある。

（清家　裕）

第16章　定額補修分担金の性格と税務判断

はじめに

　建物賃貸借契約において，近年退去時に賃貸人と賃借人との間で修繕費たる原状回復費用をどちらが負担するかについて多くのトラブルが生じている。多くの賃貸借契約書のなかにある「本件賃貸物件を当初の契約時の状態に復旧させる」との文言は，賃貸人賃借人双方の意思を合理的に解釈すれば，本件賃貸物件の通常の使用による損耗は含まれないものと解釈され，またそれにともない，いわゆる敷金と原状回復費用を相殺することができないという旨の裁判例が示されたこともあり，甲法人は住宅管理会社の指導のもと，新入居者より賃貸借契約を変更した。

　賃貸人（甲法人）と賃借人（乙）は，本目的物件につき，次の通り賃貸借契約を，締結し，賃貸借契約の条件を以下のように定める契約を交した。

賃貸借契約の条件
　　　使用目的：居住のみ
　　　契約期間：2004年12月10日より2006年12月9日まで
　　　契約更新料：現契約家賃の1ヶ月相当額
　　　敷金（保証金）：　－
　　　定額補修分担金：　金280,000円
　　　家賃：　金93,000円（月額）

共益費：　　金10,000円（月額）
支払期日：月末までに翌月分前払い

1　問 題 の 所 在

　問題の所在は，賃貸借契約中のこの「定額補修分担金」を会社側は預り金（負債）として認識して，税務上も処理したことに対し，税務署側は実現した収益として税務上処理すべきである，とした点にある。

　以下，賃貸借契約中，本問題に関係する条項のみ記載する。

(1)　建物賃貸借契約条文（抜粋）

第4条〔敷金（保証金）〕

　1　頭書(2)に敷金（保証金）の定めがある場合，乙は本契約締結時に当該金額を甲に預託する。尚，敷金（保証金）には利子が付かない。

　2　敷金（保証金）は，本契約が終了し，乙または同居人が本物件を明渡した場合には，次に定める金員を敷金（保証金）から差引き，乙に返還するものとする。但し，債務が敷金（保証金）よりも大きく，預り金額が不足した場合には，乙は直ちにその不足額を甲に納付しなければならない。

　(1)　未納賃料とその遅延損害金。
　(2)　乙の故意・または重過失（軽過失を除く）による原状回復費用，改造費用。
　(3)　その他，乙が負担すべき費用。尚，敷金（保証金）返還時の振込手数料は，乙の負担とする。

　3　乙は，契約中または入居中に敷金（保証金）をもって賃料・その他の債務と相殺することはできない。また，この敷金（保証金）返還請求権の譲渡・その他の処分（質権設定等）を禁止する。

　4　敷金（保証金）の返還は，原則として乙が住宅を明渡してから退去後60日以内に返還するものとする。

第5条〔定額補修分担金〕

　　　本物件は，快適な住生活を送る上で必要と思われる室内改装をしております。そのために掛かる費用を分担し（頭書記載の定額補修分担金）賃借人に負担して頂いております。尚，乙の故意または重過失による損傷の補修・改造の場合を除き，退去時に追加費用を頂くことはありません。

1　乙は，本契約締結時に本件退去後の賃貸借開始時の新装状態への回復費用の一部負担金として，頭書(2)に記載する定額補修分担金を甲に支払うものとする。

2　乙は，定額補修分担金は敷金ではないということを理解し，その返還を求めることができないものとする。

3　乙は，定額補修分担金を入居期間の長短に関わらず，返還を求めることはできないものとする。

4　甲は乙に対して，定額補修分担金以外に本物件の修理・回復費用の負担を求めることはできないものとする。但し，乙の故意または重過失による本物件の損傷・改造は除く。

5　乙は，定額補修分担金をもって，賃料等の債務を相殺することはできない。

(2) 税務会計処理

この賃貸借契約のもと，甲法人の行った税務会計処理に対して，税務署側は以下のように指摘した。

〔法人税法上の処理〕
（会社側の処理）
　契約時：甲は乙より預り金と認識して受取る。
　　　　　（借）現　金　預　金　　　　（貸）定額補修預り金
　退去時：甲は通常の室内改装に要した費用があれば，差引き，預り金を乙に

返還する。

　　　　　　　（借）修　繕　費　　　　（貸）現　金　預　金
　　　　　　　　　定額補修預り金

（税務署側の指摘）
　契約時：その時点で益金計上すべきである。
　　　　　　　（借）現　金　預　金　　　（貸）定額補修分担金収入
　退去時：その時点で損金計上等すべきである。
　　　　　　　（借）修　繕　費　　　　（貸）現　金　預　金
　　　　　　　　　雑　損　失
　　　　　　　　　　（or定額補修分担金収入）

〔消費税法上の処理〕
（会社側の処理）
　甲は預り金と認識していたので，当然課税売上ではないと判断
（税務署側の指摘）
　契約時：住宅の貸付そのものではないので，課税売上であると指摘
　退去時：修繕費は非課税売上に対応する課税仕入れとして，個別対応方式に
　　　　　おいては仕入税額控除できない。また雑損失も対価性がないので仕
　　　　　入税額控除できない。

2　敷金と原状回復費用とが相殺できない旨の裁判例

　不動産賃貸借契約書において，たとえ賃借人は退去時に原状回復費用を負担するとされていても，通常の利用による減価までも負担して敷金と相殺されることはないとした裁判例がある（敷金返還請求事件，東京簡裁平成11年（少コ）第一一〇二号平成12年6月27日判決）（敷金返還請求上告事件，大阪高裁平成12年（ツ）第二号平成12年8月22日第五民事部判決）。
　本賃貸借契約はそれらの裁判例による影響を受けているものと思われる。
　すなわち「1. 建物の賃貸借において，特約がない場合には，賃借人は賃貸

物の返還に際し，その負担で，賃借物を賃貸借契約当時（正確には賃借に際し，引渡しをうけた当時）の原状に戻す義務がある。その原状回復の限度はつぎのように考えられる。すなわち，(1)賃借人が付加した造作は，賃借人が取り除かねばならないし，(2)賃借人は，通常の使用の限度を超える方法により賃貸物の価値を減耗させたとき（例えば，畳をナイフで切った場合）はその復旧の費用を負担する必要がある。しかし，(3)賃借期間中に年月が過ぎたために，強度が劣化し，日焼けが生じた場合の減価分は，賃借人が負担すべきものではないし，(4)賃貸借契約で予定している通常の利用により賃借物の価値が低下した場合，例えば賃貸建物につけられていた冷暖房機が使用により価値が低くなったときとか，住宅の畳が居住によりすり切れたときの減価分は，賃貸借の本来の対価というべきものであって，その減価を賃借人に負担させることはできない。」（大阪高裁判決）

また契約書に原状回復特約文言が書かれている場合，その効力について次のように判示している。「契約自由の原則によれば，強行法規若しくは公序良俗に反する等，私的自治の限界を逸脱しない限りは，契約内容をいかように定めるかは当事者間の自由であるのが本則である。したがって，特約は，基本的に尊重されるべきものであるけれども，適用される生活領域の特殊性等に応じて，契約自由の原則の現象する姿が変容することのあり得べきことまで否定されるものではない。もとより，特約を制約することには極めて慎重であるべきであるけれども，勤労者に対する貸室賃貸借契約は，広い意味での消費者問題に属するものであるから，諸般の事情を考量のうえ，消費者保護の観点から特約を限定的に解釈すること等は信義則上許されるものというべきである。」「本件原状回復特約は，強行法規や公序良俗に反するものとまで言うことはできないが，右のような観点から限定的に解釈，適用していくことが相当である。」（東京簡裁判決）

3　定額補修分担金の性格

甲法人は，以前の不動産賃貸借契約の方式は，いわゆる礼金・敷金方式で行

なってきたが，上で述べたように，いわゆる敷金返還請求訴訟が多発したことにより，新入居者より定額補修分担金方式に変更してきたのである。

(1) 礼金敷金方式

まず，以前からある礼金，敷金の慣習についてみてみる。

礼金…『広辞苑』によると，謝礼としておくる金銭，とあり入居時に家主に対して支払われるもので，権利金といわれることもあるが，敷金と違って退去するときでも戻ってこない。この言葉は，戦後の焼け野原で住むところがない人々がお礼の意味でお金を包んだ事から始まったとされるもので，東京を中心として広がった習慣のようである。これが近畿圏では敷引き，とも言われる。

敷金…『広辞苑』によると，不動産賃貸借の際，借主が貸主に対して借賃滞納の担保として預けておく保証金，とあり入居時に家賃滞納や補修などの担保として家主に対して支払われるもので，本来は退去時に全額返済される性質のもの。畳やふすまなどの通常の損耗は，家賃に含まれると解釈され，敷金をそれに当てるのは，上で述べてきたように違法とされる。

このように甲法人は従前は，以前からある礼金・敷金方式で賃貸借契約を結んできた。

(2) 定額補修分担金方式

その後の定額補修分担金方式では，敷金なし，定額補修分担金のみ頂くというものである。甲法人は，現実にはこの定額補修分担金を，退去時に室内改装する時までの預かり金と認識しており，退去時においても，室内改装に要する費用が発生しなければ全額を賃借人に返金していたのである。その意味ではいわゆる従前の敷金と同じ意味ではないとも解される。また，賃貸借契約書第5条1によると，この定額補修分担金は，退去後における原状回復費用の一部負担金として預る，と書いてあり，その意味においては定額補修分担金は将来予

測される補修のための契約条項と言え，将来の補修の可能性を考慮した前受金としての性格を持つものと考えられるのではないか。

しかし，賃貸借契約書第5条2および3に書いてあるように，定額補修分担金は敷金ではなく，入居期間の長短に関わらず，返還されないという文言からすれば，これはいわゆる礼金ではないかとも解されるのである。返還する義務のない定額補修分担金を甲法人は良心的に賃借人に返金していたと言えるのである。

4　法人税法上の税務判断

(1)　会計理論と税法の基準

法人税法の各事業年度の所得の金額の計算の規定をみると，法人税法第22条では，「内国法人の各事業年度の所得の金額は，当該事業年度の益金の額から当該事業年度の損金の額を控除した金額とする。」とされ第2項では，「内国法人の各事業年度の所得の金額の計算上当該事業年度の益金の額に算入すべき金額は，別段の定めがあるものを除き，資産の販売，有償又は無償による資産の譲渡又は役務の提供，無償による資産の譲受けその他の取引で資本等取引以外のものに係る当該事業年度の収益の額とする。」と定められている。

課税所得計算上，いかなる時点をもって収益が実現するかはきわめて重要であるが，この点については，法令においては明らかにされていない。すなわち，法第22条においては，単に「当該事業年度の収益の額」といっているだけである。

また使用料の収益計上の日は，支払を受けるべき時期であるが，これらについては，法人税法基本通達2－1－29,（賃貸借契約に基づく使用料等の帰属の時期）に，「資産の賃貸借契約に基づいて支払いを受ける使用料の額は，前受けに係る額を除き，当該契約又は慣習によりその支払を受けるべき日の属する事業年度の益金の額に算入する。」とされている。

さらに所得の発生時期について，1965年全文改正の際に問題となったことに関し，税制調査会「税法整備答申」(1964年) は，次のように述べている。

「(1) 税法は，期間損益決定のための原則として，発生主義のうちいわゆる権利確定主義をとるものといわれているが，税法上個々の規定について検討するときは，現行税法全体の構造としては，権利確定主義を中核としながらも，その具体的運用は相当広く弾力性に富み，経済の実態及び企業会計の進展に伴った期間損益決定についての一つの体系を形成しているものと考えられ，細目において差異の生ずるのは課税の公平という租税目的上の要請から当然としても，企業会計における場合の発生主義と結果的に一致している面が多い。しかしながら，税法が，なおこのような権利確定主義を基本的基準としているのは，税法が，法律として，すべての納税者について統一的に扱う必要から，期間損益の決定を単に会計上の事実行為に立脚した基準にのみ委ねることができず，他に特別の定めがない場合の一般的判定基準としては，なんらかの法的基準を求めなければならないためであると考えられる。この見地から，今後においても，税法上期間損益決定についての基本的な法的基準は，これを設けておく必要があると認められる。

(2) 期間損益決定についての基本的な基準を，税法上いずれに置くべきかについては，各種の意見（外部取引につき，①対価請求権の確定したとき，②所有権の移転又は役務の提供があったとき，③引渡し又は対価請求権につき債務者が同時履行の抗弁権を失ったとき，④定められている債務履行期等のいずれかを基準とする意見）があったが，個別規定で補うことにより具体的な運用は③の引渡し又は対価請求権につき債務者が同時履行の抗弁権を失ったとき，によることに近くなるとしても，法的な基本的基準としては②の所有権の移転又は役務の提供があったときとすることが適当と認められる。なお，履行期に至る期間の特に長期のものの具体的扱い方については，今後において引き続き検討するものとする。」

(2) 納税者・税理士側の立場と税務署の見解

このように見てくると，甲法人が以前の礼金，敷金方式の賃貸借契約がいわゆる敷金返還訴訟事件が多発したことにより，住宅管理会社と相談して，現在

の定額補修分担金方式に変更しただけのことであって，実際，定額補修分担金を預かっただけと認識し，退去時には返金しているのである。これらのことから考えると，定額補修分担金は将来，賃借人が退去した時に予測される補修の契約条項と解することはできないであろうか。賃借人が退去する時までは，補修の可能性を考慮した前受金あるいは預り金として処理した会社側の会計的論理は成立するのではないだろうか。

それに対して，税務署側は賃貸借契約上，その定額補修分担金は入居期間に関わらず返還する義務はないと定められている以上，収益の実現という点では入居時にすでに権利が確定していると言わざるをえないとの立場をとる。税理士側の立場からみると，費用収益の対応という会計理論の観点からみても，会社側の処理の方が正しいものと考えられる。税務署側の処理は，あまりに権利の確定という観点のみに固執した見解で，契約の全体の流れを見通していないと考えられる。

5　消費税法上の税務判断

(1)　住宅等の課税非課税の判断

消費税法は第4条1項において，その課税対象を，「国内において事業者が事業として対価を得て行う資産の譲渡等（資産の譲渡，資産の貸付け，役務の提供）」と定めている。その一方で，「消費になじまないもの」「社会政策的配慮に基づくもの」等一定のものについては，必要最低限の非課税規定が設けられている。そのうち，「社会政策的な配慮に基づくもの」の1つとして，住宅家賃等がある。（法第6条，法別表第一．13，住宅（人の居住の用に供する家屋または家屋のうち人の居住の用に供する部分をいう。）の貸付け（当該貸付けに係る契約において人の居住の用に供することが明らかにされているものに限るものとし，一時的に使用させる場合その他の政令で定める場合を除く。））

すなわち，消費税法においては，住宅の貸付けは非課税とされている。つまり住宅の貸付けの対価すなわち家賃は非課税となるのである。ただし，住宅の貸付けの対象となっていると認められる施設や動産部分およびサービス部分に

ついては，一括家賃として受領したとしても合理的に区分の上，課税対象となる。したがって，①通常単独で賃貸借やサービスの目的物となる駐車場施設，プール・アスレチック施設等については，全住宅の貸付けについて付属する場合や住人のみの利用が前提となっている場合など，住宅に対する従属性がより強固な場合にのみ非課税とされ，②もともと居住用としての従属性が認められる倉庫や家具などの施設または動産については，全体を家賃として受領している以上，非課税として取り扱われる。ただし，入居者の別注により賃貸借の対象となっているものは課税となる。

また，マンション等の集合住宅には，本来の家賃のほか共益費等として徴収する金銭があるが，これらは当該住宅を入居者が共同で利用する上で共通に使用すると認められる部分の費用，たとえばエレベーターの運行費用や玄関等の光熱費，集会所等の維持費等は居住者に応分の負担をさせる性格のものであるので，住宅の貸付けの対価として非課税とされている。すなわち住宅を共同で利用する上で居住者が共通に使用すると認められる部分の費用を居住者に応分に負担させる性格のものについては，共益費，管理費等その名称にかかわらず非課税となる。また別途請求する各種料金については，個別に内容を判定することとなるが，上の共益費に該当するもの以外は，課税対象となる。

さて，住宅の賃貸借においては，通常の場合，月決めの家賃のほか敷金，保証金，権利金等種々の名目の金銭の授受が行われているが，消費税法上の資産の貸付けの対価の額には，賃貸借に伴い収受する一切の金銭を含むとされているから，敷金，保証金，権利金等の名目で収受する金銭も住宅の賃貸借に伴う対価の額となり，非課税となる。なお，これらの金銭のうち敷金，保証金については，返還部分が生ずることが一般的であるが，返還部分については預り金に過ぎないことから消費税の課税関係は生じることはなく，返還しない部分だけが非課税資産の譲渡等の対価となり，その譲渡等の時期は返還しないことが確定した時となる。(消基通5-4-3．6-13-1．6-13-2．6-13-9)

(2) 納税者，税理士側の立場と税務署の見解

　このように見てくると，甲法人が受取った定額補修分担金は，賃借人が退去する時に生じると予測される補修費用に充当するために預り，あるいは補修費用が生じなければその全額を返還するのであるから，負債としての前受金あるいは預り金として認識し，入居時においては不課税として処理したのである。これに対し，税務署側は，定額補修分担金は上で見てきた通り，いわゆる住宅の貸付そのものに該当するとは言えないし，入居期間の多少に関わらず返還する義務はないものであるから，入居時に全額課税売上として計上すべきである，という立場をとる。税理士側の立場からみると，全体の契約と取引の流れをみてみると会社側の処理が正しいのではないかと考えられる。そして，退去時において補修費用に充当するためもし返還しない金額があるなら，その時点で一種の礼金と考えて非課税売上とすべきであると考える。すなわち入居時に一括して受取り，かつ返還を要しないものであるなら，いわゆる礼金と実態は変わらないのではないかと考えられる。そうであるなら住宅の家賃等と同じく非課税売上となるのである。この定額補修分担金が，賃借人が退去するに際し，賃貸人が原状回復工事を行い，これに要した費用を賃借人から預っていた保証金から差引く場合の原状回復費用相当額であるとするならば，その原状回復費用は賃貸人の賃借人に対する役務の提供に該当し，課税の対象となるというのが一般的見解であろうが，昔からの慣習である礼金・敷金方式の賃貸借方式においては，その礼金部分でもって，前入居者が退去した後の原状回復費用をまかなっているのが現状ではないであろうか。従って，この定額補修分担金は住宅の貸付に伴って収受する，一種の礼金と理解され，非課税売上となると考えられる。そうでないと後述する退去時の消費税の処理と整合性がとれないと考えられる。

　そして退去時には，修繕費は非課税売上に対応する課税仕入れとして，個別対応方式においては仕入税額控除できず，雑損失も対価性がないので仕入税額控除できないと考えられる。ただ定額補修分担金収入の戻りであると解するなら，一種の礼金の戻りと考えられ，非課税売上の戻りと理解される。

おわりに

　今までみてきた通り，賃貸借契約における慣習として，以前は礼金・敷金方式が多く存在してきた。そこでは礼金はいわゆるお礼として，敷金は預かり金として賃貸人は認識してきたと思われる。それが，最近の権利意識の高まりから，賃借人は原状回復費用の負担につき，納得できない部分までも負担することには泣き寝入りせずに，できないと主張するし，賃貸人は節税意識の高まりや，資金繰りのひっぱくなどから賃借人からもらえるものはもらいたいという状況になってきたと考えられる。そして先に見たとおりの敷金返還請求事件等の裁判の判例が出てきたのである。そこで住宅管理会社の指導のもと，甲法人のように定額補修分担金方式やら，礼金・敷金なし，といった賃貸借契約も多く出てきているのである。

　この事例では，税務署側の指摘は，法人税法上も，消費税法上も問題あり，と言わざるをえないと思われる。契約の全体と実際の取引の流れを上から考えてみて，会計理論的立場の方が正しいと言えるのではないだろうか。法人税法の権利の確定という立場は，あまりに契約の一部分のみに固執した見解ではなかろうか。また消費税法については，その規定に，いろいろと非課税規定を設けたことに基因しているのではないか。しかし，現実には税務署側の指摘に従わざるを得なかった。

　今後の税率のアップ，複数税率，食料品非課税等多くの議論がなされているところであるが，早くインボイス方式の導入等，すっきりとした形での消費税法の改正がなされることを期待する。

参考文献：
武田昌輔編著『コンメンタール法人税法』第一法規株式会社，2006年。
武田昌輔監修『コンメンタール消費税法』第一法規株式会社，2006年。
山本守之『消費税法』税務経理協会，1991年。
木村剛志編『実務家のための消費税実例回答集』　税務研究会出版局，2006年。

（伊良知　弘敏）

第17章　同族役員である監査役の
退職金支給の認否について

はじめに——問題の所在——

　1年決算の某法人において税務調査があった。その法人の業種は食品製造業で代表取締役の父親ならびに親族が取締役，母親が監査役を勤める設立20期目の同族会社である。

　今期は前期までと比較して売上は増加したが，経費はあまり増加しなかったので，設立以来始めて大幅な利益が出そうであり，節税対策として全額損金算入が可能な保険料の一括払いとか，飛行機や船舶のレバリッジド・リース等の採用も検討したが，いずれの方策も社外に資金流出を生ずるために妥当でないと判断された。また母親もなにかと会合等もあり忙しく，会社に出てこれる時間も減り，監査役としての役割を十分に果たせなくなってきたことから，この際，監査役を辞任して交代し，役員退職金を支給しようということが取締役会・株主総会で採決された。

　そこで実際に登記簿上も辞任の登記をして，最終月額報酬をもとに役員退職金を計算し，支給したところ税務調査があった。課税庁の見解では，調査当日と翌日の2日間に渡り，母親は出社しており，勤務実態に変わりはなく，法人税法基本通達9-2-23の(1)の常勤役員が非常勤役員になったこと[1]に該当しない，というものであった。また，監査役は辞任しているが，みなし役員[2]に該当し，法人税法基本通達9-2-23の(2)の取締役が監査役になったということの逆に該当するので，法人税法基本通達9-2-23を前提としての退職金の支給

は認められず，全額役員賞与に該当するとの見解を示し，退職金の支給自体が出来ないとの指摘を受けた。また，監査役である母親は1.5％の株式を所有していた。

なお，法人税法基本通達9-2-23の(3)の報酬が激減したということには該当するというものであった（この点については税務署側と同じ見解）。

また，脚注2の同族会社のみなし役員に関しては①②③のすべてに該当している。

使用人が「みなし役員」と判定されれば，役員給与課税の適用を受ける。

1　税法・通達に係る関連用語

ここで「はじめに」で問題とされた同族会社，役員，役員退職金，役員賞与等の用語および，それらに関連する計算の方法等について，のちの検討との関連で考察する。

(1) 同族会社

3人以下の株主等，ならびにこれらの同族関係者の有する株式等がその会社の発行済み株式等の50％以上に相当する会社をいう。

(2) 役員

役員の範囲：法人税法基本通達9-2-23の解釈について

① **商法等の規定による役員**

商法や旧有限会社法などで規定している取締役，監査役，理事，監事および精算人。ならびに法人の使用人（職制上使用人としての地位を有するものに限られる）以外の者でその法人の経営に従事している者。

② **税法上の役員**

法人の取締役，執行役，監査役，理事，監事および清算人ならびにこれら以外の者で法人の経営に従事している者のうち政令で定めるもの。

③ 税法上のみなし役員

具体的には次に掲げるものがここでいう役員に該当する

イ　総裁・副総裁・会長・副会長・理事長・副理事長・組合長・副組合長などの肩書きを有するもので取締役または理事でない者

ロ　合名会社または合資会社における業務執行社員

ハ　人格のない社団等の代表者または管理人

ニ　定款等において役員として定められたもので取締役でない者（たとえば，定款において「当社は役員として相談役1名を置く」という定めがある場合の相談役）

ホ　相談役，顧問その他これらに類するものでその法人内における地位，その行う職務等からみて他の役員と同様に実質的に法人の経営に従事していると認められるもの（法基通9-2-1[(3)]）

上記①の取り扱いによる役員の判定は，非同族会社にも適用されることになる。

また，上記イ～ニに該当するものは，形式基準で役員と判定される。

(3) 役員退職金

役員退職金とは，役員の退職により支給される一切の給与（債務の免除による利益その他の経済的利益を含む。）をいうものとされている。

税法上，役員退職金については「その退職した役員に対して支給する退職給与の額のうち，その事業年度において損金経理しなかった金額および損金経理した金額で不相当に高額な部分の金額は，損金に算入しない。」（法人税法第36条）としている。

したがって役員退職金課税を考えるうえでは，(a)役員退職金の損金算入時期と，(b)役員退職金支給額の決め方が重要な問題となる。

(4) 役員退職金の損金算入の要件

役員退職金は，損金経理（確定した決算において費用または損失として経理す

ること）を要件として損金算入を認められる。

これは，役員退職金には，職務執行の対価たる役員報酬の後払的性格（費用性）と稼得した利益の分配たる功労報奨的性格（利益配分性）の2面があり，無条件に費用とは認めがたいため法人が費用として意思表示したとき，すなわち損金経理をした場合にのみ損金経理を認めようとする趣旨である。

(5) 役員賞与

役員賞与とは，役員に対する臨時的な給与で退職給与以外のものをいう（法人税法第35条④[4]）。ただし，臨時的な賞与であっても，ほかに定期の給与を受けていない者（非常勤役員等）に対し継続して毎年所定の時期に定額を支給するむねの定めに基づいて支給されるものは，役員報酬に該当する。

ただし，役員賞与は原則として損金に算入されないが例外的に使用人兼務役員の使用人分賞与としての適正額は損金に算入されることになっている。

(6) 退職金の計算方法

税法の退職金の計算方法は適正額を「同業，同規模他社の支給水準によって判定する」との考え方に立っている。判定基準としては「平均功績倍率法」と「1年当たり平均額法」の2つがあり，前者の平均功績倍率法を採用していることが多いようである。

① 平均功績倍率法

まずその法人と類似の法人（その法人と同業であり事業規模が類似している法人）を選定し，ついで類似法人の平均功績倍率（類似法人の役員退職金の額を，その退職役員の最終月額報酬に勤続年数を乗じた額で除して得た倍率）を求め，最後に判定役員の最終月額報酬に勤続年数を乗じた上にさらにその平均功績倍率を乗じて得た金額を，適正額とする方法である。

② 1年当たり平均額法

類似法人の退職役員の退職金額をその勤続年数で除して得た金額（1年あたりの退職金額）の平均額に，判定役員の勤続年数を乗じて得た金額を，適正額

とする方法である。

2　類似判例についての検討

つぎに類似する判例について考察してみる。

(1)　判例①　退職金として認められ納税者側が一部勝訴した例

1977年4月22日の神戸地裁の判決[5]で「みなし役員が取締役に昇任した際に支払われた使用人分退職給与の賞与課税が取り消された事例」がある。

①　訴訟の概要

A会社は船舶用冷凍装置の製造販売等を業とする株式会社であるが、1967年10月26日、同社の営業、経理部門を統括する甲および同社の技術部門を統括する乙がそれぞれ使用人から取締役に就任するに際し両名の使用人時代の退職金を精算する意味で、甲に2,300万円および乙に対して2,000万円を支給し損金の額に算入して、1969年11月期分法人税の確定申告をした。

これに対しB税務署長は、両名は取締役に就任する以前から税法上のみなし役員に該当しているから、本件退職金は役員在任中に支給された臨時的給与たる役員賞与に該当するとして、その損金算入を否認して更正処分をした。

争点としてはこの退職金が甲らに対する退職給与といえるか、または役員在任中の臨時的給与たる役員賞与といえるかにある。具体的には、甲および乙が退職金支給当時にいわゆるみなし役員であったかどうか、両名がみなし役員に該当するにしても、この退職金が両名に対する使用人時代の退職金の打ち切り支給といえるか否かが争われたものである。

②　判決の要旨

旧法人税法（1970年改正前）上、甲乙ともに同族関係株主であり、A会社内における地位、職務それに対する社内の待遇から見てすでに1965年頃には支配層たる地位を確立していたものと認められる。その頃には旧法人税法施行令第7条2号にいう「同族会社の使用人のうち、その会社が同族会社であることの判定の基礎となった株主であるもので、その会社の経営に従事しているもの」

として法人税法上の役員となったというべきである。

　税法上の退職給与は，本来退職により一時に支給を受ける給与であるから，本件のように役員として引き続き勤務するものに対して支給する給与は退職給与に該当しないのが建前であるけれども，世上一般に，会社の使用人であるみなし役員が商法上の取締役となる時，または使用人兼務役員が使用人兼務を解除されるときに，使用人時代の退職金の精算（打ち切り）支給が行われることは多々あることである。かかる場合には，税法上の退職給与であることを否定すべき理由はない。また甲および乙が税法上の役員になった約2年前に直ちに打切り支給がなされなかったからといって，本件退職金の退職給与たる性格をすべて失うと解することも出来ない。

　本件退職金は，退職給与たる一面を有することは否定できないが，その金額はA会社の従業員退職給与規則によって算定した金額の8倍にのぼり，他社の退職金の支給実態ともかけ離れており，本件退職金の支給事情をも合わせ考えれば，本件退職金の一部は，甲らの従前の功労に報いるため臨時的に支給された役員賞与と考えるべきである。

　しかるに，B税務署長は甲らの一般的に相当な使用人退職給与の額についてなんらの主張も立証もしないのであるから，役員賞与と認定されるべき金額も確定できない次第であって，結局，本件退職金全部が役員賞与であることを前提とする本件処分は全部違法として取り消しを免れないといわなければならない[6]。

　本件退職金が税法上，退職給与といえるか，役員時代の臨時的給与たる賞与といえるかが時々問題とされるのであるが，本判決は，上述のように退職給与の性格を認めたものである。このような判決は，使用人が役員になる場合の退職金の支給実態にむしろ合致するといえるものである。

　また，この判決に関してはB税務署長側が控訴し，大阪高裁の1979年2月28日判決では，退職金のうち一部について，この判決と同様，退職給与性を認めて，その退職給与の適正額を国家公務員の退職金の例にもとめて算定し，その適正額を上回る分を役員賞与と認定した。

(2) 判例② 退職金として一部認められた判例

2003年12月15日沖縄地裁での判決[7]

① 訴訟の概要

C会社は前代表取締役及び前専務取締役が非常勤取締役に分掌変更したことに伴い，両名に2000年9月期および2001年9月期に分割支給した金額を退職給与として損金算入して確定申告した。それに対してD税務署長は，①両名の分掌変更後の役員報酬が常勤役員並みに高額であり，かつ，他の非常勤取締役よりも高額であり，②両名はC会社の関連法人2社の常勤役員を兼務しており，かつ，これら2社はC会社を実質的に支配しているので，両名はこれら2社の常勤役員の地位を活用して依然としてC会社の経営に参画していると認められることから，法人税法基本通達9-2-23を満たさず，当該金員を役員退職給与として損金の額に算入することはできない，として争われた。

② 判決の要旨

①両名の分掌変更後の役員報酬が高額であるからといって，直ちに両名の職務の内容も常勤役員と同様であるということは出来ない。②C会社の関連法人2社が請求人を実質的に支配しているということは，証拠上肯定できない。③両名は分掌変更後，取締役会に出席すること以外に，請求人の経営活動に対して具体的にどのような支配力や影響力を及ぼしているかについて，D税務署長から具体的な主張・立証がなされておらず，かつ，両名の分掌変更後の職務は取締役会に出席する程度である旨の請求人主張を証拠上否定することは出来ない。すなわち，D税務署長の主張は採用できず，本件は法人税基本通達9-2-23を満たし，役員退職給与として損金の額に算入することが出来るので，原処分を取り消すのが相当である，との判決がなされ，退職金として一部損金算入が認められた。

(3) 判例③ みなし役員ではないが，分掌変更等における役員退職金の支給に関する敗訴した判例

2003年8月4日東京地裁での判決[8]

① 訴訟の概要

E会社の前代表取締役甲が代表取締役から取締役（会長）に分掌変更したことに伴い、甲が当該分掌変更により実質的に経営に参画せず法人税基本通達9-2-23に定める退職と同様の事情にあり、また、株主総会および取締役会の決議を経て支給も適正であるなど形式的な一連の手続きを経ていることから、役員退職給与の支給を損金算入して確定申告をしたところ、F税務署長は形式的な要件しか満たしておらず、実質的にはなんら変ったところはない、として争われた。

② 判決要旨

甲は、①E会社の発行済み株式の全部を所有し、分掌変更後も株主総会および取締役会に出席するなどE会社の経営にいつでも参画できること、②分掌変更後もE会社に常勤し営業や営業所の業務に関与していること、③業務担当の各責任者はE会社の経営に関する権限はないこと、および④新たに代表取締役となったのは甲と生計を一にする妻であり、その生計を一にする甲と妻の月額報酬合計額は分掌変更前の甲の月額報酬と同額であり実質的に変化がないことから、当該通達に定める退職したと同様の事情にあるとは認められない。また、形式的な用件をもって役員を退職したことにはならないから、当該役員退職給与の損金算入は認められず、役員賞与と認定したF税務署長は相当であるとして東京地裁で棄却され、東京高裁でも同様に棄却された。

(4) 判例④　もう1つの敗訴の判例

2004年6月25日大阪地裁判決[9]

① 訴訟の概要

G会社は、役員の分掌変更等の後において退職金を支給した。これは報酬が激減したものに対するものであり、実質的に退職したと同様の事情にある者にするものであるとして損金の額に算入して確定申告したところ更正処分を受け提訴した。

② 判　決　要　旨

　法人税基本通達9-2-23は，その例示に該当するような事実があったことなどによりその役員としての地位または職務が激変した場合には，実質的に退職したと同様の事情にあるものとしてもよいとしたに過ぎず，当該例示のいずれかに形式的に該当するか否かにより実質的に退職したと同様の事情にあるかどうかを判定する趣旨ではない。したがって，形式的には本件通達の例示に該当しても，そもそも実質的に退職したと同様の事情にあるとは認められないその他の事情がある場合には，本件通達の適用がないものというべきである。つまり，法人税基本通達の例示(3)にある報酬の激減についても，役員報酬は職務内容に応じた適正な額でなければならず，通常，報酬等が激減した場合には，その職務内容が激変する場合が多いことから掲示されているのであり，たとえば当該法人の業績不振を理由として役員報酬が全体として半減されたとしても，必ずしも当該役員の地位または職務内容が激変したとはいえない。よってG会社の主張には理由がない，として大阪地裁では棄却された。

3　納税者・税理士の立場

　これまで検討してきた判例を参考にして考えると，本章で考察しているケースの問題点は以下の3点に絞られると考える。その3点について以下考察してゆく。

①みなし役員か否か。

　税務上はみなし役員に該当することに異論はないが，みなし役員になりたくてなっているのではない。

②経営に従事しているか。

　経営には一切従事していない。

③勤務実態はどうか。

　退職するまでは常勤監査役として取締役の職務執行や会社の業務，財産の状況および経理の監査をするなどほぼ毎日会社に出勤していたが，退職後は出社することは少なくなった。会社に出てきても電話の取次ぎをしたり従業員の昼

食の手伝いをする程度である。

　調査当日に会社に来ていたことから勤務実態が変わっていないとの指摘があったが，当日は事務員が1人休みであり，2日目も他団体の会合があったにもかかわらず，その会合を断って調査に立ち会っただけのことで退職するまで監査役として勤務し，報酬を得ていたその時点までの責任を果たすために来ていたのである。勤務実態が変わっていないという指摘はあてはまらない。

　みなし役員に該当するためには株式所有の判定に加えて経営に従事しているかどうかを考える必要がある。経営に従事していなければ，退職金の損金算入は可能となるはずである。通達はあくまで取締役から監査役への地位の変更を前提にしているものであり，今回の場合には直接関係がない通達であると考えられる。ただし監査役からみなし役員への地位の変更の場合には，経営の第一線から退くなら退職金の損金算入を認める内容であるため，その趣旨であれば退職金の損金算入に支障はないと考えられる。通常，役員が退職金の支給を受ける場合，実質的に経営から退くならば退職金の損金算入は問題ないはずである。また，その際，退職金を損金算入するには退職する役員が自己の所有する株式を売却しなければならないという法律は存在しない。結果として経営に従事していないのであれば，とくに問題はないと考えられる。ただし金額の多寡という問題は生じてくる。監査役は長年その会社におりながら今まで一切退職金を支給されたこともなく，今回が初めての退職金であることからも損金算入に問題はないとする考えを税理士としては主張した。

おわりに——顛末——

　判例においては納税者側の一部勝訴があったり，敗訴もある。また，課税庁内においても，前述の法人税基本通達9-2-23の厳格な適用は控えられており，その実態に応じて弾力的適用が図られているように見受けられる。本件においても納税者・税理士側としては，課税庁側が更正処分した場合には，異議申立，審査請求，訴訟等まで考えていたが，話し合いの結果，調査官も基本通達9-2-23の解釈について無理があると考えたのか，最終的には退職金の計算

根拠となる最終月額報酬について一部遡って増額していた超過分についてのみ自己否認して修正申告した。退職金の支給自体は認められた。

参考文献

戸島利夫・辻　敢・堀越　薫共著『税法・商法からみた役員の報酬・賞与・退職金』税務研究会出版局，1990年。

日本税理士連合会編，平山　昇『役員の報酬・賞与・退職金』中央経済社，2001年。

(注)
（１）（役員の分掌変更等の場合の退職給与）
　　　法人税　基本通達　9-2-23
　　　　法人が役員の分掌変更または改選による再任等に際しその役員に対し退職給与として支給した給与については，その支給が，たとえば次に掲げるような事実があったことによるものであるなど，その分掌変更等によりその役員としての地位または職務の内容が激変し，実質的に退職したと同様の事情にあると認められることによるものである場合には，これを退職給与として取り扱うことが出来る。
（一）常勤役員が非常勤役員（常時勤務していないものであっても代表権を有するものおよび代表権は有しないが実質的にその法人の経営上主要な地位を占めていると認められるものを除く。）になったこと。
（二）取締役が監査役（監査役でありながら実質的にその法人の経営上主要な地位を占めていると認められるものおよびその法人の株主等で令第七一条第一項第四号《使用人兼務役員とされない役員》に掲げる用件をすべて満たしているものを除く。）になったこと。
（三）分掌変更等の後における報酬が激減（おおむね50％以上の減少）したこと。
（２）同族会社のみなし役員とは
　　　　同族会社にあっては，次の３つの持株要件のすべてを満たす使用人（職制上使用人としての地位のみを有する者に限る。）で，かつ，その会社の経営に従事している者は役員とみなされる。(法令７二)
　　　　ただし，３つの要件のうち１つでも該当しなければ，その者は役員とみなされない（たんなる「使用人」になるということである）
　　① その使用人が同族会社の判定株主グループに属していること
　　　具体的には，その使用人が下記のいずれかの株主グループに属すること

イ　第1順位の株主グループの持株割合が50%以上である場合
　　　　その使用人が第1順位の株主グループに属していること
　　　ロ　第1順位と第2順位の株主グループの持株割合を合計した場合に、その持株割合がはじめて50%以上となる場合
　　　　その使用人が第1順位または第2順位の株主グループに属していること
　　　ハ　第1順位から第3順位までの株主グループの持株割合を合計した場合に、その持株割合がはじめて50%以上となる場合
　　　　その使用人が第1順位から第3順位までのいずれかのグループに属していること
　　②　その使用人の属する株主グループの持株割合が10%を超えていること
　　③　その使用人（その配偶者およびこれらの者の持株割合が50%以上である他の会社を含む）の持株割合が5％を超えていること
　　　このように、法人税法で「みなし役員」の規定をしている趣旨は、実質的には会社の経営者でありながら、名目上取締役等としないことによって、役員給与課税の回避を防止することにある。
　　　そして、その使用人が「みなし役員」と判定されれば、役員給与課税の適用を受けることになる。
（3）法人税　基本通達　9-2-1　令第7条第1号（役員の範囲）に規定する「使用人以外のものでその法人の経営に従事しているもの」には、相談役、顧問その他これらに類するものでその法人内における地位、その行う職務等からみて他の役員と同様に実質的に法人の経営に従事していると認められるものが含まれていることに留意する。
（4）法人税法　第35条第4項
　　　　前3項に規定する賞与とは、役員または使用人に対する臨時的な給与（債務の免除による利益その他の経済的な利益を含む。）のうち、他に定期の給与を受けていないものに対し継続して毎年所定の時期に定額（利益に一定の割合を乗ずる方法により算定されることとなっているものを除く。）を支給する旨の定めに基づいて支給されるものおよび退職給与以外のものを言う。
（5）『税務訴訟資料』94号、259頁。
（6）商事法務研究会『役員給与税務事例集』別冊商事法務No.83、110頁。
（7）裁決要旨検索システム
　　http://search.kfs.go.jp/Sichiran.asp?Seed=1&ChNum=2（2006年1月6日現在）
（8）裁決要旨検索システム
　　http://search.kfs.go.jp/Sichiran.asp?Seed=1&ChNum=2（2006年1月6日現在）
（9）裁決要旨検索システム

http://search.kfs.go.jp/Sichiran.asp?Seed=1&ChNum=2（2006年1月6日現在）。

（湊　一郎）

247

第18章 アメリカ公益企業の税効果会計

はじめに

　アメリカの会計は,一般に認められた会計原則(以下,「GAAP」という)を中心に成り立っているといわれている。GAAP は,利害関係者への報告会計(以下,「外部報告会計」という)に関する基準であり,一般事業会社と公益企業を含むすべての企業はこれに準拠して外部報告を行う。ただし,公益企業の会計は,外部報告会計という側面のほかに,規制機関への報告会計(以下,「規制会計」という)という側面を持つ。規制会計は,公益事業に関する連邦法・州法・各種行政命令(以下,「公益事業法」という)に準拠して行われる。公益企業の外部報告会計は,この規制会計の影響を受けるために,減損会計やリース会計などのいくつかの項目について,部分的に一般事業会社と異なる会計処理を要求される。

　本章では,一般事業会社と公益企業で会計処理が異なる項目のうち,税効果会計について取り上げ,さしあたり次の2点を明らかにしたい。1つは,公益企業の税効果会計が公益事業法や GAAP のなかでどのように規定されてきたか,いま1つは,公益企業の税効果会計がどのような特徴を持つかである。

　前者について取り上げるのは,税効果会計に関する先行研究[1]のなかでは,公益企業の基準についてほとんど触れられていないからである。ここでは,① GAAP における公益企業の税効果会計基準の嚆矢と目される1982年12月の SFAS 71号『特定の規制の影響についての会計』[2](以下,「SFAS 71号」という)

と，②一般事業会社の税効果会計規定と公益企業の税効果会計規定が1つの税効果会計基準として統合される転換点となった1987年12月のSFAS 96号『法人税等の会計』[3]（以下，「SFAS 96号」という）の2つを中心に検討する。

また，後者について取り上げるのは，公益企業の減損会計・リース会計を検討するなかで浮き彫りになった2つの特徴[4]が，税効果会計についてもあてはまるかどうか検証してみたいからである。

1 SFAS 71号公表前の公益企業の税効果会計規定

SFAS 71号を語るにあたっては，SFAS 71号公表前の公益企業の税効果会計規定をみておく必要がある。

公益企業の税効果会計に関する規定は，1960年代までは一切存在しなかった。したがって，裁判所の指示を受けた一部の例外[5]を除いて，公益企業は，法人税等を期間配分せず，税務上の法人税等をそのまま規制会計および外部報告会計上の法人税等としていた。

公益企業において税効果会計が規定されたのは，1970年代に入ってからのことである。1970年5月の電気事業設備の減価償却費に関する税効果会計規定[6]を皮切りに，研究開発費の税効果会計規定など，いくつかの規定が公表された。しかし，これらの規定はすべて公益事業法上の行政命令であり，しかも減価償却費や研究開発費などの個別項目に関する断片的な規定にすぎなかった。

公益事業法において体系的な税効果会計規定が公表されたのは，1970年代後半のことである。その先駆けとなったのが，1975年6月に行政命令として出された電気事業の税効果会計規定である[7]。この規定では，原則として，税引前利益に影響する項目と課税所得に影響する項目の差額（以下，「期間差異」という）を，差額発生時の税率によって期間配分する方法（以下，「繰延法」という）で処理するよう求めている。この処理法は，1967年12月に公表された一般事業会社の税効果会計基準であるAPBオピニオン第11号『法人税等の会計処理』[8]（以下，「APB 11号」という）の処理法と軌を一にしており，明らかにGAAPの考え方を取り込んだものである。

また，電気事業の税効果会計規定は，このような原則的な処理法のほかに，規制機関の指示がある場合に限り，期間差異を配分しないフロー・スルー法（以下，「FT法」という）の使用を容認している。なぜAPB11号にないFT法を容認したのか，その理由については特に触れていないが，おそらく繰延法に比べて料金を安く設定できるとの理由からだと推測される。

一般に，公益企業においては，料金を安く設定した場合には，需要の増大を引き起こし，設備投資が刺激されるといわれている[9]。実際，1950年代から70年代の電気事業においては，発電設備の規模拡大→発電単価低下（料金の低下）→需要促進→規模拡大というメカニズムが働いていた[10]。FT法の使用を容認したのは，このような，公益企業の規模拡大を促す政策を発動させる余地を残すためではないかと考えられる。もしそうであれば，FT法は，きわめて政策的な理由から容認された方法であるといえよう。

以下，FT法が，繰延法に比べて初期の料金を安く設定できる方法であることを，具体的に設例のなかで検証してみよう。

〈設例1〉
・設備の取得原価　＄55,000（耐用年数10年　残存価額0ドル）
・減価償却方法　規制会計上：定額法，税務上：級数法
・税率　50％（税率の変更なし）
・公正報酬[11]　設備の期中平均簿価の10％
・上記以外の項目は無視

本設例において，規制会計上と税務上の会計処理の違いは，減価償却方法のみであるため，減価償却費の差額が期間差異となる。なお，ここでは，税務上算定される法人税等を，「当期法人税等」，繰延法を用いて配分される法人税等を「繰延法人税等」と呼び，区別する。

一般に，料金は次の式で表される[12]。

料金＝営業費および維持費＋減価償却費および償却費＋法人税等＋公正報酬

本設例では，減価償却費，法人税等，公正報酬の3項目以外は無視するため，上記の式は次のように書き換えられる。

料金＝減価償却費＋法人税等＋公正報酬

以下では，この式を用いて料金を算定していく。

(1) FT法を用いる場合の料金

FT法を用いる場合には，期間差異の配分を行わない。そのため，料金に含められる法人税等は，当期法人税等のみとなる。税務上の法人税等は，「｛収益（＝料金）－税務上の費用｝×税率」で表されるため，料金をRとすると，Rは次の式のように表される。

R＝規制会計上の減価償却費＋当期法人税等＋公正報酬
⇔　R＝規制会計上の減価償却費＋｛(R－税務上の減価償却費)｝×税率＋公正報酬

したがって，数字をあてはめると，FT法を用いる場合の1年目の料金は11,450ドルとなる。

R＝5,500[*1]＋｛(R－10,000[*2])×50%｝＋5,225[*3]
⇔　R＝11,450

*1　規制会計上の減価償却費＝設備の取得原価　$55,000÷10年
*2　税務上の減価償却費＝取得原価　$55,000×10÷55
*3　公正報酬＝設備の期中平均簿価　$52,250[*4]×10%
*4　設備の期中平均簿価＝(設備の期首簿価　$55,000＋設備の期末簿価$49,500[*5])÷2
*5　設備の期末簿価＝設備の取得原価　$55,000－規制会計上の減価償却費 $5,500[*1]

(2) 繰延法を用いる場合の会計処理と料金

繰延法を用いる場合には、期間差異を配分するため、当期法人税等に加えて繰延法人税等も料金に含められることになる。そのため、料金Rは次の式で表される。

R＝規制会計上の減価償却費＋当期法人税等＋繰延法人税等＋公正報酬

繰延法人税は、期間差異に税率をかけて算定されるため、たとえば1年目であれば、2,250ドル（「期間差異（$10,000 − $5,500）」×税率50%）となる。

これと①の結果をふまえると、繰延法を用いる場合の1年目の料金は15,950ドルとなる。

R ＝ 5,500 ＋ {(R − 10,000) × 50%} ＋ 2,250 ＋ 5,225
⇔　R ＝ 15,950

(3) FT法と繰延法による場合の料金の比較

FT法と繰延法による料金を10年分まとめると、図表18-1のようになる。

この図表から明らかなように、FT法を用いた場合、繰延法に比べて初期の料金を安く設定できる。

2　SFAS 71号の税効果会計規定

1982年12月に公表されたSFAS 71号は、公益企業の税効果会計について、①原則としてAPB11号に準拠する、②ただし、規制会計上FT法を用いている場合については、外部報告会計上、繰延法人税等を計上してはならない（＝FT法を用いる）と規定している[13]。この規定は、APB11号と公益事業法上の税効果会計規定の双方をそのまま引き継いでおり、ある意味、公益企業の税効果会計実務をそのまま受け入れたものといえる。SFAS 71号は、この規定がAPB11号改訂までの暫定的基準であることを強調し、次のように説明している[14]。

「1982年1月より、FASBは、APB11号の全面見直しに取りかかっている。

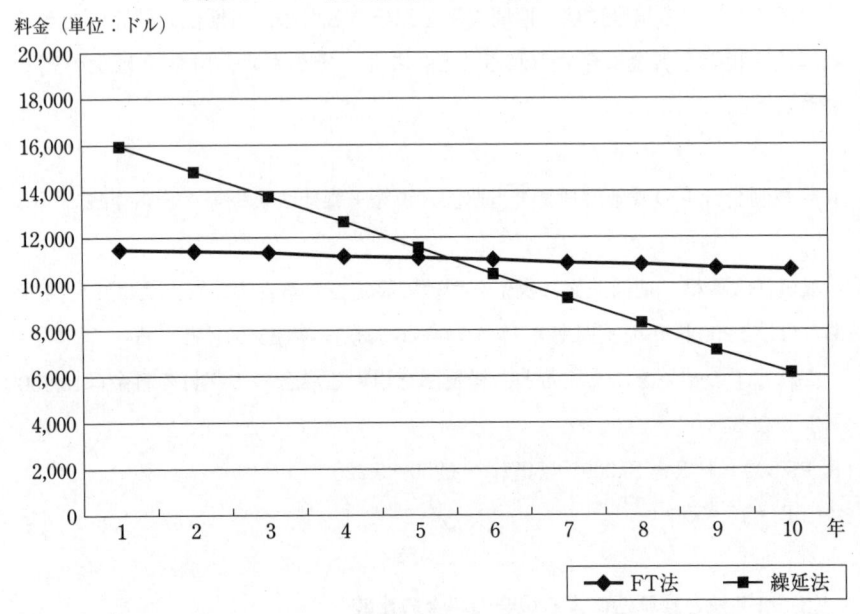

図表18-1　FT法と繰延法による場合の料金の比較

料金（単位：ドル）

　そのため，公益企業の税効果会計は，APB11号の見直しが完了するまでの間，大部分の公益企業が採用している現行の実務を引き継ぐこととする。」
　このSFAS 71号の規定は，公益企業の税効果会計の歴史を考えるうえで，2つの大きな意味を持つ。1つは，公益企業の税効果会計がGAAPのなかに位置づけられたことである。いま1つは，公益企業の外部報告会計にGAAPが適用されるようになったことである。
　SFAS 71号が公表されるまで，公益企業の外部報告会計は，規制会計の規定を準用して行われていたが，SFAS 71号の公表により，規制会計については公益事業法，外部報告会計についてはGAAPを適用するという構図が確立した。

3　SFAS 96号の税効果会計規定

　SFAS 71号の公表から5年後の1987年12月，APB11号は全面改訂され，新たにSFAS 96号が公表された。SFAS 96号は，一般事業会社の税効果会計と公益

企業の税効果会計について包括的に規定しており，一般事業会社と公益企業を含むすべての企業に対して，従来の税効果会計処理に代えて，外部報告会計上と税務上の資産・負債の差額（以下「一時的差異」という）[15]を，差額解消時の予測税率によって期間配分する方法（以下「資産・負債法」という）[16]で処理するよう求めている。ただし，公益企業については，規制会計上FT法を用いる場合に限り，外部報告会計上の繰延法人税等を，規制資産[17]として繰延処理することを容認している。

ここで問題となるのは，なぜ繰延法人税等の規制資産処理を容認したかである。その理由について，SFAS 96号は特に説明していないが，規制資産処理しない場合に比べて初期の料金を安く設定できるからではないかと推測される。以下，具体例を用いて検証してみよう。

〈設例2〉
設例1に以下の条件を追加する
・減価償却方法　外部報告会計上：定額法
・規制資産の償却方法　設備の耐用年数に渡って定額法，5年，残存価額0ドル

本設例において，一時的差異は，外部報告会計上の設備の期末簿価（49,500ドル）－税務上の設備の期末簿価（45,000ドル）＝4,500ドルとなる。また，税率に変更がないことを前提としているため，予測税率は50％となる。

(1) 繰延法人税等を規制資産として処理した場合の料金

SFAS 96号では，規制資産も繰延法人税等を認識しなければならない一時的差異であると規定されている[18]。そのため，繰延法人税等は，次の式で表される。

繰延法人税等＝（外部報告会計上の設備の期末簿価－税務上の設備の期末簿

価 + 規制資産) × 税率

　この繰延法人税等を規制資産として処理するため，上記の式は次のように書き換えられる。

規制資産 = (外部報告会計上の設備の期末簿価 − 税務上の設備の期末簿価 + 規制資産) × 税率

　したがって，数字をあてはめると，規制資産は4,500ドルとなる。

規制資産 = (49,500 − 45,000 + 規制資産) × 50%
⇔　規制資産 = 4,500

　設例1でみたように，規制会計上FT法を用いている場合の1年目の料金は11,450ドルである。このように設定されている料金に対して，外部報告会計上，繰延法人税等を規制資産処理すると，規制資産の減価償却費（$4,500÷10年 = $450）の分だけ料金の回収不足が生じる。公益企業は，この料金の回収不足分を織り込んで料金を設定するため，1年目の料金は11,900ドル（$11,450 + $450）となる。

(2)　繰延法人税等を規制資産として処理しない場合の料金

　規制会計上FT法を用いている場合，1年目の料金（11,450ドル）に含まれる法人税等は，当期法人税等（725ドル）のみとなる。このように設定されている料金に対して，外部報告会計上，資産・負債法を用いて税効果会計処理すると，繰延法人税等（一時的差異$4,500 × 予測税率50% = $2,250）の分だけ料金の回収不足が生じる。この回収不足分を織り込むと，1年目の料金は13,700ドル（$11,450 + $2,250）となる。

(3) 繰延法人税等を規制資産処理した場合としない場合の料金の比較

　繰延法人税等を規制資産処理した場合としない場合の料金を10年分まとめると，図表18-2のようになる。

　この図表から明らかなように，外部報告会計上の繰延法人税等を規制資産処理した場合，規制資産処理しない場合に比べて初期の料金が安く設定できる。

4　公益企業の税効果会計の特徴

　以上みてきた公益企業の税効果会計からは，次の2つの特徴がみてとれる。
① 　公益事業法の税効果会計に関する規定がGAAPに取り込まれ，GAAPとして位置づけられた
② 　一般事業会社の税効果会計規定と公益企業の税効果会計規定が1つの基準として統合された

　ここでは，税効果会計にみられるこれら2つの特徴を，減損会計・リース会

図表18-2　繰延法人税等を規制資産処理した場合としない場合の料金の比較

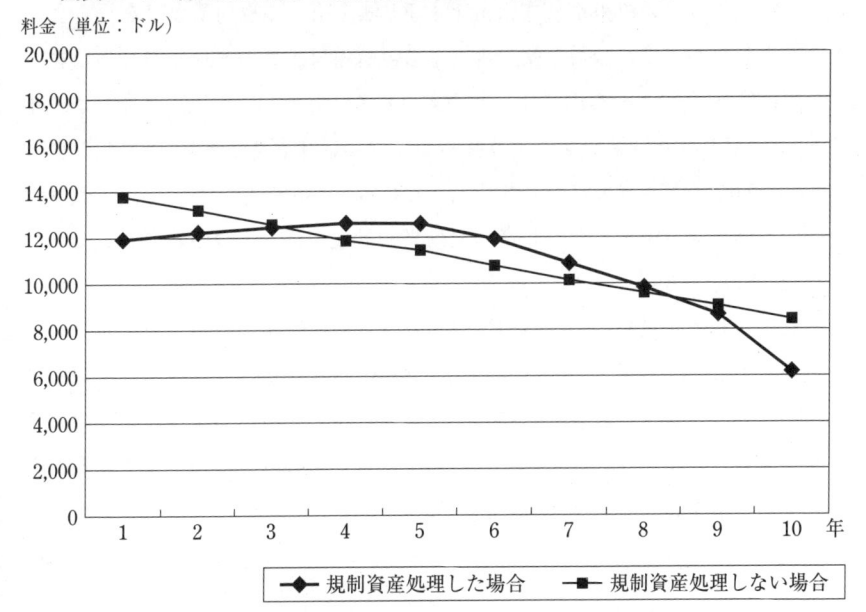

計の場合と比較する形で検証してみたい。

(1) GAAPへの取り込み

SFAS 71号では，APB11号を原則としながらも，FT法を容認することで，GAAPのなかに公益企業の税効果会計を位置づけた（図表18-3）。これによって，一般事業会社と部分的に異なる公益企業の税効果会計が，GAAPに準拠した会計として認められるようになった。

減損会計も，税効果会計と同様に，GAAPが規制会計の規定を取り込む形でGAAPのなかに公益企業の減損会計を位置づけている。これに対して，リース会計では，GAAPにおいて規制会計とは異なる規定が新設され，税効果会計や減損会計とは逆に，規制会計がGAAPの規定を取り込んでいる。

(2) 規定の一本化

SFAS 71号は，公益企業に対して，原則としてAPB11号，規制会計上FT法を用いている場合のみ外部報告会計上もFT法を用いて税効果会計を行うよう求めた。したがって，公益企業の税効果会計基準は，このSFAS 71号の公表をもって，実質的には一本化されたと考えられる。しかし，SFAS 71号では，原則としてAPB11号に準拠するよう指示しているにすぎず，規定上はAPB11号とSFAS 71号の2本立てになっていた。その後SFAS 96号において，一般事業会社の税効果会計規定と公益企業の税効果会計規定は，1つの基準として統合された（図表18-3）。

これに対して，減損会計ではSFAS144号『長期性資産の減損または処分の会計処理』とSFAS 71号，リース会計でもSFAS13号『リース会計』とSFAS 71号という形で規定上は2本立てのままであり，税効果会計のように1つの基準として統合されていない。この点において，税効果会計と減損・リース会計とは異なる特徴を持つといえよう。

図表18-3 アメリカ公益企業の税効果会計の経緯

	GAAP		公益事業法	
	一般事業会社	公益企業	公益企業	
			規制会計	外部報告会計
1967年12月	APB11号 期間差異・繰延法	なし	なし	なし
1970年代		なし	期間差異・繰延法　FT法	規制会計を準用
1982年12月	APB11号 期間差異・繰延法	71号 APB11号 期間差異・繰延法　FT法		GAAPを適用
1987年12月	96号 一時的差異・資産・負債法	96号 一時的差異・資産・負債法　規制資産処理		

おわりに

本章では，まず，SFAS 71号公表前の公益企業の税効果会計について取り上げ，①1970年代に入って初めて税効果会計規定が公益事業法のなかに設けられたこと，②規制会計上の税効果会計規定は，APB11号の考え方を取り込みながらも，一部例外的な処理を容認していたことを明らかにした。

つぎに，GAAPにおける初の公益企業の税効果会計基準であるSFAS 71号について取り上げ，SFAS 71号が，①原則APB11号，規制機関の指示がある場合にはFT法を用いるよう規定していること，②公益企業の税効果会計の歴史を考える上で2つの大きな意味を持つことを明らかにした。

さらに，APB11号の全面改訂版であるSFAS 96号が，①一般事業会社と公益企業を含むすべての企業の税効果会計について包括的に規定するとともに，配

分対象となる差異と配分方法を，それぞれ一時的差異と資産・負債法へと変更したこと，②公益企業に対して，規制会計上FT法を用いている場合に限り，繰延法人税等の規制資産処理を容認したことを明示した。

最後に，公益企業の税効果会計には2つの特徴がみられることを明らかにするとともに，これら2つの特徴が，次の2点を除けば，減損会計・リース会計に見られる特徴と一致することを明らかにした。

① リース会計では，規制会計がGAAPの規定を取り込んでいる
② 減損会計・リース会計では，一般事業会社の規定と公益企業の規定が1つの基準として統合されていない

今後は，従業員給付の会計等の他の項目についても検討し，減損会計等にみられる特徴と比較検証したい。このことを通じて，アメリカ公益事業会計の全体像が解明できればと考えている。

(注)
(1) アメリカの税効果会計を扱っている文献としては，たとえば次のようなものがある。勝島敏明「税効果の実務処理と財務諸表表示―アメリカ式財務報告における税効果会計の実際―」『企業会計』第28巻 第11号，1976年10月；弥永真生・足田浩「税効果会計導入の必要性と導入に伴う問題点について」『金融研究』第14巻 第3号，1995年9月；中田信正『税金配分会計―法人税期間配分の会計―』中央経済社，1973年；西村幹仁『税効果会計の理論―国際的調和化の動向とその問題点―』同文舘，2001年。
(2) FASB, Statement of Financial Accounting Standards No. 71, *Accounting for the Effects of Certain Types of Regulation*, December 1982.
(3) FASB, Statement of Financial Accounting Standards No. 96, *Accounting for Income Taxes*, December 1987. なお，現行の法人税等に関する会計基準は，1992年2月に公表されたSFAS109号『法人税等の会計』である。SFAS109号は，繰延税金資産に関する規定を中心にSFAS 96号を差替えている。SFAS109号における公益企業の税効果会計については，紙幅の都合から，また別の機会に検討することとしたい。
(4) ここでいう2つの特徴とは，①公益企業の減損・リース会計が，一般事業会社と部分的に異なるものであっても，GAAPに準拠した会計として認められてい

ること，② GAAP において，減損・リースの会計基準が，規定上は 2 本立てになっているが，実質的には71号に一本化されていること，の 2 つである（拙報告「アメリカ公益企業のリース会計」国際会計研究学会第23回大会　自由論題報告（2006年 9 月23日，於同志社大学））。

(5) 裁判所の指示のもと，法人税等の期間配分を行っていた企業としては，たとえば，1956年の Amere Gas 社のケースが挙げられている（Robert L. Hahne & Gregory E. Aliff, *Accounting for Public Utilities*, Matthew Bender, November 1992, p. 17-10.)。

(6) 35 Fed. Reg. 11,237（1970.07.14）．

(7) 40 Fed. Reg. 26981（1975.06.26）．通信事業においても，1978年から審議が重ねられ（49 Fed. Reg. 21,377（1984.05.21）），8 年後の1986年12月に体系的税効果会計規定が設けられた（51 Fed. Reg. 43, 498（1986. 12. 02））。

(8) AICPA, Opinions of Accounting Principles Board No. 11, *Accounting for Income Taxes*, December 1967. （訳）日本公認会計士協会国際委員会『アメリカの会計原則―AICPA 会計原則審議会意見書―』大蔵財務協会，1978。

(9) Alabama-Tennessee Natural Gas Company, 31 F.P.C. 219（February 1964）aff'd sub nom. Alabama-Tennessee Natural Gas Company v. FPC, 359 F. 2 d 318（C.A.5）．

(10) 小林健一『アメリカの電力自由化－クリーンエネルギーの将来』日本経済評論社，2002年，7 頁。また，統計データからは，電力事業だけでなく，通信事業においても1950年代から70年代にかけて急速な設備資産額の増加がみられる（アメリカ合衆国商務省編／斎藤眞・鳥居泰彦監訳『アメリカ歴史統計』第Ⅱ巻，原書房，1986年，785，829頁より）。

(11) 公正報酬は，料金基礎に公正報酬率をかけて算出される。ここにいう料金基礎とは，公益事業の利用者に対するサービス提供にあたって必要とされる生産設備およびその他の投資の合計である（加藤盛弘「公益事業会計における一般に認められた会計原則の位置」『同志社商学』第45巻第 4 号，1993年12月，60頁。）。

(12) Robert L. Hahne & Gregory E. Aliff, *Accounting for Public Utilities, Matthew Bender, November 1993, p. 3-11.

(13) FASB, SFAS No. 71, par. 18.

(14) *Ibid., summary* and par. 89.

(15) 一時的差異は期間差異を含む概念である。このように配分対象を拡大した理由について，SFAS 96号では，これまでは対象としてこなかった損益計算書を経由しない項目を配分するためであると述べている（*Ibid.*, summary and par.

10.)。
(16) 資産・負債法を用いている場合には，税率変更時に繰延税金負債を修正することになる（*Ibid.*, pars. 17 and 20.）。このことから，SFAS 96号で，繰延法に代えて資産・負債法が採用されたのは，「税率が変わるケースにおいて繰延法を用いると，繰延税金負債が，将来支払われる法人税等を表すものではなく，簿記的な残高を示すにすぎなくなる（*Ibid.*, pars. 181, 184, 198.）」という問題点を解消するためではないかと推測される。なお，税率が変わらないという条件のもとでは，繰延法を用いた場合と資産・負債法を用いた場合の税効果会計処理は一致する。
(17) 規制資産とは，公益企業にのみ計上の認められた繰延資産である。規制資産処理が認められるのは，次の2つの規準をともに満たす費用に限られている。①費用に見合う将来収益が，ほぼ確実に発生すること，②将来収益は，将来発生する原価ではなく，すでに発生した原価に対応するものであること（FASB, SFAS No.71, par. 9.）。
(18) FASB, SFAS No. 96, par. 22.

（政岡　孝宏）

第19章　在外子会社の換算にみる
連結キャッシュ・フロー計算書の課題

は　じ　め　に

　国際会計基準審議会（International Accounting Standards Board：以下 IASB とする）と財務会計基準審議会（Financial Accounting Standards Board：以下 FASB とする）の共同プロジェクトの1つである業績報告プロジェクトの1検討項目として包括利益計算書とキャッシュ・フロー計算書の様式に同じ区分を用いることが挙げられている[1]。これは財務諸表間における表示上の整合性を高めることで，財務諸表の連携を推進させることを狙ったものであろう。では現行の会計規定においてキャッシュ・フロー計算書と包括利益，とりわけその他の包括利益との関係はどうなっているのであろうか。将来何らかの変更を要する可能性のある会計規定を理解するには，現行の会計規定を考察，整理することが重要であろうと考える。そこで本章では，アメリカにおける現行の会計規定により作成されるキャッシュ・フロー計算書のうち，唯一その他の包括利益に関連する項目が出現する在外子会社の財務諸表の換算[2]を素材として，以下の点について検討することを目的とする。まずキャッシュ・フロー計算書において，在外子会社の換算はどのように行われているのかを整理すること。そして当換算より生じる換算差額を分析して，財務諸表における表示の不整合問題を検討すること。さらにその不整合問題より生じるキャッシュ・フロー計算書とその他の包括利益の関係についての課題を述べることである。

1 換算についての会計規定

まず在外子会社の換算について，財務会計基準ステイトメント（Statement of Financial Accounting Standards：以下SFASとする）52号『外貨換算』と SFAS 95号『キャッシュ・フロー計算書[3]』のそれぞれの規定を見ていくこととする。なおここでキャッシュ・フロー計算書の規定である SFAS 95号以外に，SFAS 52号についても検討する理由は，次の2つからなる。1つは，アメリカにおける外貨換算の規定が SFAS 52号であるためである。もう1つは，以下の2節の例示でも示されているが，貸借対照表と損益計算書を基にキャッシュ・フロー計算書を作成するのが，アメリカにおける一般的な方法であるためである。すなわち在外子会社の換算においても，キャッシュ・フロー計算書は貸借対照表と損益計算書を基にしているためである。

(1) SFAS 52号の内容
① 機 能 通 貨

アメリカでは財務諸表の換算は，機能通貨という概念に基づいて行われる。SFAS 52号は機能通貨について，「在外事業単位（foreign entity）の資産，負債及び経営成績は，その事業単位の機能通貨を用いて測定されなければならない。ある事業単位の機能通貨は，その事業単位が事業を行っている第一次的に重要な経済環境における通貨である。通常それは，事業単位が主として資金を稼得し，かつ費消している経済環境における通貨である[4]」と規定している。そして SFAS 52号は，この機能通貨によって，在外子会社を以下の2種類に区分している[5]。

- 機能通貨を現地通貨とする場合 → 為替レートの変動による経済的影響が在外子会社の純投資額に関連しており，かつ親会社のキャッシュ・フローには直接影響を与えない場合（以下，独立的在外子会社とする）
- 機能通貨を報告通貨とする場合 → 為替レートの変動による経済的影響が在外子会社の個々の資産および負債に関連していて，かつ親会社のキャ

ッシュ・フローに直接影響を与える場合（以下，従属的在外子会社とする）[6]。

独立的在外子会社は，独自に現地通貨を稼得し，また費消する。さらには当該子会社の生み出した現地通貨の純キャッシュ・フローをそのまま再投資したり，あるいはその現地通貨を報告通貨に交換した上で親会社に送金したりする[7]。つまり当該子会社は，子会社ではあるが親会社から独立しているとみなされる。すなわち当該子会社は，親会社に投資だけをしてもらっているとみなされるため，親会社は当該子会社の個々の資産，負債項目の為替レート変動の影響には関係なく，純投資額の範囲においてのみ為替レート変動の影響を受けるというのである[8]。しかも当該為替レート変動の影響は，それ自体がキャッシュ・フローをもたらすのではなく，当該子会社が実際に純投資を売却するか，または実質的な清算をしない限り親会社のキャッシュ・フローには影響しないとされるのである[9]。

従属的在外子会社の主要な資産は，親会社から支給されるか，さもなければ報告通貨で取得される。また資産の売却からは，親会社が任意に使用できる報告通貨を生み出す。資金は主に親会社から直接支給されるか，さもなければ報告通貨により調達される。すなわち日々の事業活動が報告通貨の経済環境に依存しており，また在外子会社の個々の資産および負債の移動は，報告通貨による親会社のキャッシュ・フローに直接的に影響を与える[10]とされる。したがって，従属的在外子会社は親会社の延長であるとみなされ[11]，当該子会社の事業活動は，当初より報告通貨で行われたものと仮定される[12]のである。

② 財務諸表換算の会計処理

機能通貨によって2種類に区分された在外子会社は，財務諸表換算の会計処理について異なる方法を用いる。要約すると図表19-1のとおりである。

図表19-1　財務諸表換算の要約表

種類	方法	換算差額
独立的在外子会社	期末レート法	換算調整勘定（B/S）
従属的在外子会社	テンポラル法	為替差損益（P/L）

まず財務諸表の換算方法について説明する。期末レート法とは，為替レートに貸借対照表日，つまり期末のレートを用いて換算する方法のことである。具体的には，換算において「資産及び負債については，貸借対照表日の為替レートを使わなければならない。収益，費用，利益及び損失については，それらの項目が認識された日の為替レートを使わなければならない。多数の収益，費用，利益及び損失につき，それらが認識された日の為替レートで換算することは，通常，実務的でないので，その期間中の為替レートを適切に加重平均したレートを使うことも認められる[13]」と規定している。

つぎにテンポラル法とは，外貨表示財務諸表の項目を，各々の測定時点と同一時点の為替レートを用いて換算する方法である。つまり測定基準を変更せずに，換算することに特徴がある[14]。具体的には，現金，預金および債権，債務は期末レートを用いる。それ以外の資産および負債で，i) 過去の交換価格で測定，表示されている勘定（棚卸資産，固定資産等）は，取引日または発生日レートを用いる，ii) 現在の購入価格ないし販売価格または将来の交換価格で測定，表示されている勘定は，期末レートを用いる。収益および費用は，その基礎になった個々の取引がそれぞれ発生した日のレートによって換算する[15]。その場合，通常すべての取引を個々に換算することは実行不可能なので，期中平均レートを用いる。しかし取引日レートで換算した資産および負債に関する収益および費用については，当該資産または負債の換算に使用した取引日レートで換算する[16]。たとえば棚卸資産や固定資産等の費用価額（売上原価や減価償却費および無形固定資産の償却等）は，当該資産の取得日または発生日レートで換算される[17]。

換算差額は，為替レートの変動時において，在外子会社の財務諸表を換算する手続きより生ずる[18]。為替レートの変動が与える経済的影響は，前述①の機能通貨において指摘したごとく，独立的在外子会社と従属的在外子会社とでは異なる。すなわち独立的在外子会社の場合には，為替レートの変動によって影響を受けるのは，親会社の個々の特定の資産および負債項目ではなく，純投資額の範囲においてであり，しかもその影響は間接的であると考えられてい

る。したがって「換算調整勘定は，機能通貨の資金の流れとして存在するものではない。換算調整勘定は単に換算手続の結果に過ぎず，報告通貨の資金の流れに直接影響を与えるものでもない。為替レートの変動は，純投資に間接的影響を与える（純投資の売却又は清算時に実現するであろう）が，その影響はあくまでも純投資に関係したものであり，投資先の事業には関係ない。売却又は清算の行われる以前の段階では，その影響は不確実であるとともに遠い先のことであり，換算差額が当期生じたからといって，それを直ちにその期の経営成果に組み込み報告することを要求するのは妥当でない[19]。」そのため「換算調整勘定は，純利益の計算には参入せず，資本の部における独立項目として表示し，累積されなければならない[20]。」と言われる。従属的在外子会社の場合には，為替レートの変動の経済的影響は，在外子会社の個々の資産および負債はもちろん，親会社のキャッシュ・フローにも直接影響を与えると考えられている。なぜなら従属的在外子会社の事業活動は，当初から報告通貨（この場合の機能通貨）で行われたものと仮定され，当該子会社の個々の資産および負債が報告通貨で再測定されるからである。そのため「再測定から生ずるすべての為替差損益をその期の利益として認識することが必要である[21]」とされる。

(2) SFAS 95号の内容

SFAS 95号は，キャッシュ・フロー計算書の外貨換算に関して，使用する為替レートと為替換算差額の報告について規定している。

まず在外子会社のキャッシュ・フロー計算書の換算における為替レートについては，キャッシュ・フロー時における実際の為替レートを用いることを規定している[22]。これはキャッシュ・フロー計算書の目的が，期中の現金の受取および支払に関する情報を報告すること[23]にあることから，在外子会社であろうが，国内親会社であろうが，キャッシュ・フローの発生時の金額をキャッシュ・フロー計算書で認識するということを意味する。しかしキャッシュ・フロー発生時の為替レートを使用した場合と実質的に同じ結果をもたらすならば，期中の適切な加重平均レートを換算に使用しても差し支えない[24]という

規定もある。この換算に加重平均レートを容認することの理由についてFASBは,「SFAS 52号『外貨換算会計』のパラグラフ12において,収益,費用,利得および損失の認識時の為替レートをもって換算することは,一般的に実践不可能であることを認め,それらの構成要素の換算における期中の適切な加重平均レートの使用を容認することと同義である[25]」としている。

つぎに為替換算差額の報告についてであるが,キャッシュ・フロー計算書は,期中の現金および現金同等物の変動額の調整として,独立した区分において外貨で保有している現金残高に対する為替レート変動による影響額を報告しなければならない[26]としている。その理由として,次のように言われる。外国通貨で表示されている資産および負債に対する為替レート変動の影響は,現金受取額あるいは現金支払額に影響を及ぼすし,キャッシュ・フロー計算書の目的は期中の現金に関する情報を報告することなので,（外国通貨で表示されている資産および負債全体ではなく）外国通貨で発生する現金受取額および現金支払額に関して,報告通貨同等額を反映しなければならない。したがって外国通貨で保有している現金の報告通貨同等額に対する為替レート変動の影響は,会計期間を通じた企業の現金残高の変動に影響を及ぼすが,それは現金受取額あるいは現金支払額ではない。よってFASBは,現金に対する為替レート変動による影響額を,現金の期首および期末残高の調整として独立の項目において報告しなければならないことを決定した[27]としている。

2 在外子会社のキャッシュ・フロー計算書における換算の例示

本節では,SFAS 95号に示される在外子会社における外貨換算の設例2[28]を参考に,在外子会社のキャッシュ・フロー計算書の換算について具体的に検討する。

またここでは,在外子会社と本国親会社の関係の違いによって貸借対照表および損益計算書の換算手続きは異なるけれど,それがキャッシュ・フロー計算書にどう影響するのか,ということを明らかにしたい。そこで種類の異なる在外子会社の違いを明らかにするため,便宜上親会社の財務諸表を考察の対象か

第19章　在外子会社の換算にみる連結キャッシュ・フロー計算書の課題　267

ら外し，さらに子会社ＡおよびＢの現地通貨表示による財務諸表（換算前の財務諸表）は同一のものを用いることとする。

　なおキャッシュ・フロー計算書の作成手続きとして，換算後の貸借対照表および損益計算書から換算後のキャッシュ・フロー計算書を作成することとする。

【設例】

〈資料〉

- 機能通貨は，子会社Ａが現地通貨（LC）であり，子会社Ｂが報告通貨（＄）である。
- 為替レートは次のとおりである。

　　　子会社ＡおよびＢ
　　　19X1年1月1日　　　1 LC＝0.40＄
　　　19X1年12月31日　　1 LC＝0.45＄
　　　加重平均レート　　　1 LC＝0.43＄

- 次の資料は，子会社ＡおよびＢの当期における取引の一部であり，以下で示される財務諸表にはすでに含まれている。また親会社に対する棚卸資産の売上（次の(a)の取引）を除いて，子会社ＡおよびＢの売上高と仕入高，および営業活動による現金収支は，当年度を通じて平均的に行われた。

(a) 製品デザインの変更のため，子会社ＡおよびＢは，その期首棚卸資産のすべてを親会社に帳簿価額LC 400（160ドル）で販売した。

(b) 子会社ＡおよびＢは，設備をその帳簿価額LC 275（116ドル）で売却し，新設備をLC 600（258ドル）で購入した。

(c) 子会社ＡおよびＢは，30日物の手形を追加的にLC 175（75ドル）分発行し，それらの手形を各満期日に更新した。

(d) 子会社ＡおよびＢは，長期負債証券LC 400（165ドル）を発行し，LC 250（105ドル）の長期借入金を返済した。

(e) 子会社ＡおよびＢは，配当LC 50（22ドル）を親会社に支払った。

(1) 貸借対照表および損益計算書の換算

① 貸借対照表

　子会社AおよびBの貸借対照表項目を報告通貨であるアメリカドルに換算する。その結果は図表19-2の貸借対照表に示されている。
換算方法は以下のとおりである。

i) 子会社Aの機能通貨は現地通貨であるので，換算は期末レート法で行う。すなわち子会社Aは独立的在外子会社である。

ii) 子会社Bの機能通貨は報告通貨であるので，換算はテンポラル法で行う。すなわち子会社Bは，従属的在外子会社である。

　なお計算を行う際は，小数点以下を四捨五入している。

　貸借対照表で注目する点は，独立的在外子会社たる子会社Aでは，換算差額を換算調整勘定として計上（期首93ドル，期末229ドル）しているのに対し，従属的在外子会社たる子会社Bでは当該差額を留保利益として計上（期末の留保利益に後述の損益計算書より計上された為替差損30ドルが含まれている）しているところである。

② 損益計算書

　つぎに，損益計算書項目を換算する。その結果は，図表19-3の損益計算書に示されている。また計算は，上述の貸借対照表の換算の場合と同様，小数点以下を四捨五入している。

　損益計算書における注目点は，子会社Aでは換算差額が計上されていない[29]のに対し，子会社Bでは，当該差額が為替差損30ドルとして計上されているところである。

(2) キャッシュ・フロー計算書の作成および換算

　ここでは，前述の換算後の貸借対照表および損益計算書を基にしてキャッシュ・フロー計算書が作成され，換算される過程を見ていくこととする。

　なお計算は，以下に示す一部を除いて，小数点以下を四捨五入している。

・子会社AおよびBの営業活動によるキャッシュ・フロー項目である「当期

図表19-2 貸借対照表 [30]

	子会社A 1/1 現地通貨	レート	報告通貨	子会社A 12/31 現地通貨	レート	報告通貨	子会社B 1/1 現地通貨	レート	報告通貨	子会社B 12/31 現地通貨	レート	報告通貨
資産												
現金	LC38	0.40	$15	LC25	0.45	$11	LC38	0.40	$15	LC25	0.45	$11
売上債権	125	0.40	50	210	0.45	95	125	0.40	50	210	0.45	95
棚卸資産	400	0.40	160	625	0.45	281	400	0.40	160	625	0.43	269
有形固定資産（正味）	3,075	0.40	1,230	3,202	0.45	1,441	3,075	0.40	1,230	3,202		1,293
その他の資産	25	0.40	10	25	0.45	11	25	0.40	10	25	0.45	11
資産合計	LC3,663		$1,465	LC4,087		$1,839	LC3,663		$1,465	LC4,087		$1,679
負債												
仕入債務・未払費用	LC263	0.40	$105	LC300	0.45	$135	LC263	0.40	$105	LC300	0.45	$135
未払利息	15	0.40	6	24	0.45	11	15	0.40	6	24	0.45	11
未払税金	25	0.40	10	12	0.45	5	25	0.40	10	12	0.45	5
短期借入金	125	0.40	50	300	0.45	135	125	0.40	50	300	0.45	135
長期借入金	550	0.40	220	700	0.45	315	550	0.40	220	700	0.45	315
負債合計	978		391	1,336		601	978		391	1,336		601
株主持分												
資本金	1,300	0.35	455	1,300	0.35	455	1,300	0.35	455	1,300	0.35	455
留保利益	1,385		526	1,451		554	1,385		619	1,451		623
換算調整勘定	—		93	—		229						
株主持分合計	2,685		1,074	2,751		1,238	2,685		1,074	2,751		1,078
負債及び株主持分合計	LC3,663		$1,465	LC4,087		$1,839	LC3,663		$1,465	LC4,087		$1,679

図表19-3 損益計算書 [31]

	子会社A 12/31 現地通貨	レート	報告通貨	子会社B 12/31 現地通貨	レート	報告通貨
売上高	LC2,179		$925	LC2,179		$925
売上原価	(1,458)		(615)	(1,458)		(615)
減価償却費	(198)	0.43	(85)	(198)	0.40	(79)
一般管理費	(256)	0.43	(110)	(256)	0.43	(110)
支払利息	(209)	0.43	(90)	(209)	0.43	(90)
その他の収益	105	0.43	45	105	0.43	45
為替差損	—		—	—		(30)
税引前当期純利益	163		70	163		46
法人税額	(47)	0.43	(20)	(47)	0.43	(20)
当期純利益	LC116		$50	LC116		$26

純利益」および「減価償却費」には,損益計算書のそれぞれの項目と同額を用いている。
- 子会社 A および B の営業活動によるキャッシュ・フロー項目である「売上債権の増加」,「棚卸資産の増加」,および「仕入債務・未払費用の増加」は,子会社 A および B ともに貸借対照表の期末残高から期首残高を差し引いたものに加重平均レートを乗じている。これは〈資料〉において,「営業活動による現金収支は,当年度を通じて平均的に行われた」ことに起因する。
- 未払税金減少額の計算は,子会社 A および B ともに LC 13×0.43＝5.59 ドルとなり,四捨五入すると 6 ドルとなるが,SFAS 95 号の設例では,小数点以下が切捨てられ,5 ドルとしているので,ここでもそれに合わせている。その結果,営業活動によるキャッシュ・フロー項目の「未払利息・未払税金の増加」額は,報告通貨が(2)ドルではなく(1)ドルになっている。
- 投資活動によるキャッシュ・フローおよび財務活動によるキャッシュ・フローの項目は,子会社 A および B ともにキャッシュ・フロー発生日の為替レートを用いて計算を行っている。

子会社 A および B の連結キャッシュ・フロー計算書は図表19-4のとおりである。

キャッシュ・フロー計算書について,子会社 A（独立的在外子会社）と子会社 B（従属的在外子会社）を比較すると,換算差額の表示に以下のような差異が生じることがわかる。

  a) 子会社 A における換算差額は,「現金に対する為替レート変動の影響」9 ドルのみ表示される。

  b) 子会社 B における換算差額は,営業活動によるキャッシュ・フロー区分の「為替差損」30 ドルと「現金に対する為替レート変動の影響」9 ドルが示されている。この両為替差額の関係は,「為替差損」が損益計算上の費用項目（純利益算定の内訳項目）であり,そのうちの現金に関係する部分が「現金に対する為替レート変動の

第19章 在外子会社の換算にみる連結キャッシュ・フロー計算書の課題　271

図表19-4　連結キャッシュ・フロー計算書

	子会社A 12/31			子会社B 12/31			合計
	現地通貨	レート	報告通貨	現地通貨	レート	報告通貨	報告通貨
営業活動によるキャッシュ・フロー							
当期純利益	LC116		$ 50	LC116		$ 26	$ 76
減価償却費	198	0.43	85	198	0.40	79	164
為替差損	―		―	―		30	30
売上債権の増加	(85)	0.43	(37)	(85)	0.43	(37)	(74)
棚卸資産の増加	(225)	0.43	(97)	(225)	0.43	(97)	(194)
仕入債務・未払費用の増加	37	0.43	16	37	0.43	16	32
未払利息・未払税金の増加	(4)	0.43	(1)	(4)	0.43	(1)	(2)
営業活動による正味キャッシュ・フロー	37		16	37		16	32
投資活動によるキャッシュ・フロー							
有形固定資産の売却収入	275	(b)	116	275	(b)	116	232
有形固定資産の購入代金の支払い	(600)	(b)	(258)	(600)	(b)	(258)	(516)
投資活動による正味キャッシュ・フロー	(325)		(142)	(325)		(142)	(284)
財務活動によるキャッシュ・フロー							
短期借入金の正味増加	175	(c)	75	175	(c)	75	150
長期負債証券の発行収入	400	(d)	165	400	(d)	165	330
長期借入金の返済	(250)	(d)	(105)	(250)	(d)	(105)	(210)
配当金の支払い	(50)	(e)	(22)	(50)	(e)	(22)	(44)
財務活動による正味キャッシュ・フロー	275		113	275		113	226
現金に対する為替レート変動の影響	―		9	―		9	18
現金および現金同等物の正味増減額	(13)		(4)	(13)		(4)	(8)
現金および現金同等物の期首残高	38		15	38		15	30
現金および現金同等物の期末残高	LC25		$ 11	LC25		$ 11	$ 22

影響」である。

c) 連結キャッシュ・フロー計算書（子会社Aと子会社Bの合計）では，「現金に対する為替レート変動の影響」が合算される。（「現金に対する為替レート変動の影響」に子会社Aと子会社Bの金額を区別する内訳区分を設けない。）

以上のことから財務諸表と換算差額の関係をまとめると次のようになる。

独立的在外子会社の場合，換算差額は損益計算書には計上されず（包括利益計算書では，その他の包括利益の内訳項目として計上されるが），貸借対照表の株主持分の区分たる換算調整勘定に計上される。キャッシュ・フロー計算書には，この換算調整勘定の現金に関する部分が「現金に対する為替レート変動の影響」項目として計上される。

従属的在外子会社の場合には，換算差額は損益計算書上，為替差損益という当期純利益算定の内訳項目として計上される。そして当期純利益は，貸借対照表では留保利益として計上される。キャッシュ・フロー計算書には換算差額が，まず営業活動によるキャッシュ・フローの区分に為替差損益として計上される。つぎにこの為替差損益の現金に関する部分が「現金に対する為替レート変動の影響」項目として計上される。そして連結キャッシュ・フロー計算書では，独立的在外子会社の「現金に対する為替レート変動の影響」項目と従属的在外子会社の「現金に対する為替レート変動の影響」項目が単純に合算されるのである。

3 連結キャッシュ・フロー計算書の課題

(1) 換算差額の分析
① SFAS 52号における換算差額

SFAS 52号は，為替レートの変動が在外子会社に与える経済的影響の相違を，在外子会社における機能通貨の相違として捉えた[32]。

機能通貨を現地通貨とする独立的在外子会社は，子会社ではあるが親会社から独立しているとみなされるので，当該子会社の為替レート変動の影響は，親会社のキャッシュ・フローには直接影響を与えないとされる。したがって独立的在外子会社の換算差額は，為替レート変動のキャッシュ・フローに及ぼす影響が実現まで程遠く（未実現であり），かつ不確実な意味合いしかもたらさない（場合がある）ので，当期の損益計算から除外され，換算調整勘定（その他の包括利益）とされるのである[33]。

機能通貨を報告通貨とする従属的在外子会社は，親会社の延長とみなされる

ので，為替レート変動の影響は親会社のキャッシュ・フローに影響を与えるとされる。したがって，為替レートの変動がキャッシュ・フローに影響すると合理的に予測される（実現とされる）ため，従属的在外子会社の換算差額は，期間損益計算上の利益ないし損失として反映され[34]，貸借対照表では留保利益とされるのである。

　以上のことからSFAS 52号は，為替レートの変動における経済的影響を親会社のキャッシュ・フローに焦点を当てて機能通貨を区分している[35]ため，独立的在外子会社の換算差額と従属的在外子会社の当該差額を区別して表示しているのである。

② SFAS 95号における換算差額

　SFAS 95号では，FASBは為替レート変動の影響が生じる資産あるいは負債を親会社，従属的在外子会社あるいは独立的在外子会社のいずれが持っていようとも，為替レートの変動は現金の受取額あるいは支払額にのみ影響を及ぼす（すなわちレート変動による影響額はそれ自体がキャッシュ・フローではない）ということに注目している[36]，とする。すなわちキャッシュ・フロー計算書においては，換算差額は現金に影響を及ぼすとして，「現金に対する為替レート変動の影響」項目に示すことに力点が置かれるため，独立的在外子会社と従属的在外子会社の換算差額を区別しないのである。

(2) 連結キャッシュ・フロー計算書の課題

　貸借対照表および損益計算書では，親会社のキャッシュ・フローに焦点を当て，独立的在外子会社の換算差額と従属的在外子会社の換算差額を区別して表示した。つまりSFAS 52号は，親会社のキャッシュ・フローを焦点に，独立的在外子会社の換算差額を未実現のものとして純利益の構成要素に含めず，換算調整勘定というその他の包括利益の構成要素とした。そして従属的在外子会社の換算差額は，実現した純利益の構成要素（為替差損益）とした。両差額は，性質の異なるものと考えられているのである。

　これに対してキャッシュ・フロー計算書では，独立的在外子会社の換算差額

と従属的在外子会社の換算差額を区別して表示せず,「現金に対する為替レート変動の影響」項目にまとめて表示する。ここに財務諸表における表示の不整合という問題が生じているのである。ここでキャッシュ・フロー計算書に示される換算差額は,前述の2節に示したとおり,独立的在外子会社においては換算調整勘定の内訳項目であり,従属的在外子会社においては為替差損益の内訳項目であるので,これら換算差額はSFAS 52号と同様,性質の異なるものと考えられる。したがって財務諸表の表示において整合性を保つべく,キャッシュ・フロー計算書上の換算差額を区別して表示する必要があると考える。

では具体的に,キャッシュ・フロー計算書において,換算差額をどのように区別すればいいのであろうか。SFAS 52号では,独立的在外子会社の換算差額を親会社に直接影響を与えない未実現のものとした[37]。SFAS 95号は直接現金に影響を及ぼさない情報は,関連する開示として補足情報にしなければならないとする[38]。そのことからキャッシュ・フローに焦点を合わせるならば換算調整勘定の内訳項目は,キャッシュ・フロー計算書本体から外すのが妥当であろう。すなわち親会社のキャッシュ・フローの観点からすると,キャッシュ・フロー計算書の本体に計上すべきものは,親会社のキャッシュ・フローに直接影響するもの(実現)であり,親会社のキャッシュ・フローに直接影響を及ぼさないもの(未実現)は,本体から外して,関連する開示(補足情報)とすべきであろう。

またキャッシュ・フロー計算書の目的より,キャッシュ・フロー計算書で提供される情報は,純利益とそれに係る現金受取額および支払額との差異の理由を評価するのに役立つものでなければならない[39]とされる。その点からも換算調整勘定の内訳項目をキャッシュ・フロー計算書の本体から外すのが妥当であろう。

おわりに

本章では,換算後の連結キャッシュ・フロー計算書に示される換算差額は,換算後の連結貸借対照表および損益計算書に示される換算差額と表示上,不整

合であることを指摘した。そして財務諸表の表示において整合性を保つためには，連結キャッシュ・フロー計算書上から独立的在外子会社の換算差額であるその他の包括利益の内訳項目を外す必要性があるという見解を示した。すなわち現行の規定においては，キャッシュ・フロー計算書とその他の包括利益は直接結びつくものではないことがわかったのである。

しかしこのキャッシュ・フロー計算書とその他の包括利益の関係という問題は，IASBとFASBの共同プロジェクトが貸借対照表，包括利益計算書およびキャッシュ・フロー計算書の様式における区分の統一を検討するとしていることからも今後の研究課題となろう。

(注)

（1）小西範幸「包括的業績報告システムの検討―IASB における包括利益報告の審議に対する提言―」『JICPA ジャーナル』第16巻第12号，2004年12月，39頁。八重倉孝「「業績報告」を取り巻く状況」『企業会計』第57巻第 4 号，2005年 4 月，69頁。なお共同プロジェクトの名称は，2006年 3 月に「財務諸表の表示」へと変更されている。（http://www.fasb.org/project/financial_statement_presentation.shtml）（2006年 7 月28日現在。）

（2）換算は，外貨換算と同じ意味で用いられる。つまり「他の通貨で建てられたり，又は測定されている金額を企業の報告通貨に表示替えするための手続き」のことである。　Financial Accounting Standards Board, Statement of Financial Accounting Standards No. 52, *Foreign Currency Translation*, December 1981, par. 162.（日本公認会計士協会国際委員会訳『米国FASB 財務会計基準書　外貨換算会計他』同文舘，1984年，372頁。）

（3）FASB, SFAS No. 95, *Statement of Cash Flows*, November 1987.　本章ではSFAS 95 号の訳にあたって，日本公認会計士協会国際委員会訳『資金収支計算書』を参考にしている。

（4）*Ibid.*, par. 5.（同訳書，310頁。）

（5）*Ibid.*, pars. 5-10.（同訳書，310-311頁。）

（6）従属的在外子会社の事業活動が機能通貨で記録されていない場合は，機能通貨による再測定が要求される（*Ibid.*, par. 10.（同訳書，341頁。））しかしこの場合においても結果は報告通貨で行われたものと同じになるので，当該子会社も親会社の延長とみなされる。

（ 7 ）FASB, SFAS No. 52, *op. cit.*, par. 80.（日本公認会計士協会国際委員会，前掲訳書，344頁。）　嶺輝子『外貨換算会計の研究―アメリカを中心として―』多賀出版，1992年，184頁。
（ 8 ）*Ibid.*, par. 42.（同訳書，329頁。）
（ 9 ）*Ibid.*, par. 111.（同訳書，354頁。）
（10）*Ibid.*, par. 81.（同訳書，344頁。）
（11）*Ibid.*, par. 6.（同訳書，310頁。）
（12）*Ibid.*, par. 10.（同訳書，311頁。）
（13）*Ibid.*, par. 12.（同訳書，311頁。）
（14）嶺，前掲書，152頁。
（15）FASB, SFAS No. 52, *op. cit.*, par. 48.（日本公認会計士協会国際委員会，前掲訳書，333-334頁。）
（16）*Ibid.*, par. 12.（同訳書，311頁。）
（17）武田安弘『連結財務諸表要説』［改訂版］税務経理協会，2003年，223頁。
（18）嶺，前掲書，190頁。
（19）FASB, SFAS No. 52, *op. cit.*, par. 111.（日本公認会計士協会国際委員会，前掲訳書，354-355頁。）
（20）*Ibid.*, par. 13.（同訳書，312頁。）　なおアメリカでは現在，SFAS 130号においてその他の包括利益概念が明示されており，その内訳要素に換算調整勘定の当期分が含まれている。(FASB, SFAS No.130, *Reporting Comprehensive Income*, June 1997, par.17.)　そのため本章では換算調整勘定を主として，その他の包括利益の内訳要素として扱うこととする。
（21）FASB, SFAS No. 52, *Ibid.*, par. 47.（同訳書，333頁。）
（22）FASB, SFAS No. 95, *op. cit.*, par. 25.
（23）*Ibid.*, par. 4 .
（24）*Ibid.*, par. 25.
（25）*Ibid.*, par. 25 footnote 9 .
（26）*Ibid.*, par. 25.
（27）*Ibid.*, par.101.
（28）*Ibid.*, pars.136-146.
（29）本章では示していないが，包括利益計算書では換算差額をその他の包括利益の区分において計上する。
（30）*Ibid.*, par. 101. 子会社Aの留保利益について，期末LC1,451は，期首の換算額526ドルと当期留保利益の増加額（LC1,451-LC1,385）に加重平均レート 1 LC＝0.43ドルを乗じた額（526ドル＋28ドル＝554ドル）で計算される。なお期首残

高LC1,385に対する526ドルについても，SFAS95号の例では金額が示されただけで詳細の記述はないが，上述と同様の計算が行われたものと思われる。また子会社Bの期末の有形固定資産LC3,202（1,293ドル）の計算は，次のとおりである。期首LC 3,075（1,230ドル）－売却LC275（116ドル）＋購入 LC600（258ドル）－減価償却費LC198（79ドル）

(31) 売上高は次のように計算される。親会社に販売した期首棚卸資産LC400の換算額［LC400×0.40（期首為替レート）＝160ドル］に，顧客に対する売上高［LC1,779×0.43（加重平均レート）＝765ドル］を加算する。

　　つぎに売上原価は，上述の売上高の換算に応じて次のように計算される。親会社に販売した期首棚卸資産の帳簿価額LC400の換算額［LC400×0.40（期首為替レート）＝160ドル］に，顧客に対する売上原価 LC1,058（LC1,458－期首棚卸資産LC400）の換算額［LC1,058×0.43（加重平均レート）＝455ドル］を加算する。

　　さらに子会社Bの当期純利益は，貸借対照表上の期末留保利益LC1,451と期首留保利益LC1,385の換算額の差額に，親会社への配当LC50を加算して計算される。したがって623ドル－619ドル＋22ドル＝26ドルとなる。ま為替差損は，当期純利益に税金費用を加算して得られる税引前当期純利益と，その税引前当期純利益より損益計算書上，上位項目の総計との差額より求められる。

(32) 嶺，前掲書，183頁。
(33) FASB, SFAS No. 52, *op. cit.*, pars. 71 and 119.（日本公認会計士協会国際委員会，前掲訳書，356-357頁。）
(34) *Ibid.*, par. 71.（同訳書，341-342頁。）
(35) *Ibid.*, par. 71.（同訳書，341頁。）
(36) FASB, SFAS No. 95, *op. cit.*, par. 103.
(37) 換算調整勘定（その他の包括利益）を未実現とし，純利益を実現とすることは，換算調整勘定が，売却もしくは清算に伴う損益の一部として当期純利益に算入される，いわゆるリサイクリングの処理を行う（FASB, SFAS No. 130, *op. cit.*, par. 19.）ことから，FASBはどうやらその他の包括利益を未実現のものと考えているようである。とするとその他の包括利益の構成要素される換算調整勘定は，現金に直接影響を及ぼすものではない，と当然考えられよう。
(38) FASB, SFAS No. 95, *op. cit.*, par. 6.
(39) *Ibid.*, par. 5.

（豊岡　博）

第20章 アメリカ税効果会計における全部配分法採用の意味

はじめに

「会計研究公報」(ARBと略称)第23号『法人税等の会計処理』が,法人税費用の会計上の性質を費用[1]と規定して以来,現在に至るまでその性質は変わっていない。そのため法人税費用は,損益計算書に計上されるその他の費用と同様,適切に期間配分しなければならない。このように法人税費用を各期間に配分することを税金の期間配分(以下,「税金の配分」)と呼んでいる[2]。

税金の配分範囲には,部分配分法(partial allocation)と全部配分法(comprehensive allocation)という考え方がある。部分配分法とは,期間差異・一時差異のうち短期的でかつ非反復的な差異のみ(非反復的差異)を税効果会計の配分範囲とする考え方である。それに対して,全部配分法とは,すべての期間差異・一時差異(非反復的差異+反復的差異)を税効果会計の配分範囲とする考え方である。このことを図示すれば,図表20-1のようになる。

図表20-1からわかるように,部分配分法と全部配分法の最も大きな違いは,反復的差異を税金の配分範囲に含めるか否かである。

ここで言う反復的差異とは,同一または類似した取引および事象が長期にわたって繰り返し生じる期間差異・一時差異を指す。このような取引および事象が5年以上続けば,反復的差異として処理できる[3]。反復的差異が発生する例としては,「多額の償却性資産を保有する企業の減価償却費,小売業に対する

図表20-1　部分配分法と全部配分法における税金の配分範囲

部分配分法

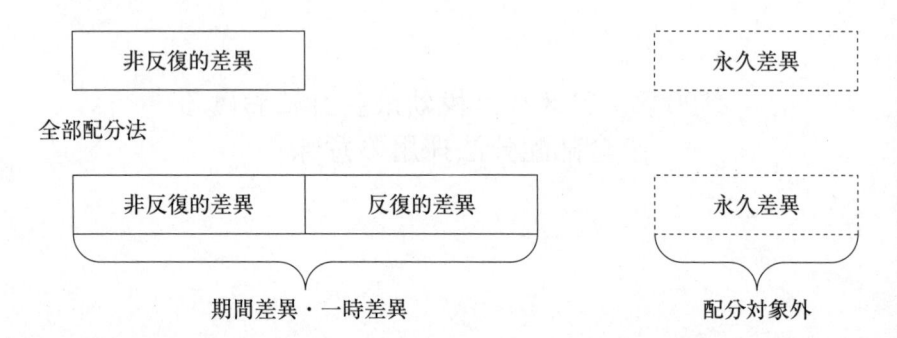

| 非反復的差異 | | 永久差異 |

全部配分法

| 非反復的差異 | 反復的差異 | | 永久差異 |

　　　　期間差異・一時差異　　　　　　　配分対象外

割賦販売ならびに石油およびガス会社の採掘原価[4]」などが挙げられる。

　反復的差異に対する考え方について、部分配分法と全部配分法では以下のように異なる。部分配分法では、反復的差異を解消することなく半永久的に存在し続ける期間差異・一時差異とされており、当該差異は、永久差異に近い性質を持つ。この差異（反復的差異）を税効果会計の配分範囲に含めるのは、費用の過大または過少計上をもたらし、利益計算に歪みを生じさせる恐れがある。ゆえに、部分配分法は、反復的差異を税金の配分範囲から除外すべきだとされている。それに対して、全部配分法では、反復的差異を個々の取引および事象ごとに見た場合、当該差異はいずれ解消する。このような差異を税効果会計の配分範囲に含めないのは、適切な期間損益計算を歪めることになる。ゆえに、全部配分法は、反復的差異を税金の配分範囲に含めるべきだとされている[5]。つまり、部分配分法と全部配分法における反復的差異に対する考え方の最も大きな違いは、当該差異を解消する差異と考えるか否かにある。

　この2つの考え方は、1で述べるように部分配分法から全部配分法へ移行した。部分配分法から全部配分法への移行は、反復的差異を税金の配分範囲に含めたことを意味する。では、なぜ、そのような移行が行われたのであろうか。本章では、アメリカ税効果会計において、税金の配分範囲を規定する全部配分法がなぜ採用され、そして、その採用により会計上どのような影響があったの

かについて明らかにすることを目的としている。

1 部分配分法から全部配分法への変遷

(1) 内国歳入法の改正に伴う財務会計と税務会計の法人税費用の差異

アメリカにおいては1950年代中頃まで，会計上の法人税費用と税務申告書上の法人税費用の金額が，ほとんど同じであったといわれている[6]。そのため税金の配分は実務上，大きな問題にならなかった。この時代（1950年代中頃）に発行された税効果会計を規定したステイトメント（ARB23号およびARB43号『会計研究公報の再表明と改訂』）は，今日的な意味での部分配分法を採用していた[7]。

しかしながら，その状況は1954年の内国歳入法（IRCと略称）の改正により大きく変化した。1954年に改正されたIRCは，税務上の減価償却方法として，定額法とその他合理的な方法の他に，新たに2倍定額法および級数法を容認した[8]。

IRCの改正に伴い，ほとんどの企業は，税務目的の減価償却方法として，課税の繰延による節税効果をもたらす2倍定額法か級数法を利用した[9]。しかし，それら企業は，財務会計目的の減価償却方法として，定額法を利用した[10]。その結果，税務会計上法人税費用として計上すべき金額と，財務会計上法人税費用として計上すべき金額に差異が生じることになった。このような差異を無視した場合，税引前利益と法人税費用の対応関係が保持できず，最終利益たる税引後利益の有用性が損なわれてしまうとされた。

(2) 財務会計と税務会計の法人税費用の差異への対応

会計手続委員会は，IRCの改正に対応するため1954年にARB44号『逓減残高法』を公表した。ARB44号は，税金の配分範囲について以下のように規定していた。

「税務目的のためには逓減残高法が用いられ，財務会計目的のためには他の適切な方法が取られる，といった場合もある。かかる場合には，法人税費用の繰延に対して会計上の考慮が払われなければならない，という議論もあ

る。しかしながら，税務目的のために，逓減残高法を用いたことによってもたらされる，初年度における税金の減少が，それ以降，比較的短期間にわたる法人税費用の繰延であるに過ぎないものであることが相当確実であり，かつ，当該金額が明らかに重大なものである場合を除いて，通常の事情のもとでは，法人税費用の繰延を勘定において認識する必要はない，と当委員会は信ずる[11]。」

このようにARB44号は，逓減残高法の採用に伴う税効果の認識に消極的であり，税金の配分範囲を短期的でかつ金額が重大なものに限定していた。つまり，ARB44号は，ARB23号やARB43号と同様，今日的な意味での部分配分法の立場に立っていた。

しかし同時に，ARB44号は，短期的でかつ金額が重大なもの以外の税効果の認識を，禁止はしていなかった。そのため実務上，ある企業は，減価償却に関するすべての差異に対して税効果を認識し，また，別の企業は，短期的な差異に対してのみ税効果を認識するという混乱が生じた。証券取引委員会の主席会計士は，部分配分法の採用に伴い，繰延税金が未計上の場合，純利益が過大に報告されることになり，投資家などに誤解を与えることになる，との批判を表明したという[12]。このように部分配分法は，現実に存在する会計実務と適合しなくなり，そのことが批判されるようになったのである。

そこで会計手続委員会は，1958年にARB44号（改訂）『逓減残高法』を公表した。ARB44号（改訂）は，税金の配分範囲について以下のように規定した。

「税金の支払が相当長期間繰延べられる場合であっても，費用・収益の適切な対応を達成するためおよび損益計算書の歪曲を排除するために，金額が大きい場合には，繰延べられた法人税費用を一般会計（general accounts）において認識することが必要である[13]。」

ARB44号（改訂）は，税金の配分範囲を，短期的な差異に限定することなく，長期的な差異にまで拡大した。つまり，ARB44号（改訂）は，税金の配分範囲を部分配分法から全部配分法へ移行したのである。ARB44号（改訂）は，部分配分法から全部配分法へ移行した理由について，大多数の企業が，税務目

的に逓減残高法を利用した場合に生じる税効果を財務諸表上で認識していたためだ，と述べている[14]。このように部分配分法では，現実に行われていた多くの会計実務を論理化することができなくなり，全部配分法を採用したと説明されている。

2 全部配分法採用による会計数値への影響

全部配分法の採用が，会計数値にどのような影響を与えるのかについて，減価償却方法が税務目的と財務会計目的で異なる場合の例を用いて説明する。

[設例] 資産の購入は，以下のような方法で行われる。
①取得原価6,000ドル，残存価額0ドル，耐用年数3年の自動車を購入。
②5年間，同じ取引を行い続け，6年目以降は，その取引を行わない。
③減価償却方法は以下のとおりである。
　　税務目的　　：級数法
　　財務会計目的：定額法
④税率は，50％。税率の変更はないものとする。

これらの条件に基づいて税務目的および財務会計目的の減価償却費の認識時点のズレにより発生する税効果累計額の推移を見ると，以下のようになる。

(1) 級数法（税務目的による減価償却費）

	1年目	2年目	3年目	4年目	5年目	6年目	7年目
資産A	$3,000	$2,000	$1,000				
資産B		$3,000	$2,000	$1,000			
資産C			$3,000	$2,000	$1,000		
資産D				$3,000	$2,000	$1,000	
資産E					$3,000	$2,000	$1,000
計	$3,000	$5,000	$6,000	$6,000	$6,000	$3,000	$1,000

(2) 定額法（財務会計目的による減価償却費）

	1年目	2年目	3年目	4年目	5年目	6年目	7年目
資産A	$2,000	$2,000	$2,000				
資産B		$2,000	$2,000	$2,000			
資産C			$2,000	$2,000	$2,000		
資産D				$2,000	$2,000	$2,000	
資産E					$2,000	$2,000	$2,000
計	$2,000	$4,000	$6,000	$6,000	$6,000	$4,000	$2,000

(3) 定額法を超過する級数法による金額　　$1,000　$1,000　$ 0　$ 0　$ 0　$△1,000　$△1,000

(4) 繰延額（超過額×税率）　$ 500　$ 500　$ 0　$ 0　$ 0　$△ 500　$△ 500

(5) 税効果累計額　$ 500　$1,000　$1,000　$1,000　$1,000　$ 500　$ 0

　部分配分法に基づき反復的差異を会計処理した場合，税務会計上の課税所得計算には影響を与えるが，財務会計上の利益数値には影響を与えない。それに対して，全部配分法に基づき反復的差異を会計処理した場合，税務会計および財務会計双方に影響を与える。全部配分法に基づき仕訳を行った場合，以下のようになる。

（仕訳）

1年目	（借）繰延税金費用	500	（貸）繰延税金	500
2年目	（借）繰延税金費用	500	（貸）繰延税金	500
3年目	仕訳なし			
4年目	仕訳なし			
5年目	仕訳なし			
6年目	（借）繰延税金	500	（貸）繰延税金費用	500
7年目	（借）繰延税金	500	（貸）繰延税金費用	500

この設例に基づけば，税務目的（級数法）と財務会計目的（定額法）の減価償却方法が異なるため，初年度から2年目にかけて差異が発生する。そのため，繰延税金が1年目および2年目にかけて貸方に計上される。その結果，合計1,000ドルの税効果累計額が発生する。この税効果累計額は，3年目から5年目にかけて，税務目的および財務会計目的の減価償却費が6,000ドルと一致するため，これ以上増加しない（差異が発生しない）。そして，6年目以降，財務会計目的の費用が税務目的の費用を超過するため，5年目まで繰延べられてきた金額（税効果累計額）が段階的に解消する。つまり，反復的差異の計上は，当該差異が解消しない限り，利益数値に対してマイナスの効果を与え続ける。それに対して，反復的差異の解消は，繰延べられ続けてきた費用が段階的に取り崩されるので，利益数値に対してプラスの効果を与える。このように全部配分法を採用した場合，反復的差異の計上段階と解消段階でそれぞれ異なる影響を会計数値に与える。

当然，上記の設例のように，反復的差異の発生段階では財務会計目的の費用の方が税務目的よりも高く，解消段階では税務目的の費用の方が財務会計目的より高いケースだけとは限らない。たとえば，割賦販売において，税務目的には，回収基準を採用し，財務会計目的には販売基準を採用するケースがある[15]。その場合，上記の設例とは全く逆の効果が生じる。

上記の設例とは逆に税務目的よりも財務会計目的の費用の方が大きくなる（財務目的の費用を先に認識する）ケースについてみてみる。差異発生段階では，税務目的よりも財務会計目的の費用が大きくなるので，貸借対照表の借方に繰延税金を計上する。そして，その金額は，反復的差異が解消するまで貸借対照表に計上され続ける。つまり，反復的差異が解消するまで，利益に対するプラスの要素が，貸借対照表に計上され続けることを意味する。それに対して，反復的差異の解消段階では，貸借対照表の借方に計上され続けてきた繰延税金が段階的に取り崩される。その結果，利益数値に対してプラスの効果を与え続けた金額が段階的に消滅することになる。

このように全部配分法の採用は，その計上時点では，利益数値に対してプラ

スまたはマイナスの効果を，その解消時点では，利益数値に対して計上時点とは逆方向のマイナスまたはプラスの効果を与えるのである。

3　全部配分法採用の意味

　ARB44号（改訂）採用以前の税金の配分範囲は，実際に支払うおよび近い将来に解消する費用のみを繰延税金費用として財務諸表に計上する。それに対して，ARB44号（改訂）採用以降の税金の配分範囲は，部分配分法で配分対象となる費用に加えて，長期にわたり繰延べられ続ける費用も繰延税金費用として財務諸表に計上する。このことを示したのが図表20-2である。

　全部配分法の採用は，解消するか否か不確実な差異（反復的差異）を税金の配分範囲に含めた点に特徴がある。つまり，全部配分法の採用は，税金の配分範囲の拡大を意味する。

　では，全部配分法を採用して以降，繰延税金残高はどのように変化したのであろうか。そのことを示したのが，図表20-3である。

　この図表から明らかなように，8割以上の企業が貸方に繰延税金を計上している。貸方繰延税金は反復的差異の計上に伴い，当該金額が累積されたままになっており，しかも，その累積金額は年々，増大している[16]。このように実

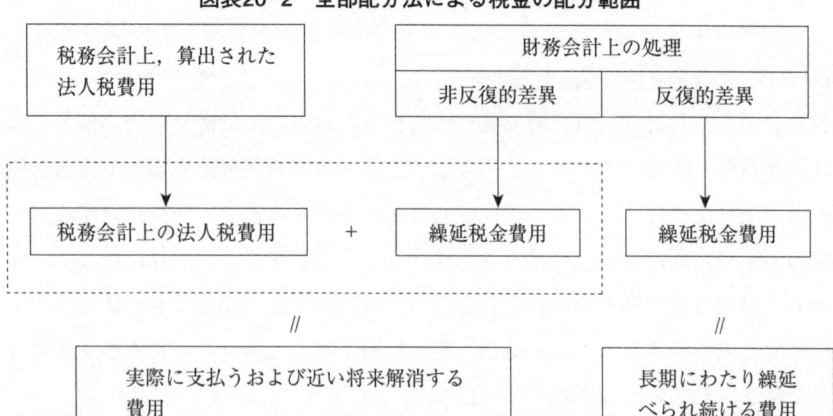

図表20-2　全部配分法による税金の配分範囲

税務会計上，算出された法人税費用	財務会計上の処理	
	非反復的差異	反復的差異
税務会計上の法人税費用　＋　繰延税金費用		繰延税金費用
∥		∥
実際に支払うおよび近い将来解消する費用		長期にわたり繰延べられ続ける費用

際の会計実務は，多くの企業が貸方繰延税金を累積計上することで，税引後利益を縮小していたのである。

ところで，アメリカにおいて，財務会計と税務会計は制度的には別物だといわれている[17]。その両者は，制度的には別物であるので，実際に財務諸表に表示する法人税費用は，実際に支払う税額を示すのではなく，会計上支払うべき税額を示す。会計上支払うべき税額の計上は，対応という論理がキーとなっ

図表20-3 繰延税金残高の変化を示したCOMPUSTAT対象企業

(1) 年度	(2) 変更を示した企業数（注）	(3) 企業数	(4) (2)に対する割合	(5) 増加額	(6) 企業数	(7) (2)に対する割合	(8) 増加額
		貸方の増加を示した企業			借方の増加を示した企業		
1954-55	91	90	98.8%	$ 184.1	1	1.1%	$ 0.5
1955-56	123	118	95.9	227.6	5	4.1	4.9
1956-57	149	134	89.9	250.7	15	10.1	17.2
1957-58	173	147	85.0	222.5	26	15.0	26.1
1958-59	202	165	81.7	220.8	37	18.3	15.5
1959-60	239	189	79.1	278.5	50	20.9	22.9
1960-61	391	293	74.9	459.6	98	25.1	87.0
1961-62	804	708	88.1	1,429.7	96	11.9	81.1
1962-63	998	853	85.5	1,373.8	145	14.5	345.9
1963-64	1,098	834	76.0	1,440.3	264	24.0	140.8
1964-65	1,135	900	79.3	1,286.2	235	20.7	803.7
1965-66	1,219	956	78.4	1,525.1	263	21.6	195.7
1966-67	1,312	1,028	78.4	1,986.0	284	21.6	255.1
1967-68	1,474	1,133	76.9	4,376.5	341	23.1	483.0
1968-69	1,632	1,275	78.1	3,571.9	357	21.9	358.4
1969-70	1,722	1,279	74.3	3,208.2	443	25.7	622.2
1970-71	1,767	1,331	75.3	4,136.7	436	24.7	698.4
1971-72	1,802	1,377	76.4	5,236.4	425	23.6	1,101.8
1972-73	1,853	1,478	79.8	8,048.7	375	20.2	654.2
合 計	18,184	14,288		$ 39,463.3	3,896		$ 5,914.0

(注) COMPUSTATを構成する企業数は3,108社である。3,108社と (2) の差は，繰延税金残高が変化していない企業および調査年度のデータから繰延税金残高を発見できない企業を示す。なお，単位は100万ドル。出所：Sidney Davidson, Lisa Skelton, Roman L Weil., A Controversy over the Expected Behavior of Deferred Tax Credits, *Journal of Accountancy*, April 1977, p. 55.

ているといわれている。税金の配分範囲を規定する全部配分法は，反復的差異を将来に税金を支払う義務（または回収できる権利）があるとして，借方：費用，貸方：負債（または借方：資産，貸方：費用）の計上を認めた。当該費用の計上によって税引前利益との適切な対応関係を保持でき，適切な利益計算が可能になる，とするのである。しかし，現実の機能は，貸方に負債を累積計上することで税引後利益の縮小を可能にすることである。つまり，全部配分法は，適切な利益の算定という論理のもとで，会計上の税引後利益の縮小を可能にすることに機能すると考える。

おわりに

アメリカ税効果会計における税金の配分範囲を歴史的に見た場合，部分配分法から全部配分法へ移行している。その移行は，反復的差異を税金の配分範囲に含めたという意味で，税金の配分範囲の拡大を意味する。

全部配分法は，反復的差異の計上を強制する。反復的差異は，利益数値に対して，計上段階と解消段階で逆の効果を与える。つまり，反復的差異の計上段階では，当該差異の解消段階まで利益数値にプラスまたはマイナスの効果を与え続ける。それに対して，反復的差異の解消は，計上段階とは逆方向に利益数値を増減させる。

このような反復的差異の計上に伴い，現実の財務会計実務は，借方：費用（繰延税金費用），貸方：負債（繰延税金）を計上する企業を増加させた。しかも，多くの企業が，当該金額を累積計上している。つまり，全部配分法の採用は，貸方繰延税金の累積計上による税引後利益の縮小を可能にする。そして，論理的には，当該金額を社内留保することを可能にする。

全部配分法は，反復的差異を将来，解消する差異と考え，繰延税金費用を計上する。それはまた，適正な利益計算という理屈で当該費用を将来の税金の支払義務または回収できる権利ととらえ，それらの計上を論理化している。つまり，全部配分法は，適切な利益の算定という論理のもとで，不確実性の高い金額（反復的差異）の計上を認めている。この不確実性の高い金額は，実務上，

累積されたままになっており,税引後利益を縮小させている。このように全部配分法の採用は,適切な期間利益の算定という論理のもとで,繰延税金費用の増大計上,それによる税引後利益の縮小を可能にしたと考える。

(注)

(1) Committee on Accounting Procedure, Accounting Research Bulletin No. 23, *Accounting for Income Taxes,* December 1944, p. 183.
(2) 税金の期間配分には,税金の配分対象範囲をどこまでにするのかという問題と,その範囲を実際にどのような方法で配分するのかという2つの側面がある。この両者は密接に関係している。本章は,前者の「税金の配分範囲」について論じる。なお,後者の「税金の配分方法」については,拙稿「アメリカ税効果会計における資産負債法採用の意味—税金の期間配分方法の変遷によって—」『商学論集』第40巻第2号,2006年3月,を参照されたい。
(3) American Institute of Certified Public Accountants, Opinions of Accounting Principles Board No. 11, *Accounting for Income Taxes,* December 1967, par. 27.(なお,訳出にあたっては,日本公認会計士協会国際委員会訳『「アメリカ会計原則」—AICPA会計原則審議会意見書—』大蔵財務協会,1978年,172頁,を参考にしている。)

　財務会計基準審議会(FASB)のDiscussion Memorandumにおいて,同一または類似した取引および事象が,3年以上続けば,反復的差異として処理できるという公式見解がある,という指摘もある。(Financial Accounting Standards Board, Discussion Memorandum, *An Analysis of Issues Related to Accounting for Income Taxes,* August 1983, par. 146.)
(4) *Ibid.,* par. 127.
(5) 中田信正『税金配分会計《法人税期間配分の会計》』中央経済社,1972年,72-73頁。
(6) 監査法人トーマツ監訳『アメリカ金融機関・会計実務ハンドブック』中央経済社,1993年,368頁。

　アメリカ全国会計士協会(NAAと略称)は,1954年以前に税務目的に対して採用していた減価償却方法について以下のように述べている。

　「本調査に関係する55社のうち3社を除くすべての企業は,税務目的および財務会計目的の両方にもっぱら定額法を利用している。」(NAA, *Current Practice in Accounting for Depreciation,* Research Series No. 33, 1958, p. 5.)
(7) Committee on Accounting Procedure, ARB No. 23, *op.cit.,* p.190. Committee on

Accounting Procedure, ARB No. 43, *Restatement and Revision of Accounting Research Bulletins Chapter 10 Section B-Income Taxes*, June 1953, par. 1. (なお, 訳出に当たっては, 神戸大学経済経営学研究所『アメリカ公認会計士協会　会計研究公報・会計用語公報』産業経理協会, 1959年, 76頁, を参考にしている。)
(8) *Internal Revenue Code of 1954* §167 (b)　なお, その他合理的な方法には, 生産高比例法などが含まれている。
(9) NAAは, 1954年のIRCの改正に伴い, 税務目的にどのような減価償却法を採用していたのかに関する調査を行っている。その結果は, 以下の通りであったという。

減価償却方法	企業数
2倍定額法または級数法	40社
定　額　法	14社
アウトプット法	1社
総　　計	55社

出所：NAA, *op. cit.*, p. 6, を一部変更。

(10) 飯岡透「アメリカにおける税効果会計の歴史と変遷」『経済学論集』第5巻第2号, 1973年9月, 136-137頁。
(11) Committee on Accounting Procedure, ARB No.44, *Declining - Balance Depreciation*, October 1954, par. 4. (神戸大学経済経営学研究所, 前掲訳書, 135頁。)
(12) 監査法人トーマツ監訳, 前掲訳書, 370頁。
(13) Committee on Accounting Procedure, ARB No. 44 (Revised), *Declining - Balance Depreciation*, July 1958, par.7. (神戸大学経済経営学研究所, 前掲訳書, 138頁。)
(14) *Ibid.*, par. 7. (同訳書, 138頁。)
(15) APBオピニオン11号は, 税務目的と財務会計目的の認識期間の相違が生じる原因として, 以下の4つのパターンを例示している。(APB No. 11, *op.cit.*, par. 15 and Appendix A. 〔日本公認会計士協会国際委員会訳, 前掲訳書, 167-168, 192-195頁。〕)
　　① 収益または利得が財務会計目的で発生した後に課税される場合：割賦販売における売上利益を財務会計目的では, 販売時に認識するが, 税務目的では, 回収時に認識する場合。

②　費用または損失が財務会計目的で発生した後に課税される場合：製品保障引当金を財務会計目的では，売上時点で認識するが，税務目的では，支払時に認識する場合。

③　収益または利得が財務会計目的で発生する前に控除される場合：賃借料を財務会計目的では，当該収益が発生した時点で認識するが，税務目的では，入金のあった時点で認識する場合。

④　費用または損失が財務会計目的で発生する前に控除される場合：減価償却費を財務会計目的では，定額法を利用し，税務目的では，定率法を利用する場合。

(16) Sidney Davidson, Lisa Skelton, Roman L Weil., A Controversy over the Expected Behavior of Deferred Tax Credits, *Journal of Accountancy*, April 1977, p. 58.

(17) 加藤盛弘教授は，アメリカの税務会計は，ごく一部の例外を除いて帳簿要件を必要としない。ゆえに，税務会計は，税法上認められる個々の会計基準にしたがって，財務会計上の処理とは異なる処理を行っている，と述べられている。（加藤盛弘「税会計制度を支える GAAP 会計制度」『同志社商学』第38巻第1号，1986年6月，22-25頁。）

（内田　浩徳）

第21章 中国企業会計基準の国際化対応
——『企業会計準則』の改定からみる「国際化」の側面——

はじめに

　中国では，1980年代から会計が著しい変化をとげている。現在では，中国の会計基準体系は図表21-1で示した3層体系となっている。しかし，三層の具体内容（財務会計報告条例，会計準則，および会計制度[1]の内容）には多くの不備，重複と矛盾が見られる。

　図表21-1　中国会計基準体系（『企業会計基準』改定前）[2]

第1層：会計法律 全人大で立法，国家主席 発布した会計の最高法規	→	『中華人民共和国会計法』 (1999年10月改訂2000年7月施行) ↓
第2層：会計行政法規 国務院発布あるいは許可	→	『企業財務会計報告条例』 (2000年6月公布2001年1月施行) ↓
第3層：統一会計制度 財政部あるいはおよび その他の部，委員会と 連合制定発布	→	『企業会計準則』,『企業財務通則』 (1992年11月公布1993年7月執行) 『企業会計制度』 (2000年12月公布2001年1月執行) 『金融企業会計制度』 (2001年11月公布2002年1月執行) 『小企業会計制度』 (2004年4月公布2005年1月執行)

これは1980年代以来，中国は急速な国際化を図る一方，社会主義国の特色を極力残すため，「基準」や「制度」を制定するさいに，先進国の会計体系を真似ながらも，中国固有の特徴を残した結果だと思う。2000年以後，築かれた会計体系の国際化をより一層はかるために，中国はそれらの内容の改定をつぎつぎとおこなった。

　2006年2月15日に新『企業会計準則』（「基本準則」を含む計39項）および『公認会計士監査準則』が公布された。それらは2007年1月1日に，実施予定となっている。本章は改定前後の『企業会計準則』の内容を分析し，改定前後の異同から，『企業会計準則』改定の意義を問うてみようとするものである。

1　1992年『企業会計準則』と2006年『企業会計準則』の比較

　中国の会計基準体系の第3層には主として大企業に適用される『企業会計準則』と小企業に適用される『小企業会計制度』などが存在する。

　ここでは，1992年に公布され，1993年に実施された『企業会計準則』と，2006年に公布され，2007年に実施予定の『企業会計準則』の「基本準則」部分と「具体準則」部分の概要をそれぞれ比較する。

図表21-2　『企業会計準則』の「基本準則」比較[3]

1992年『企業会計準則』（基本準則）	2006年『企業会計準則―基本準則』
全部で10章66条から構成されている	全部で11章50条から構成されている
会計公準 （第1章　総則）第1条～第9条 1，企業実体の公準：第4条 2，継続企業の公準：第5条 3，会計期間の公準：第6条 4，貨幣的評価の公準：第7条	会計公準 （第1章　総則）第1条～第11条 1，企業実体の公準：第5条 2，継続企業の公準：第6条 3，会計期間の公準：第7条 4，貨幣的評価の公準：第8条
基本準則の制定目的：第1条 基本準則の適用対象：第2条 基本準則の位置：第3条 記帳原則―貸借複式簿記：第8条	基本準則の制定目的：<u>第1条</u> 基本準則の適用対象：<u>第2条</u> 基本準則の位置：<u>第3条</u> 記帳原則―貸借複式簿記：第11条

第21章　中国企業会計基準の国際化対応　295

記録言語―原則中国語：第9条	財務報告の目的―受託責任の履行および意思決定の有用性：第4条 会計認識，測定，報告の基礎―発生主義原則：第9条 会計要素の認識：第10条
会計原則 （第2章　一般原則）第10条〜第21条 真実性の原則：第10条 目的適合性の原則：第11条 比較可能性の原則：第12条 継続性の原則：第13条 適時性の原則：第14条 明瞭性の原則：第15条 発生主義の原則：第16条 費用収益対応の原則：第17条 慎重性の原則：第18条 取得原価主義の原則：第19条 収益支出と資本支出の区分：第20条 重要性の原則：第21条	会計情報の質的特徴 （第2章　会計情報の質的特徴）第12条〜第19条 真実性の原則：第12条 目的適合性の原則：第13条 比較可能性の原則：第15条 継続性の原則：第15条 適時性の原則：第19条 明瞭性の原則：第14条 実質優先主義の原則：第16条 慎重性の原則：第18条 重要性の原則：第17条
会計要素 第3章〜第8章 会計要素（認識，測定，記録，報告）に関する規定 資産：第3章（第22条〜第33条） 負債：第4章（第34条〜第37条） 所有者持分：第5章（第38条〜第43条） 収益：第6章（第44条〜第46条） 費用：第7章（第47条〜第53条） 利益：第8章（第54条〜第56条）	会計要素 第3章〜第8章 会計要素（認識，測定，記録，報告）に関する規定 資産：第3章（第20条〜第22条） 負債：第4章（第23条〜第25条） 所有者持分：第5章（第26条〜第29条） 収益：第6章（第30条〜第32条） 費用：第7章（第33条〜第36条） 利益：第8章（第37条〜第40条）
	会計測定 第9章（第41条〜第43条） 会計測定の方法としての，取得原価，取替原価，現在価値，公正価値等についての説明および規定
財務諸表 第9章　財務報告（第57条〜第64条） 財務諸表の内容：第57条	財務諸表 第10章　財務会計報告（第44条〜第48条） 財務諸表の内容：第44条

貸借対照表：第58条 損益計算書：第59条 財政状態変動表：第60条 財務諸表の期間比較：第61条 正規の簿記の原則：第62条 連結財務諸表の作成：第63条 財務諸表の注記と説明：第64条	貸借対照表：第45条 利潤表：第4条 キャッシュ・フロー計算書：第47条 財務諸表の注記と説明：第48条
第10章　附則 財政部[4]の権限：第65条 実施日：第66条	第11章　附則 財政部の権限：第49条 実施日：第50条

図表21-3　「具体準則」の比較[5]

『企業会計準則』（具体準則）（1992〜2005）	『企業会計準則—具体準則』（2006）
棚卸資産	第1号—棚卸資産
投資	第2号—長期株式投資
	第3号—投資不動産
有形固定資産	第4号—有形固定資産
	第5号—生物資産
無形資産	第6号—無形資産
非貨幣性取引	第7号—非貨幣性資産交換
	第8号—資産の減損
	第9号—従業員給付
	第10号—企業年金基金
	第11号—株式報酬
債務再編	第12号—債務再編
偶発事象	第13号—偶発事象
収入	第14号—収入
工事契約	第15号—工事契約
	第16号—政府補助
借入費用	第17号—借入費用
	第18号—法人所得税
	第19号—外貨換算

	第20号—企業結合
リース	第21号—リース
	第22号—金融商品—認識と測定—
	第23号—金融商品—移転時の認識と測定—
	第24号—金融商品—ヘッジ会計—
	第25号—保険契約
	第26号—保険契約—再保険—
	第27号—石油天然ガス
会計方針，会計上の見積りの変更および誤謬	第28号—会計方針，会計上の見積り変更および誤謬
後発事象	第29号—後発事象
	第30号—財務諸表の表示
キャッシュ・フロー計算書	第31号—キャッシュ・フロー計算書
中間財務報告	第32号—中間財務報告
	第33号—連結および個別財務諸表
	第34号—1株当たり利益
	第35号—セグメント別報告
関連当事者についての開示	第36号—関連当事者についての開示
	第37号—金融商品—開示及び表示—
	第38号—企業会計基準の初度適用

2　1992年『企業会計準則』と2006年『企業会計準則』の異同分析

　以上の「基本準則」および「具体準則」の比較表を通じて，準則の具体的内容をみると，以下の主な異同点が見られる。

(1)　2006年の新準則では，準則制定の目的について，1992年準則の企業会計処理基準の統一から企業会計認識・測定基準の統一に変更し，会計処理の手続きを規範[6]することも1つの目的として増やした。

(2)　2006年の新準則では，1992年準則のなかの「中国国境外の中国投資企業」を「基本準則」適用対象から排除し，合理化を計った。

(3) 2006年の新準則では,『企業会計準則』(基本準則)の名称を『企業会計準則―基本準則』に変更し,さらに総則の第3条を使って,1992年の「基本準則は企業会計制度の制定を規範する」から「基本準則が具体準則の制定および具体準則のない会計処理を規範する」に変えた。

(4) 2006年の新準則では,1992年の準則の第1条「社会主義市場経済発展の需要……」,第11条「会計情報は国家マクロ経済管理の要求を満たす……」など国家統制を図ることを主目的とする内容を削除し,社会主義国の特色を薄めた。あらたに,会計の目標は「受託責任の履行状況の反映および会計情報利用者の意思決定に有用であること,……財務会計情報の利用者は投資者,債権者,政府およびその他部門と社会大衆」(第4条)であることを規定した。

(5) 2006年の新準則の第2章は,1992年準則の「一般原則」から「会計情報の質的特徴」に変更し,内容的にも「国際会計基準」に近づけた。1992年準則では12の一般原則が規定された。それらは2006年準則の用語で言うと7つの会計情報の質的特徴(真実性,目的適合性,比較可能性,継続性,適時性,明瞭性,重要性)および5つの会計認識,測定の原則(発生主義,費用収益対応,慎重性,取得原価主義,収益支出と資本支出の区分)から構成された。それに対して,新準則は「会計情報の質的特徴」という文言のもとに,補充改善し,会計認識,測定に関する原則について,慎重性原則だけ残し,それ以外の原則についてはあらたに章を設けて規定した。また,2006年の新準則でもそれらの上下関係,位置付けをしていない。しかし,新準則では2001年に実施された『企業会計制度』のなかにある「実質優先主義原則」を会計情報の質的特徴の1つとして取り入れた。

(6) 2006年の新準則は,2000年に中国国務院が公布した上位法規『企業財務報告条例』に従い,会計要素(資産,負債,所有者持分,収益,費用,利益)について,あらたに定義した。それらの定義は1992年準則と比べると大きく異なっている。また,1992年準則「基本準則」にある会計要素の具体分類内容を削除した。それらの内容は新たに「具体準則」を作って,説明し規定した。それに1992年準則にない「会計要素の認識」を新準則は規定した。

(7) 2006年の新準則では，新たに第9章「会計測定」を設け，会計測定の方法として取得原価，取替原価，現在価値，公正価値などについて説明し規定した。

(8) 2006年の新準則の「基本準則」のなかの財務諸表については，1992年の「基本準則」で規定されていた財務諸表の内容と違って，財務諸表の定義のみ残し，具体的な内容や要求などを削除し，それらを新準則の「具体準則」(第30号—財務諸表の表示，第32号—中間財務報告，第33号—連結および個別財務諸表など)により詳しく規定することにした。

(9) 2006年の新準則では，「基本準則」と38の「具体準則」を同時公布した，そのなかに1992年の基準公布後に新基準が公布されるまでの間に公布された16の「具体準則」を改定のうえ含めた。新「具体準則」は会計処理基準(全企業共通と特殊企業用)および会計報告基準の2種類に分けられる。

3　2006年新『企業会計準則』の意義

ここまで，2006年の中国新『企業会計準則』と1992年の『企業会計準則』を比較，考察したが，ここで，さらに2006年の新『企業会計準則』と『国際会計基準書』および『国際財務報告基準書』を比較し，両者の比較を通して中国の会計基準改定の意義を考察してみよう。

図表21-4　『企業会計準則』と『国際会計基準書』および『国際財務報告基準書』の比較 [7]

『企業会計準則』		『国際会計基準書』&『国際財務報告基準書』	
基本準則		財務諸表の作成と表示に関するフレームワーク	
棚卸資産	第1号	棚卸資産	IAS 2号
長期株式投資 [8]	第2号	関連会社に対する投資	IAS28号
投資不動産	第3号	投資不動産	IAS40号
有形固定資産	第4号	有形固定資産	IAS16号

生物資産（農業）	第5号	農業	IAS41号
無形資産	第6号	無形資産	IAS38号
非貨幣性資産交換[9]	第7号		
資産の減損	第8号	資産の減損	IAS36号
従業員給付	第9号	従業員給付	IAS19号
企業年金基金（退職給付制度の会計および報告）	第10号	退職給付制度の会計および報告	IAS26号
株式報酬	第11号	株式報酬	IFRS2号
債務再編[10]	第12号		
偶発事象	第13号	引当金，偶発負債および偶発資産	IAS37号
収入（収益）	第14号	収益	IAS18号
工事契約	第15号	工事契約	IAS11号
政府補助（国庫補助金の会計および政府援助の開示）	第16号	国庫補助金の会計および政府援助の開示	IAS20号
借入費用	第17号	借入費用	IAS23号
法人所得税	第18号	法人所得税	IAS12号
外貨換算	第19号	外国為替レート変動の影響	IAS21号
企業結合	第20号	企業結合	IFRS3号
リース	第21号	リース	IAS17号
金融商品—認識と測定—	第22号	金融商品—認識と測定—	IAS39号
金融商品—移転時の認識と測定—	第23号		
金融商品—ヘッジ会計—	第24号		
保険契約	第25号	保険契約	IFRS4号
保険契約—再保険—[11]	第26号		
石油天然ガス採掘（鉱物資源の探査および評価）[12]	第27号	鉱物資源の探査および評価	IFRS6号
会計方針，会計上の見積りの変更および誤謬	第28号	会計方針，会計上の見積りの変更および誤謬	IAS8号
後発事象	第29号	後発事象	IAS10号
財務諸表の表示	第30号	財務諸表の表示	IAS1号
キャッシュ・フロー計算書	第31号	キャッシュ・フロー計算書	IAS7号

中間財務報告	第32号	中間財務報告	IAS34号
連結財務諸表	第33号	連結および個別財務諸表	IAS27号
1株当たり利益	第34号	1株当たり利益	IAS33号
セグメント別報告	第35号	セグメント別報告	IAS14号
関連当事者についての開示	第36号	関連当事者についての開示	IAS24号
金融商品―開示および表示―	第37号	金融商品―開示および表示― 金融商品―開示―	IAS32号 IFRS 7 号
企業会計基準の初度適用	第38号	国際財務報告基準の初度適用	IFRS 1 号

　図表21-4で示した通り，1992年の準則に比べて，2006年の新準則はすくなくとも項目上では国際調和をきわめて重視したものと言えよう。まず，「基本準則」という名称はすでに中国の実務界でも，学術界でもある程度定着しているので，その名称を維持したと思われる。しかし，内容的にはほとんどの部分が「財務諸表の作成と表示に関するフレームワーク」と類似している。また，「具体準則」にいたっては項目上『国際会計基準』および『国際財務報告基準』と同一と言っても過言でないほど類似している[13]。2006年の『企業会計準則』は「中国版の国際会計基準」であろう。

　なぜ準則を改定しなければならないのか，なぜこのように改定したのか。一般的に理由として挙げられるのは以下の2点である。

　(1) 1980年代から一気に作り上げられてきた中国会計体系に，不備，重複あるいは矛盾が多く見られた。それは中国会計体系のなかに新しい内容の基準を制定するときに，すでに存在していた基準の内容については同時改定を行わなかった結果である。中国会計体系各層の不備，重複あるいは矛盾を調整し，改善を計るために，新『企業会計準則』が2006年に公布されたということである[14]。

　(2) 中国では，市場経済の発展に伴い，中国企業が国際市場に進出し，また外資企業も多数中国市場に入ってきてくる。国際的に資金調達し，外資を勧誘するには，企業会計情報に関して，国際調和をはかることは不可欠である。また国際資本市場で資金調達する企業にとっては，会計コストの減少をはかるた

めにも，中国企業会計基準の国際化をはかる必要がある[15]。

以上の理由で，中国企業会計基準は国際化への変化を求められ，2006年『企業会計準則』の改定は，その大きな一歩として行われた。この変化の意義について考察してみよう。

(1)　『企業会計準則』の改定によって，1999年に改定された『会計法』および2000年に公布された『企業財務会計報告条例』などの会計法規との統一性がはかれた。法規国家として，いずれ『企業会計準則』を中国の会計法規体系に入れる準備をしたという意味がある。

(2)　2006年1月1日に実施された『会社法』および『証券法』とも調和がはかられた。

(3)　2006年の新準則では「『基本準則』は『具体準則』の制定を規定する」と明確に記載されている。今後，「具体準則」を迅速に改定し，新「具体準則」を制定，公布する基礎を作り上げた。

(4)　2006年の新準則の「具体準則」には特殊企業や金融企業に関する準則が多々ある。それらの企業の会計基準を規範した。

(5)　『国際会計基準書』および『国際財務報告基準書』との比較からみると，現在「国際基準」には存在し，「中国基準」にない「具体準則」はわずか4項目にすぎない。中国企業会計基準はかなり国際化したと言えよう。

(6)　中国では2006年8月に『企業会計準則』の『解釈指針書』を公布する予定である。『解釈指針書』は2001年に公布された『企業会計制度』の代わりとして，会計実務を指導する[16]。

お わ り に

中国はWTO加盟をきっかけに，21世紀に入ってから会計の一層の国際化を目指している。その努力の結果として，新しい中国の『企業会計準則』が誕生した。2006年の新『企業会計準則』は中国会計基準の国際的調和の産物であり，それはまたいっそう中国会計の国際的調和を促進するものであろう。そのなかには「社会主義国」の特徴を示すものはほとんどみられず，経済発展を第

1に考え,「市場経済」を重視する側面が中心になっている。中国は大企業に適用される会計基準の面では「資本主義国」と大差がない。しかし,中国は社会主義国で,膨大な国有企業を抱えている。その現実から『企業会計準則』第36号の「関連当事者についての開示」の基準内容は,国際会計基準とは違う点が見られる。また,第8号の「資産の減損」の基準内容に関しては,中国政府が企業の利益操作を防ぐため,一部国際会計基準と異なる内容を規定している。このように中国は社会主義国の特徴を『企業会計準則』のなかに表すのは最小限にした。新『企業会計準則』はまず2007年1月1日に上場企業に適用し,その後徐々に適用範囲を拡大する予定である。よって,いずれ『企業会計制度』と『金融企業会計制度』は廃止されるであろう。私見では,いずれ中国の企業会計体系は新3層(『会計法』→『財務会計報告条例』→『企業会計準則』,『小企業会計制度』)になるであろう。少し違う点はあるが,中国の会計基準国際化を明確に現しているのは2006年の『企業会計準則』(「基本準則」と「具体準則」)である。

　一方,中国には社会主義国の特徴を表す『小企業会計制度[17]』が存在する。そこには大企業会計基準の国際化とは対照的に会計基準の対内化が優先されていると言えるであろう。小企業は中国企業のかなりの比率を占めている。それらの企業が従う「会計制度」に中国の特徴を残すことによって,中国は対外的には国際化にしながらも,対内的には中国特有の道を探っていると言えよう。なお,現在新『企業会計準則』はまだ公布段階であり,実施にはいたっていない。2007年1月1日から新『企業会計準則』はまず上場企業で実施される予定[18]である。公布から実施まで10ヶ月足らずの時間しかない,新しい内容も多い。順調に実施されるかどうかが国内外の会計界で注目されている[19]。その実施状況から,中国会計の国際化の真のレベルを測ることができるであろう。

(注)
(1) ここの「会計制度」は日本語の広い意味の「制度」ではなく,中国に実在する

会計文献の『企業会計制度』を意味する。
(2) 図表21-1は小企業会計制度研究組編集（東北財形大学出版社）『《小企業会計制度》講解』および吉田寛・于玉林監修，昆誠一・田昆儒編集『日中会計モデルの比較研究』を参考にし，作成した。
(3) 図表21-2は中国財政部会計準則委員会の『企業会計準則』（1992年版）と（2006年版）の内容を比較して，まとめたものである。「比較表」の中で，＿＿＿をつけたのは内容的にはかなり重要な変化が見られる項目である。□をつけたのは1992年と2006年の『企業会計準則』にそれぞれ固有の項目である。
(4) 中国は法規社会で，会計に関しては，全人代で設定した『会計法』，『財務報告条例』があって，『企業会計準則』の設定機構は政府機関のひとつである「財政部」である。『企業会計準則』についての解釈権も「財政部」にある。『企業会計準則』は現在会計法規ではないが，かなり拘束力がある。将来的には会計法規として扱うことになると予測されている。
(5) 図表21-2と同じ，中国財政部会計準則委員会の『企業会計準則』（1992年版）と（2006年版）の内容を比較して，まとめたものである。
(6) 「規範」は中国語で，法律など公式の文書では，よく使われる。意味は標準に合うように規定する，ということである。
(7) 「『企業会計準則』と『国際会計基準書』および『国際財務報告基準書』の比較表」は中国財政部会計準則委員会の『企業会計準則』2006年版と国際会計基準審議会の『国際財務報告基準書』（日本語訳版），（中国語訳版）2004年版を使い，比較したうえまとめたものである。
(8) 第2号の「長期株式投資」はIAS28号以外にIAS27号，IAS31号，IAS39号の一部内容も含む。
(9) 中国の『企業会計準則』の「具体準則」第7号「非貨幣性資産交換」は国際基準にない固有のものではなく，国際基準では「棚卸資産」，「固定資産」，「無形資産」などにある「資産交換」の内容をまとめて，1つの「具体準則」として公布したものである。
(10) 「債務再編」とは債務者と債権者が協議のうえ，あるいは裁判所の裁定により債務金額を新たに決めることを意味する。中国の『企業会計準則』の「具体準則」第12号「債務再編」はそれの認識，測定，開示などについて規定している。
(11) 第25号および第26号の「保険契約および保険契約─再保険─」はIFRS4号と比べて，具体的な会計処理まで規定している。
(12) 第27号の「石油天然ガス採掘」はIFRS6号と比べて，採掘各段階の会計処理まで規定している。

(13) 湯雲為,「我国会計準則発展的新里程碑」,『上海会計』2006年第3期（3-8頁）の内容を参考し，まとめたものである。
(14) 中華財務網www.e521.comの『会計準則と会計制度の並存と発展』を参考して，まとめた。
(15) 孫錚・劉浩,「与国際趨同的中国会計変革」,『上海会計』2006年第2期（3-4頁）の内容を参考し，まとめたものである。
(16) 中華財務網 www.e521.comの『新会計準則の解釈と実施』を参考にした。
(17) 『小企業会計制度』については，すでに2回に分けて，「中国における『小企業会計制度』の特徴―『企業会計制度』との比較（Ⅰ）（Ⅱ）」のタイトルで考察した（『同志社商学論集』第30巻第2号および第40巻第2号）。しかし，2006年に『企業会計準則』が公布されたので，その内容との関連を考察してから，再度別稿で扱う予定である。
(18) 2006年の『企業会計準則』を2007年1月の上場企業実施に伴い，中国の「財政部」は8月に「実務指針」などを公布予定である。また実施まで財政部が主催する講習が数多く開催される。このやり方からも中国の特徴が見られるのではないかと思われる。
(19) 中華財務網 www.e521.comの『新会計準則の解釈と実執』を参考した。

(陶　静)

加藤盛弘教授略年譜・研究業績

加藤盛弘教授略年譜

1936年5月　東京都に生まれる
　学　　歴
1955年3月　早稲田実業学校高等部卒業
1959年3月　同志社大学商学部卒業
1961年3月　同志社大学大学院商学研究科修士課程修了
　学　　位
1994年1月　博士（商学）（同志社大学）
　職　　歴
1961年4月　同志社大学商学部助手（1964年3月まで）
1964年4月　同志社大学専任講師（1967年3月まで）
1967年4月　同志社大学助教授（1973年3月まで）
1973年4月　同志社大学教授（現在）
1976年4月　同志社大学大学院商学研究科博士前期課程教授（現在）
1979年4月　同志社大学大学院商学研究科博士後期課程教授（現在）
1976年8月～1977年8月　米国TULANE大学経営大学院客員研究員
　　　　　非常勤講師：立命館大学，高知大学，日本福祉大学，大阪産業大学，
　　　　　広島修道大学，岡山大学などにおいて務める

　大学役職
同志社大学商学部長および同志社大学大学院商学研究科長
　1995年7月～1996年3月
　1996年4月～1998年3月
　1998年4月～2000年3月
同志社大学人文科学研究所長
　1992年4月～1993年3月
　1993年4月～1994年3月
　1994年4月～1995年3月
同志社大学評議員
　1995年7月～1996年3月
　1996年4月～1998年3月
　1998年4月～2000年3月
同志社大学商学会会長
　1995年7月～1996年3月
　1996年4月～1998年3月

1998年4月～2000年3月
商学部教務主任
　　1969年4月～1970年3月
　　1986年4月～1987年3月
　　1987年4月～1988年3月
大学院委員
　　1980年4月～1981年3月
　　1983年4月～1986年3月（3年間）
　　1990年4月～1993年3月（3年間）
学術フロンティア同志社大学「ワールドワイド・ビジネス研究センター」代表
　　1999年4月～2004年3月
　　その他，同志社大学情報処理教育・研究委員会委員長，同志社大学保健委員会委員長，などを務める。
　　学会活動等
学会役員
日本会計研究学会理事
　　1997年9月～2000年9月
　　2000年9月～2003年9月
日本会計研究学会監事
　　2004年3月～2006年9月
　　2006年9月～現在
日本会計研究学会評議員
　　1991年9月～1994年9月
　　1994年9月～1997年9月
　　1997年9月～2000年9月
　　2000年9月～2003年9月
　　2003年9月～2006年9月
日本会計研究学会機関誌『会計プログレス』編集委員長
　　1999年～2000年（創刊号）
　　2000年～2001年（第2号）
　　　　　2002年（第3号）
　　　　　2003年（第4号）
国際会計研究学会監事
　　1993年10月～1996年12月
　　1996年12月～1999年7月
　　1999年7月～2002年9月
　　2002年9月～2005年8月

国際会計教育協会評議員
　　2004年4月～現在
所属学会
　　日本会計研究学会，国際会計研究学会，日本監査研究学会，日本原価計算研究学会，日本会計史学会，日本経営学会
　　American Accounting Association,　Academy of Accounting Historians
その他
同志社大学学生会計学研究会顧問
　　1964年4月～2000年3月
同志社大学陸上競技部部長
　　1991年4月～2007年3月

加藤盛弘教授研究業績

2007年1月31日現在

著　書

1973年1月	会計学の論理	森山書店
1980年5月	会計原則の理論	森山書店
1985年3月	現代の会計原則	森山書店
1987年3月	現代の会計原則（改訂増補版）	
1994年12月	一般に認められた会計原則	森山書店
1996年9月	現代の会計学	森山書店
2001年1月	同第2版　　2002年10月　同第3版	
2006年9月	負債拡大の現代会計	森山書店

編著書

2000年3月	将来事象会計	森山書店（第1章，第3章執筆）
2005年7月	現代会計の認識拡大	森山書店（序章，第5章，第11章執筆）

共編著

1985年11月	企業会計の機能と制度（斉藤静樹氏と共編）	森山書店

共訳著

1981年11月	会計原則の展開（鵜飼哲夫，百合野正博両氏と共訳）	森山書店

監　訳

1990年11月	会計原則と会計方針（伊丹清，永田守男，志賀理氏共訳）	森山書店

報告書

1998年9月　日本会計研究学会スタディ・グループ最終報告
　　　　　　主査：加藤盛弘「会計における将来予測要素の導入・拡大の研究」
2000年12月　文部省科学研究費補助金（基盤研究C2）（平成10—12年度）
　　　　　　研究成果報告書
　　　　　　研究代表者：加藤盛弘「将来事象の会計領域認識化と
　　　　　　その理論的枠組みの研究」

論　文

1961年3月	アメリカにおける資本会計論の発展（修士論文）		
7月	アメリカにおける公表会計制度の発展	『同志社商学』	第13巻第2号
1962年1月	ハットフィールド『近代会計学』の論理構造	『同志社商学』	第13巻第5号
9月	投資家への会計情報	『同志社商学』	第14巻第2号
1963年2月	コール会計理論の二側面	『同志社商学』	第14巻第5号
11月	初期アメリカ会計における債権者保護に	『同志社商学』	第15巻第3・

	ついて		4号
1964年3月	動態論における原価主義の論拠についての研究ノート	『同志社商学』	第15巻第6号
11月	AAA会計基準における実現概念の拡大化の意義	『企業会計』	第16巻第11号
1965年2月	資本概念拡大化の理論について	『同志社商学』	第16巻第5号
8月	営業取引における収益実現	『企業会計』	第17巻第8号
1966年7月	原価主義会計の基盤	『企業会計』	第18巻第7号
7月	初期アメリカ会計における剰余金の地位	『同志社商学』	第18巻第1号
1968年3月	ハットフィールド簿記論の位置づけ	『同志社商学』	第19巻第6号
1969年3月	アメリカ独占確立期における無形資産会計実務	『同志社商学』	第20巻第5・6号
12月	アメリカ独占確立期の資本水増しとプロモーター利得	『同志社商学』	第21巻第3号
1970年4月	公表利益の制度的機構と論理		
	(宮上一男編『日本の企業会計』日本評論社)		
7月	アメリカ独占確立期におけるのれん会計理論の役割	『企業会計』	第22巻第7号
1971年2月	アメリカ独占確立期における減価償却実務(1)	『會計』	第99巻第2号
3月	アメリカ独占確立期における減価償却実務(2)	『會計』	第99巻第3号
11月	ハットフィールド会計学にたいするディクシー会計学の影響	『同志社商学』	第23巻第3・4号
1972年2月	「学校会計基準」と学費値上げ(荒川邦寿教授との共同執筆)	『経済評論』	2月号
2月	ハットフィールド資本会計論の評価	『同志社商学』	第23巻第5号
3月	ハットフィールド『近代会計学』における資本と利益	『同志社商学』	第23巻第6号
8月	ハットフィールド『近代会計学』の分析視角	『會計』	第102巻第2号
1973年9月	ハットフィールド『近代会計学』の歴史的役割	『會計』	第104巻第3号
1974年4月	アメリカ会計理論の変遷		
	(宮上一男編『近代会計学の発展』[1]第1章,世界書院)		
4月	メイ会計理論		
	(宮上一男編『近代会計学の発展』[1]第2章,世界書院)		

年月	タイトル	掲載誌
1975年3月	メイ会計コンベンション論の役割	（同志社大学会計学研究室編『会計学批判』中央経済社）
3月	AAAによる初期現代会計理論の展開	『同志社商学』 第26巻第4・5・6号
1976年3月	多目的ダム建設による水独占を支える計算制度	『自治体問題研究』 創刊号
4月	アメリカ現代会計理論の論理的特徴	（宮上一男編『現代会計学の論理』［1］第1章，世界書院）
4月	初期現代会計理論	（宮上一男編『現代会計学の論理』［1］第3章，世界書院）
5月	企業実体概念の導入と論理	『會　　計』 第109巻第5号
5月	〈会計学の学び方―会計学の方法とその拡がり〉批判論的アプローチ	『企業会計』 第28巻第6号
1977年8月	連邦証券法制定以前のアメリカの会計規制	『同志社商学』 第29巻第1号
1978年3月	アメリカ公認会計士協会による会計原則形成の歴史	『同志社商学』 第29巻第4・5・6号
5月	「一般に認められた会計原則」の意義	『會　　計』 第113巻第1号
5月	『会計学原理』・『会計理論』	（宮上一男編『ペイトン研究』第3章，世界書院）
7月	1930年代のペイトン会計理論の特徴	『同志社商学』 第30巻第1号
11月	啓蒙経済学書の体裁を取ったペイトン会計学書の意味	（岡村先生古稀記念『現代経営学と株式会社』有斐閣）
1979年1月	一般に認められた会計原則形成上の「序説」とペイトン理論	『會　　計』 第115巻第1号
3月	「一般に認められた会計原則」の形成とディスクロージャー	『同志社商学』 第30巻第5・6号
5月	1940年代以降のペイトン価格変動会計論	『同志社商学』 第31巻第1号
1980年2月	アメリカにおける財務会計概念構造の展開	『同志社大学商学部創立30周年記念論文集』
6月	アメリカ監査制度の特徴と役割	（宮上一男編『会計とプロフエッショナル』第1章，世界書院）
6月	監査報告書様式の変遷とその意義	（宮上一男編『会計とプロフエッショナル』第3章，世界書院）
1981年5月	北米の会計制度	（黒澤清総編集『体系近代会計学』第10巻『国際会計』第5章，中央経済社）
8月	アメリカにおける価格変動会計の制度化	『同志社商学』 第33巻第1号

		過程		
	9月	財務会計概念ステイトメント第3号―現代アメリカ会計の方向	『同志社商学』	第33巻第2号
	12月	財務会計概念ステイトメント第2号―現代会計情報の特質	『同志社商学』	第33巻第3・4号
1982年	10月	報告に関する財務会計概念ステイトメント公開草案―会計情報拡大化の現実的機能	『同志社商学』	第34巻第3号
	12月	現代会計における資金計算書の現実的機能	『同志社商学』	第34巻第4号
1983年	7月	現代リース会計の現実的機能	『同志社商学』	第35巻第1号
	11月	アメリカにおける外貨換算会計基準の変遷とその意味	『同志社商学』	第35巻第3号
1984年	2月	会計原則新展開の意味		
		(宮上一男編『現代の会計』［1］第1章, 世界書院)		
	2月	負債会計　　(宮上一男編『現代の会計』［1］第3章, 世界書院)		
	7月	現代年金会計の展開方向	『會　　　計』	第126巻第1号
	8月	現代年金会計の機能と特徴	『同志社商学』	第36巻第2号
1985年	8月	財務会計概念ステイトメント第5号の役割	『同志社商学』	第37巻第2号
	10月	現代アメリカ会計原則を支える概念構造	『産　業　経　理』	第45巻第3号
1986年	3月	現代アメリカ会計原則を支えるFASB概念ステイトメント	『會　　　計』	第129巻第3号
	7月	税会計制度を支えるGAAP会計制度	『同志社商学』	第38巻第1号
	12月	アメリカの新年金会計原則	『同志社商学』	第38巻第4号
1987年	4月	アメリカ新年金会計原則の特徴	『會　　　計』	第131巻第4号
1988年	3月	税会計とGAAP会計の「一致論」―税会計とGAAP会計の相違とその意味	『同志社商学』	第39巻第6号
	11月	アメリカ会計原則設定機関の変遷と会計実務	『同志社商学』	第40巻第4号
1989年	2月	一般に認められた会計原則の権威化とその機能	『同志社商学』	第40巻第5号
	2月	アメリカにおける会計認識領域の拡大	『會　　　計』	第135巻第2号
	5月	アメリカ会計原則のあり方の特教		
		(今井信二先生古稀記念論文集刊行会編『近代会計の展開』千倉書房)		
	10月	アメリカにおける会計学教科書の特徴と意義		
		(染谷恭次郎編『会計学の国際的展開』中央経済社)		

	12月	会計政治化論の現実的機能	『同志社商学』	第41巻第3・4号
1990年3月		現代アメリカ会計における実証的会計理論の意義	『會　　計』	第137巻第3号
	3月	実証的会計理論の内容と現実的機能	『同志社商学』	第41巻第6号
	12月	SEC会計の会計制度体系上の意味	『同志社商学』	第42巻第3号
1991年4月		アメリカ新年金会計基準の実務への影響と設定の意味	『産 業 経 理』	第51巻第1号
	6月	会計理論構築視点の変化の意味	『會　　計』	第139巻第6号
1992年2月		会計理論の変遷と財務諸表要素の概念変化	『會　　計』	第141巻第2号
	2月	アメリカ新年金会計基準による年金会計実務の変化	『同志社商学』	第43巻第5号
	6月	一般に認められた会計原則と会社法の計算規定	『同志社商学』	第44巻第1号
1993年5月		日本の会計制度のあり方と現代会計	『会計理論学会年報』	第7号
	12月	公益事業会計における一般に認められた会計原則の位置	『同志社商学』	第45巻第4号
1994年3月		公益事業会計における一般に認められた会計原則の位置（2）	『同志社商学』	第45巻第6号
	6月	公益事業会計における一般に認められた会計原則の意義	『大阪経大論集』	第45巻第1号
1995年6月		退職後医療給付会計	『同志社商学』	第47巻第1号
	11月	退職後医療給付会計（2）	『同志社商学』	第47巻第2号
	11月	負債概念の拡大と費用の予測計上		

（前田貞芳編『変貌する社会と会計』森山書店）

1996年7月		将来事象への会計認識の拡大	『産 業 経 理』	第56巻第2号
1997年9月		収入・支出および実現概念の転換と将来予測の導入「会計における将来要素の導入・拡大の研究」（中間報告書）		

（日本会計研究学会スタディ・グループ報告集：主査　加藤盛弘）

1998年9月		将来事象導入論理の展開「会計に於ける将来要素の導入・拡大の研究」（最終報告書）		

（日本会計研究学会スタディ・グループ報告集：主査　加藤盛弘）

1999年1月		現代会計理論に於ける認識対象の概念変化	『同志社商学』	第50巻第3・4号

6月	長期資産損傷会計とキャッシュ・フロー概念	『同志社商学』 第51巻第1号
2000年3月	将来事象導入論理の展開	
	（加藤盛弘編『将来事象会計』第1章，森山書店）	
3月	キャッシュ・フロー概念と将来事象の認識領域化	（同上編著第3章）
12月	将来予測をともなう会計項目の計上と判断に関する研究（志賀理氏との共同執筆）	『同志社商学』 第52巻第1.2.3号
2001年1月	環境回復負債および費用の予測計上と開示―AICPAステイトメント・オブ・ポジションによって―	『ワールドワイド・ビジネス・レビュー』 第2巻第1号
6月	将来予測の拡大と現代会計	『JICPAジャーナル』 第13巻第6号
11月	資産除却債務の会計―除却コスト・負債の認識・測定と将来予測―	『會　　　　計』 第160巻第5号
12月	資産除却債務の会計処理と将来予測	『同志社商学』 第53巻第2・3・4号
2002年12月	FASB長期資産除却債務会計の認識・測定構造とその特徴―金額と支払時期が不確実なキャッシュ・アウトフローの認識と測定の枠組み―	『同志社商学』 第54巻第1・2・3号
2003年8月	環境修復負債認識方式の特徴	『會　　　　計』 第164巻第2号
2004年5月	偶発損失計上の論理と将来支払予測債務拡大の可能性	『同志社商学』 第56巻第1号
2005年7月	現代会計と会計認識領域の拡大	
	（加藤盛弘編著『現代会計の認識拡大』序章（木下勝一氏と共同執筆），森山書店）	
7月	減損会計における将来予測と損失の見積計上	（同上編著第5章）
7月	将来損失事象計上の枠組	（同上編著第11章）
10月	減損会計基準適用についての日米のあり方	『同志社商学』 第57巻第1号
2006年1月	退職後医療給付会計にみる予測数値の根拠	『産　業　経　理』 第65巻第4号

加藤盛弘教授古稀記念論文集

2007年3月18日　初版第1刷発行

編著者　ⓒ　村瀬　儀祐
　　　　　　志賀　理

発行者　　菅田直文

発行所　　有限会社　森山書店　東京都千代田区神田錦町
　　　　　　　　　　　　　　　1-10林ビル（〒101-0054）
　　　　　TEL 03-3293-7061　FAX 03-3293-7063　振替口座 00180-9-32919

落丁・乱丁本はお取りかえします　　　　印刷／製本・シナノ

本書の内容の一部あるいは全部を無断で複写複製することは，著作権および出版社の権利の侵害となりますので，その場合は予め小社あて許諾を求めてください。

ISBN 978-4-8394-2042-0